O VOO DE MINERVA

Antonio Carlos Mazzeo

O VOO DE MINERVA

A CONSTRUÇÃO DA POLÍTICA, DO IGUALITARISMO E DA DEMOCRACIA NO OCIDENTE ANTIGO

Copyright © Antonio Carlos Mazzeo, 2009

Direção editorial
Ivana Jinkings

Editor assistente
Jorge Pereira Filho

Coordenação de produção
Livia Campos

Assistência editorial
Andréa Bruno

Preparação
Luciana Soares da Silva

Revisão
Thaisa Burani

Diagramação
Veridiana Magalhães

Capa
Antonio Kehl
Sobre imagem de Athena e Heracles (Athena and Herakles), foto de cerâmica vermelha do período clássico grego - 480-470 a.C.

CIP-BRASIL. CATALOGAÇÃO-NA-FONTE
SINDICATO NACIONAL DOS EDITORES DE LIVROS, RJ

M429v
Mazzeo, Antonio Carlos, 1950-
  O voo de Minerva : a construção da política, do igualitarismo e da democracia no Ocidente antigo / Antonio Carlos Mazzeo. - São Paulo : Boitempo : Oficina Universitária UNESP, 2009.

  Inclui bibliografia
  ISBN 978-85-7559-130-7

  1. Ciência política - Filosofia. 2. Grécia - Política e governo - Até 146 a.C. 3. Democracia - Grécia - História - Até 146 a.C.. 4. Poder (Ciências sociais) - Grécia - História - Até 146 a.C. I. Título.

08-5430. CDD: 320.01
          CDU: 321.1

É vedada a reprodução de qualquer
parte deste livro sem a expressa autorização da editora.

1ª edição: fevereiro de 2009
1ª edição revista: junho de 2019

BOITEMPO
Jinkings Editores Associados Ltda.
Rua Pereira Leite, 373
05442-000 São Paulo SP
Tel.: (11) 3875-7250 / 3875-7285
editor@boitempoeditorial.com.br | www.boitempoeditorial.com.br
www.blogdaboitempo.com.br | www.facebook.com/boitempo
www.twitter.com/editoraboitempo | www.youtube.com/tvboitempo

SUMÁRIO

Prefácio 7
João Quartim de Moraes

Apresentação 17

Parte I
As bases histórico-ontológicas para a emergência
da consciência mediativa 19

    Introdução
    Cotidiano, mediação e legitimidade: elementos teóricos
    para uma análise aproximativa..21

    Rupturas e continuidades nas formas societais do Ocidente
    antigo: breves considerações histórico-políticas....................37

    Desenvolvimento e crise de hegemonia da pólis ateniense 59

Parte II
Processualidade e objetivação da consciência
político-mediativa 89

    A consciência da crise da pólis..91

    Entre o laico e o religioso 113

    Sócrates e Platão: a política como objetivação
    da mediação filosófica 133

Bibliografia 169

PREFÁCIO

I

Fruto de um vasto esforço de compreensão histórico-genética da cultura política da Grécia Clássica, este livro anuncia no subtítulo não somente o termo-chave de sua investigação, mas ainda a perspectiva crítica em que ela se inscreve. A. C. Mazzeo defende e ilustra, com efeito, a hipótese de que o "Ocidente Antigo" resulta "de um longo processo de *mediterranização da cultura oriental*". A ênfase em itálico, que é dele, chama a atenção do leitor para os povos e culturas que precederam os helenos na cena histórica e com eles mantiveram, pelo menos desde o terceiro milênio antes de nossa era e, sobretudo, ao longo do segundo milênio, multiformes relações que redundaram "*numa absorção da cultura oriental pelo Ocidente*". Contrariamente, pois, ao que sugere o significado geopolítico conferido ao termo pela ideologia dominante, o complexo cultural chamado *Ocidente* não nasceu pronto, à maneira da deusa Athena[1], surgida da fronte de Zeus já armada e equipada da plenitude de seus poderes.

Há muitas maneiras, umas mais rudes, outras mais habilidosas, de reproduzir as conotações colonialistas e racistas que a ideologia imperialista associa ao termo. O idioma imperial dominante possui as palavras "Occident" e "West". Deixando de lado o sentido meramente astronômico (a direção em que o Sol se põe), as duas denotam uma ideia-força da geopolítica da Guerra Fria. "West", esclarece-nos o respeitado *Webster's New World Dictionary*, engloba "the U. S. and its non-Communist allies in Europe and the Western Hemisphere"[2]. O mesmo vale

---

[1] Ou Minerva, o nome romano pelo qual nosso autor prefere chamá-la.

[2] *Webster's New World Dictionary of the American Language*, Second College Edition (Nova York/Cleveland, The World Publishing Company, 1970), p. 1.615 (verbete "west").

para o francês: "Occident", segundo o *Robert*, designa em seu sentido "político" "a Europa ocidental, os Estados Unidos e, mais geralmente, os membros da Otan". Louve-se a sinceridade.

Sintomática nessas definições consagradas é a ausência da determinação recíproca entre Ocidente e seu oposto complementar, o Oriente. No verbete que os referidos dicionários consagram a esse termo (bem como, em inglês, a "East"), não aparece nenhuma conotação política: é a direção em que o Sol se levanta. Ironicamente, o Japão, país do sol nascente, está geopoliticamente vinculado ao sol poente, desde que, por força de duas bombas atômicas, tornou-se satélite estadunidense. Vale assinalar ainda o conhecido vício lógico em que, também sintomaticamente, incorrem aqueles dicionários ao repetir a noção a ser definida (*West, Occident*) na própria definição (*Western* Hemisphere, Europa *ocidental*). Preferem não levar em conta que o *Ocidente* se define contraditoriamente por seu Outro, o *Oriente*, que se tornou objeto de estudo por ser objeto de dominação dos ocidentais, como tão certeiramente mostrou Edward Said em seu notável *Orientalismo*.

Estudando a contribuição do Oriente às formações sociais que configuraram o "Ocidente Antigo", Mazzeo se inscreveu na mesma posição crítica, notadamente ao enfatizar a forte influência que as talassocracias de Chipre e de Creta, que dominavam a técnica do bronze, receberam do Egito faraônico e do império hitita. A mais importante daquelas primeiras grandes civilizações das ilhas mediterrâneas, a minoica (nome que provém do legendário rei Minos), cujo centro era Cnossos, na ilha de Creta, atingiu seu máximo desenvolvimento entre 2000 a.C. e 1600 a.C. Em torno de 1450 a.C., ela foi subjugada por Micenas (uma talassocracia situada no Peloponeso, portanto de base continental), que tomou o palácio de Cnossos.

A importância histórica da conquista miceniana não se limitou à substituição de um centro de poder por outro; com ela configurou-se a afirmação da etnia helena na cena histórica. Sabemo-lo com certeza graças aos arqueólogos e linguistas que identificaram em Creta três escritas arcaicas, das quais uma era hieroglífica e duas outras, conhecidas por linear A e linear B, embora contendo alguns ideogramas, eram silábicas. Das três, só a última foi decifrada, em meados do século passado, quando encontrado nas ruínas do palácio miceniano de Pylos, na Grécia Continental, um arquivo de tabuletas de argila em linear B grande o bastante para proporcionar a massa crítica necessária à interpretação de seus signos. Descobriu-se então que ela denotava o dialeto miceniano, um estágio arcaico da língua grega (anterior ao dos poemas homéricos). Admitindo-se, como tudo indica, que a linear

A grafava um idioma estranho à grande família indo-europeia, segue-se que, ao conquistarem Creta, os guerreiros de Micenas adaptaram a linear A à fonética de sua própria língua proto-helena. Desse empréstimo resultou a linear B, a primeira escrita do "Ocidente Antigo".

Alguns séculos depois, os gregos fizeram novo empréstimo, ainda mais decisivo: importaram de seus vizinhos orientais da Fenícia uma das mais decisivas ferramentas culturais da comunicação, a escrita alfabética. Adaptaram-na inovando: o alfabeto fenício tem vinte e dois caracteres, que denotam somente as consoantes; os gregos acrescentaram ao seu as vogais.

II

Tanto a formação social minoica quanto a miceniana apresentavam uma organização econômica dita "palacial". A base produtiva dessas sociedades eram as aldeias camponesas. Elas pagavam tributo ao Palácio, centro administrativo e militar, que também controlava a produção manufatureira (tecelagem e metalurgia) e o comércio. Até aqui estamos, pois, diante de uma forma histórico-concreta do chamado "modo de produção asiático". Como, a partir dela, processou-se a passagem ao modo de produção do "Ocidente Antigo"? Um dos interesses maiores do livro de Mazzeo é ter enfrentado essa questão. Avança a hipótese de que "o palácio subsidia e alia-se a uma classe mercantil [...], não somente da própria ilha (Creta), mas também das outras cidades, inclusive do Continente, sob sua hegemonia", para sustentar que assim se introduziu "a *inovação* e a *diferenciação* da sociedade cretense, em relação às sociedades orientais". Na estrutura social teriam então surgido "formas embrionárias de propriedade privada", inicialmente "ligadas e subordinadas ao palácio" e vinculadas às comunidades de aldeia. Mesmo admitindo que o comércio constituía o "polo dinâmico" da economia miceniana, isso não bastaria, entretanto, para explicar a origem da diferença ocidental. Afinal, o Oriente comerciou muito desde a alta Antiguidade, e não somente pela chamada rota da seda. Quem não ouviu dizer que os fenícios eram um povo comerciante?

Por isso, embora evocando ele próprio muitas vezes o papel dissolvente que o comércio exerce sobre as sociedades nas quais predominam a aldeia camponesa e a produção de valores de uso, Marx não considerava que esse fosse o fator decisivo da diferença "oriental". Numa carta a Engels, datada de 2 de junho de 1853, após notar que, sobre "a formação das cidades no Oriente, não há leitura mais eloquente, mais brilhante e sobretudo mais convincente do que o velho (viajante francês) François Bernier", enfatiza que ele descobriu "com muita justeza a forma fundamental de todos os fenômenos do Oriente [...] no fato de que não existia propriedade fundiária privada. Essa é a verdadeira chave do céu oriental"³.

Engels, em sua resposta, de 6 de junho, apoia e desenvolve a interpretação de seu amigo:

> A ausência de propriedade privada é, com efeito, a chave de todo o Oriente. Sobre ela repousa a história política e religiosa. Mas donde vem que os orientais não chegam à propriedade fundiária, mesmo sob forma feudal? Creio que isto se deve principalmente ao clima, aliado às condições do solo, sobretudo nos grandes territórios desérticos que vão do Sahara, através da Arábia, da Pérsia, da Índia e da Tartária, até os altos planaltos asiáticos. A irrigação artificial é aí a condição primeira da agricultura; dela se encarregam ou as comunas ou as províncias ou então o governo central.⁴

Parece-nos, entretanto, excessivamente simplificadora a oposição que H. Lefebvre estabelece entre a "construção do estado no Oriente", que se basearia no uso da água, "enquanto no Ocidente o fundamento é a terra, a utilização produtiva do solo, as rendas geradas pelo solo (em natureza, em trabalho, em moeda) e a troca de seus produtos". A tese de que a água, mais exatamente a construção e manutenção de grandes obras hidráulicas, explica a origem do estado oriental foi sobretudo defendida por K. Wittfogel em seu *Oriental Despotism: a Comparative Study of Total Power*. Infelizmente, os elementos de pesquisa científica que comparecem em seu vasto estudo estão comprometidos por uma operação ideológica que visa a associar o Oriente ao despotismo e ao totalitarismo e a enfatizar o caráter ocidental da democracia, justificando destarte a agressão ocidental aos países "despóticos".

Atendo-se à objetividade científica, Marx e Engels tinham se contentado em discernir um nexo forte entre as obras de irrigação em larga escala, indispensáveis à agricultura, e a tendência, a certo grau variável (Engels fala em comunas *ou* províncias *ou* um governo central), de surgimento das formas iniciais do poder de estado. Mas o controle do "poder hidráulico" sobre as aldeias camponesas apenas conservou o modo coletivo de apropriação da natureza que vinha do Paleolítico. Contrariamente aos pressupostos da ideologia burguesa, a apropriação privada da terra não é natural. Os fundadores do materialismo histórico rejeitaram sempre com muita lucidez as doutrinas sobre o homem isolado no "estado de natureza", celebrizadas por Hobbes, Rousseau etc. O homem primordial era gregário; o indivíduo-proprietário é um produto tardio da evolução histórica. O fator hidráulico contribuiu para o surgimento das formas proto-estatais do Oriente, as

---

[3] Cf. K. Marx e F. Engels, *Correspondance* (Paris, Éditions Sociales, 1972), t. III, p. 378-80.

[4] Cf. ibidem, p. 384 e seguintes.

quais, por sua vez, inibiram eventuais tendências à privatização da terra. Mazzeo tem razão de ver no fato de essas tendências terem logrado se impor no Ocidente antigo o ponto de partida da diferenciação de sua base econômica relativamente às sociedades orientais. Mas o efeito dissolvente do comércio sobre as comunidades de aldeia oferece apenas um começo de explicação da diferença ocidental, já que no Oriente também se comerciava. A pergunta sobre a origem da propriedade privada da terra permanece, pois, sem resposta histórico-materialista plenamente satisfatória.

Permitimo-nos aqui uma digressão para pôr em perspectiva histórica mais ampla a questão decisiva da diferenciação das linhas de evolução na história da humanidade. No tempo longo da evolução do *homo faber*, a bifurcação mais radical do tronco originário (o qual, segundo a hipótese mais consistente, disseminou-se pela Eurásia a partir do berço africano) foi a que resultou da migração dos caçadores neolíticos que, no rastro das manadas de caribus, abundantes nas terras da atual Sibéria, avançaram para o extremo oriente até chegarem ao extremo ocidente numa época em que esses dois extremos formavam um istmo, antes de serem submergidos pelas águas montantes do oceano, que o transformaram no que hoje se chama o estreito de Behring. O desenvolvimento das formações sociais criadas por esses primeiros povoadores do Novo Mundo[5] ao longo dos cerca de vinte mil anos em que permaneceram sem contato com o tronco maior da humanidade permite discernir os traços universais e as características diferenciais da multiforme evolução econômica e cultural do *homo faber*, exatamente porque, em contraste com a forte interação entre Oriente e Ocidente antigos, esse ramo desgarrado do restante da espécie desde o Neolítico inventou também, sem influências exógenas, a agricultura, a metalurgia, a cidade, o estado, a religião etc.

Em ironia cruel, que atesta a longa tenacidade da carga semântica colonialista investida no termo *Oriente* (o "Outro" dominado do Ocidente dominador), Cristóvão Colombo, ao desembarcar nas ilhas do Caribe, pensou ter atingido as primeiras ilhas costeiras da Índia e por isso chamou índios os povos que lá encontrou. Sua hipótese era correta: navegando sempre rumo ao ocidente solar, chegaria ao Oriente. Mas ignorava que entre este e o Ocidente havia um continente. Terem

---

[5] Das designações atribuídas pelos europeus à terra imensa em que tinham desembarcado, Novo Mundo nos parece a menos carregada de eurocentrismo colonialista. Mesmo porque a arqueologia confirmou, *ex post*, que ela era ainda mais acertada do que podiam supor os que a adotaram: o fato de nunca terem sido encontrados, no nosso lado do mundo, restos fósseis de outras espécies do gênero humano, nem de grandes primatas, confirma que os caçadores de caribus foram os primeiros povoadores de um mundo novo.

sido descobertos pelos europeus custou muito caro, sabemos todos, aos povos indígenas do Novo Mundo. Culturas originais, na forma e no conteúdo, foram suprimidas num curto tempo histórico. Esse encontro aniquilador contrasta com a milenar coexistência do Oriente e do Ocidente, tantas vezes belicosa, mas carregada de influências recíprocas e de alternâncias de dominação (a mais recente, no horizonte histórico de nosso tempo, é a ascensão do poderio da China e o correlato declínio dos Estados Unidos e de seus sócios da União Europeia).

III

Talvez a maior ambição teórica do livro seja comprovar uma forte conexão entre o afloramento da propriedade privada e a invenção da democracia. A aura que cerca esse termo nas ideias dominantes de nossa época (que são as ideias do liberal-imperialismo) ofuscou até mesmo um autor cuja contribuição ao marxismo é merecidamente reconhecida. Segundo Perry Anderson, com efeito, "a rejeição dos corpos constituídos – civis ou militares – separados do cidadão ordinário [...] definia a democracia ateniense"[6]. Na verdade, definia não só a democracia ateniense, mas a *pólis* em geral, quer o detentor do poder fosse o *dêmos* (= cidadania ampla), quer fosse uma oligarquia (= cidadania restrita). Limitando à *politeia* democrática uma característica própria a todas as *politéiai* da Grécia clássica (nem a realeza (*basileia*), nem a tirania, nem a oligarquia dispunham de burocracias), ele confunde cidadania e democracia. O próprio tirano (que frequentemente se apoiava no povo para exercer o poder) se distinguia do déspota oriental exatamente por não dispor dos serviços de uma protoburocracia detentora dos meios organizados de gestão e de coerção sociais.

Mazzeo, que não incorreu nesse equívoco, assinala com razão que a democracia escravista clássica é a forma política de um "governo oligárquico alargado". Ela resultou, com efeito, de um processo de lutas sociais ao longo das quais a massa dos homens livres conquistou o direito à cidadania e com ele a participação ativa no exercício do poder.

Mais complexa e delicada é a questão da "precoce e ampla emancipação do desenvolvimento da ciência em relação às necessidades sociais e ideológicas da religião". A religião cívica das *póleis* favoreceu o advento do conhecimento teórico? A "inexistência de um poder sacerdotal centralizado monopolizador que

---

[6] Perry Anderson, *Les passages de l'Antiquité au féodalisme* (Paris, Maspero, 1977), p. 47 [ed. bras.: *Passagens da Antiguidade ao feudalismo*, São Paulo, Brasiliense, 2007].

mantém em segredo o conhecimento e de uma teologia obrigatória" certamente contribuiu para gerar "as condições histórico-objetivas para a potencialização do conhecimento científico-técnico produzido no Oriente". Mas a condenação de Sócrates por impiedade mostra os riscos que podia correr a crítica filosófica da religião estabelecida, na medida em que esta se identificava com os valores da *pólis*. De qualquer modo, o interesse de um livro está principalmente nas questões que coloca. O de Mazzeo é dos que fazem o leitor pensar.

João Quartim de Moraes

*À memória de meus pais, Augusto e Ophelia,
que me ensinaram a altivez e a coragem
e me lançaram na aventura do conhecimento.
Para Izabel, com amor.*

πρὶν ἀγγέλους σπερχνούς τε καὶ ταχυρρόθους
λόγους ἱκέσθαι καὶ Φλέγειν χρείας ὕπο
(Antes que mensageiros desvairados e palavras
muito precipitadas nos surpreendam e inflamem
tudo pela necessidade.)

Ésquilo

ως χαρίεν ἐστ' ἀνδρωπος ἀν ἀνδρωπος ἡ
(Como é agradável o homem, quando ele é humano!)

Meneandro

Quando o homem real, corpóreo, de pé sobre a terra firme e aspirando e expirando todas as forças naturais, *põe* suas *forças essenciais* reais e objetivas como objetos estranhos mediante sua alienação, o *pôr* (*Setzen*) não é o sujeito; é a subjetividade de forças essenciais *objetivas*, cuja ação, por isso, deve ser também *objetiva*. O ser objetivo atua objetivamente e não atuaria objetivamente se o objetivo não estivesse na destinação do seu ser.

Karl Marx

APRESENTAÇÃO

Este trabalho expressa um novo momento em minhas preocupações intelectuais. Não se trata de uma ruptura com as pesquisas efetuadas anteriormente mas, sim, de necessária *continuidade* e aprofundamento das reflexões já realizadas, principalmente com o intuito de compreender a categoria da *mediação* no pensamento político-filosófico. Foi essa preocupação que norteou a pesquisa desenvolvida em pós-doutoramento junto ao Dipartimento di Filosofia Politica da Università degli Studi – Roma Tre, com a interlocução do professor doutor Giacomo Marramao e o apoio de bolsa de estudos da Fapesp entre setembro de 2000 e março de 2001.

Como agora, entendia que um estudo sobre a construção da categoria da *mediação político-filosófica* passava, necessariamente, por uma abordagem que buscasse apreender ontologicamente a processualidade da objetivação dessa categoria no Ocidente, sobretudo em sua gênese, o que me levou a reconstruir suas origens, enfatizando o *pensamento mediativo* desenvolvido na Grécia Antiga, particularmente o ateniense. No entanto, ressalto: não há a pretensão de apresentar um trabalho de história *stricto sensu*, ainda que a história seja utilizada como elemento-base para informar e fundamentar as análises e conclusões, com apoio em estudos de historiadores clássicos e contemporâneos. Dada a dinamicidade e diversidade dos enfoques metodológicos que norteiam as pesquisas históricas, foram utilizados, além dos textos tidos como "consagrados", os trabalhos mais próximos à minha opção teórica *para analisar* o processo de entificação e objetivação do ser social, com fundamento na apreensão metodológica de corte *dialético-onto-gnoseológico*. Assim, enfoca-se a análise da construção teórico-filosófica – e suas implicações na ação política – da *mediação* no pensamento ocidental, a partir do desenvolvimento da filosofia da natureza jônica e de sua reverberação na análise das relações sociopolíticas, no Tardo Arcaísmo grego, assim como sua ressonância na forma-pensamento-teórica desenvolvida na pólis ateniense, especialmente por Sócrates e Platão.

De fato, este trabalho insere-se no âmbito de uma pesquisa mais abrangente, que procura analisar a problemática da legitimação, do igualitarismo, da democracia e do poder nas concepções teórico-políticas do Ocidente. Dessa forma, pretende-se, mais adiante, em outro trabalho, estabelecer os nexos entre o pensamento antigo e aquele que será desenvolvido pela burguesia. Desse modo, essas reflexões iniciais serão aprofundadas com a análise do processo de objetivação da forma societal burguesa, no momento em que a nascente classe capitalista "retorna" ao pensamento clássico, reformulando-o e adequando as concepções de democracia, liberdade e igualdade à sua *Weltanschauung* [cosmovisão][1].

O presente livro vem precedido de uma introdução teórica, que procura articular alguns elementos analíticos sobre religiosidade e desenvolvimento do *pensamento mediativo*. Essa introdução poderá ser saltada pelo leitor pouco familiarizado com as questões teórico-filosóficas, sem prejuízo da intelecção da obra. Com pequenas alterações, este é o texto da tese apresentada, em janeiro de 2004, ao Departamento de Ciências Políticas e Econômicas da Faculdade de Filosofia e Ciências da Unesp, como parte das exigências para a obtenção do título de livre-docente em Ciências Políticas. Quero agradecer às críticas e sugestões (incorporadas neste trabalho, na medida do possível) dos professores doutores Carlos Nelson Coutinho, José Paulo Netto, Evaldo Amaro Vieira, Tullo Vigevani e Mario Bolognese, membros da banca examinadora, que gentilmente aceitaram a tarefa de ler esses alfarrábios com a rigorosidade e a simpatia que lhes são peculiares. Agradeço aos colegas e amigos antropólogos, os doutores Andreas Hofbauer e Sérgio Domingues, pelas sugestões e pelos debates, nem sempre concordantes, que realizamos sobre diversas questões aqui tratadas e, particularmente, ao professor doutor Giacomo Marramao, por sua amizade e fundamental apoio, no período em que desenvolvi parte dessa pesquisa em Roma. A meus alunos do programa de pós-graduação em Ciências Sociais, com quem discuti muitos dos problemas presentes neste livro. Ao professor doutor João Quartim de Moraes, que gentilmente se dispôs a fazer a instigante apresentação deste livro. A Ivana Jinkings, que calorosamente acolheu mais um trabalho de minha autoria em sua prestigiosa editora. Agradeço ainda à Fapesp pelo apoio inestimável para a elaboração de minha pesquisa e agora para esta publicação.

Em especial à minha família, que, por muitos meses, viu-se involuntariamente envolvida nas preocupações e obsessões próprias de quem está imerso num trabalho intelectual.

---

[1] Essas reflexões foram aprofundadas em Antonio Carlos Mazzeo, *Os portões do Éden: igualitarismo, política e Estado nas origens do pensamento moderno* (São Paulo, Boitempo, 2019).

Parte I
As bases histórico-ontológicas para a emergência da consciência mediativa

É muito fundo o poço do passado. Não deveríamos dizer que é sem fundo esse poço? Sim, sem fundo, se (e talvez somente nesse caso) o passado a que nos referimos é meramente o passado da espécie humana, essa essência enigmática da qual nossas existências normalmente insatisfeitas e muito anormalmente míseras formam uma parte; o mistério dessa essência enigmática inclui por certo o nosso próprio mistério e é o alfa e o ômega de todas as nossas questões [...]

Thomas Mann

INTRODUÇÃO
COTIDIANO, MEDIAÇÃO E LEGITIMIDADE: ELEMENTOS TEÓRICOS PARA UMA ANÁLISE APROXIMATIVA

A questão da legitimidade não pode ser entendida como "novidade" no contexto ontológico das diversas formas societais[1]. Ela vem sendo posta e reposta lógica e historicamente – dentro das legalidades inerentes e estruturais engendradas em seus escopos temporais – nas processualidades específico-particulares de objetivação da sociabilidade humana. Podemos dizer que as explicações sobre a existência do poder (e consequentemente de sua legitimação) como dádiva, em geral de origem mítico--divina, já estão presentes nas formações sociais pré-capitalistas – enquanto elementos intuitivos e como resultado de uma relação direta de um tipo de práxis, *com baixo grau de mediação*, ou, ainda, como "prototeorias", dentro dos contornos históricos das *formas de reflexo ideo-societal* da realidade objetiva[2] –, pelo menos como necessidade imediata de legitimar o poder da comunidade e, mais tarde, das formas de estado, como, por exemplo, no Oriente Antigo e, posteriormente, já no âmbito de uma diferenciada e mais sofisticada abordagem, na Antiguidade ocidental.

No contexto histórico-ontológico daquelas formações sociais, o problema ligava-se à busca de conhecer e explicar o mundo, ainda que dentro de uma restritiva vinculação imediata entre teoria e prática, isto é, a mediação (*Vermittlung*)

---

[1] Ainda que dentro de um caminho histórico-conceitual radicalmente diferente do nosso, concordamos com D. Sternberger quando ressalta com propriedade: "O desejo de legitimação é tão profundamente enraizado nas comunidades humanas em geral, que dificilmente encontramos algum tipo de governo na história que não goste de ter um difuso reconhecimento de si mesmo ou que não procure legitimação", "Typologie de la légitimité", em P. Bastide (org.), *L'idée de légitimité* (Paris, PUF 1967), p. 87.

[2] Utilizamos, aqui, o conceito de reflexo desenvolvido por G. Lukács em *Estetica* (Barcelona, Grijalbo, 1966, 4 v., particularmente v. I, capítulos 1 e 2), p. 33-170.

subsumida a um tipo de ação social, nos contornos de uma *forma-práxis* automediadora da natureza, inserida em determinado *tempo–espaço*, no caso, imersa numa forma *sociometabólica* estreitamente ligada à natureza, na qual se realizam mediações historicamente específicas – enquanto desdobramentos mediativos da própria mediação – resultantes da *automediação ontologicamente fundamental do homem* com a natureza, efetuada pelo *trabalho* (*Arbeit*). Como nos aclara Mészáros:

> [...] Essa 'mediação de segunda ordem' [a mediação da mediação] só pode nascer com base na ontologicamente necessária 'mediação de primeira ordem' [isto é, o *trabalho*] – como forma específica, alienada, da segunda. Mas a própria 'mediação de primeira ordem' – *a atividade produtiva como tal – é um fator ontológico absoluto da condição humana*.[3]

Daí a positividade e a correção de Radin – mesmo que dentro dos limites de uma concepção que vê nas sociedades "arcaicas" a existência de uma dualidade na práxis humana – em insistir na existência de um pensamento reflexivo (materializado na pessoa de um "pensador") que executa, no plano perceptivo-analítico, as conexões entre o mundo real e o mundo mítico-imaginário[4].

A necessidade de criar formas interpretativas – *mediações* – que adequassem a representação imaginária às transformações materiais da sociabilidade acabou proporcionando, de certo modo e em determinada medida, a superação de limites, socialmente postos pelas complexidades de um mundo imerso numa práxis utilitário-imediata – no escopo de uma *pseudoconcreticidade*, enquanto forma–consciência (*histórica*) de apreensão do real[5] –, por meio de *mediações* que possibilitaram

---

[3] I. Mészáros, *Marx: a teoria da alienação* (Rio de Janeiro, Jorge Zahar, 1981), p. 74.

[4] P. Radin, *El hombre primitivo como filósofo* (Buenos Aires, Eudeba, 1960, especialmente capítulos XI e XIII).

[5] Ver o conceito desenvolvido por K. Kosik em *Dialética do concreto* (Rio de Janeiro, Paz e Terra, 1976, especialmente capítulo I). Ver também G. Lukács, *Estetica*, cit., v. I, capítulo 2. Como define Kosik: "[...] 'a existência real' e as formas fenomênicas da realidade – que se produzem imediatamente na mente daqueles que realizam uma determinada *praxis* histórica, como conjunto de representações categoriais do 'pensamento comum' (que apenas por 'hábito bárbaro' são consideradas conceitos) – são diferentes e muitas vezes absolutamente contraditórias com a *lei* do fenômeno, com a *estrutura* da coisa e, portanto, com seu núcleo interno *essencial* e o seu conceito correspondente. [...] Por isso, a *praxis* utilitária imediata e o senso comum a ela correspondente colocam o homem em condições de orientar-se no mundo, de familiarizar-se com as coisas e manejá-las, mas não proporcionam a *compreensão* das coisas e da realidade. [...] Nesta *praxis* se forma tanto o determinado ambiente material do indivíduo histórico, quanto a atmosfera espiritual em que a aparência superficial da realidade é fixada como o mundo da pretensa intimidade, da confiança e da familiaridade em que o homem se move 'naturalmente' e

superações *relativas* da imediaticidade – ainda muito permeadas pelo pensamento mágico-religioso –, dado o caráter *ideo-reflexivo* da realidade objetiva, *determinada pela própria forma histórico-metabólica de objetivação daquelas formações sociais*[6].

Essas *mediações relativas,* por diversos fatores – entre eles encontram-se dramáticas adequações e respostas do ser social a determinadas necessidades históricas (*historische Notwendigkeit*) –, proporcionaram avanços significativos da consciência imediata, já que a autoconsciência, como diz Lukács, pressupõe determinada complexização das formas de entendimento da realidade objetiva[7]. Um universo mergulhado na práxis *utilitário-imediata, pela sua característica essencial,* somente cria respostas às suas necessidades – enquanto *Bedürfnisse*[8] – dentro do escopo de

---

com que tem de se avir na vida cotidiana. O complexo dos fenômenos que povoam o ambiente cotidiano e a atmosfera comum da vida humana, que, com a sua regularidade, imediatismo e evidência, penetram na consciência dos indivíduos agentes, assumindo um aspecto independente e natural, constitui o mundo da *pseudoconcreticidade*. A ele pertencem: – O mundo dos fenômenos externos, que se desenvolvem à superfície dos processos realmente essenciais; – O mundo do tráfico e da manipulação, isto é, da *praxis* fetichizada dos homens [...]; – O mundo das representações comuns, que são projeções dos fenômenos externos na consciência dos homens, produto da *praxis* fetichizada, formas ideológicas de seu movimento; – O mundo dos objetos fixados, que dão a impressão de ser condições naturais e não somente imediatamente reconhecíveis como resultados da atividade social dos homens; – O mundo da pseudoconcreticidade é um claro-escuro de verdade e engano. O seu elemento próprio é o duplo sentido. O fenômeno indica a essência e, ao mesmo tempo, a esconde. A essência se manifesta no fenômeno, mas só de modo inadequado, parcial, ou apenas sob certos ângulos e aspectos. O fenômeno indica algo que não é ele mesmo e vive apenas graças a seu contrário. A essência não se dá imediatamente; é mediata ao fenômeno e, portanto, se manifesta em algo diferente daquilo que é. A essência se manifesta no fenômeno. O fato de se manifestar no fenômeno revela seu movimento e demonstra que a essência não é inerte nem passiva. Justamente por isso o fenômeno revela a essência. A manifestação da essência é precisamente a atividade do fenômeno", K. Kosik, *A dialética do concreto*, cit., p. 10-1.

[6] Sobre a historicidade da consciência Mészáros afirma: "[...] a autoconsciência sensível não é a consciência abstratamente sensível, e sim a consciência humanamente sensível. E, como as atividades desse ser natural *específico* são necessariamente realizadas numa estrutura *social*, a verdadeira autoconsciência desse ser é sua consciência como ser *social*" em I. Mészáros, *Marx: a teoria da alienação*, cit. p. 154. Ver também I. Mészáros, *Filosofia, ideologia e ciência social: ensaios de negação e afirmação* (São Paulo, Ensaio, 1993), p. 196 e seguintes.

[7] Como nos aclara Lukács: "A gênese da autoconsciência pressupõe um determinado grau de crescimento da consciência da realidade objetiva e não pode desenvolver-se a não ser a partir de um processo interativo com esta última consciência." (G. Lukács, *Estetica*, cit., p. 90.)

[8] A. Heller assim conceitua a necessidade, na perspectiva da teoria social marxiana: "A necessidade do homem e o objeto da necessidade estão correlacionados: a necessidade se refere, em todo momento, a algum objeto material ou a uma atividade concreta. Os objetos 'fazem existir' as necessidades e, inversamente, as necessidades, os objetos. A necessidade e seu objeto constituem momentos,

seus inerentes condicionantes históricos, que acabam por inserir as superações do mundo pseudoconcreto em novas e reelaboradas imediaticidades. Exatamente porque inserida numa práxis imersa na relação direta com a natureza, esse *tipo de superação mediativo-relativa* ainda *não possibilita a construção de condições concretas para que sejam objetivados saltos qualitativos que poderiam engendrar uma nova e superior cotidianidade*. Essas conquistas (respostas do ser social), dadas pelas *mediações relativas*, geralmente retornam à forma societal dominante, como novos elementos de reposição e manutenção dela mesma.

Dentro de um universo altamente complexo, essa tendência materializa-se numa dualidade contraditória. Se, de um lado, a *captação empírico-imediata* do real impõe grandes dificuldades para a ruptura com uma *práxis utilitario-manipulatória* posta pela cotidianidade, de outro, abre caminho para uma ulterior conquista da realidade, no sentido de uma compreensão *mediatizada* do mundo objetivo. Isso se torna possível na medida em que essas conquistas convertem-se em *possessões óbvias*, e os esforços necessários para aquelas conquistas *acabam entrando em contradição com práticas consagradas pelos costumes e pela tradição*. Mesmo que determinados por uma práxis imediata, esses choques que se estabelecem com a realidade objetiva ainda não aclarada – com instituições vigentes, representações e conceitos subjetivos presentes nas formas societais –, dado o grau de intensidade das inovações apresentadas, em geral contribuem para elevar o teor das contradições a níveis cada vez mais altos, estimulando o descobrimento de conexões e de legalidades até aquele momento desconhecidas. Assim se produzem satisfações que despertam, por sua vez, necessidades novas, não somente de ampliação, mas também de aprofundamento e de generalização essencial. Inserem-se aí as questões do poder e da legitimidade, que não podem ser entendidas desconectadas dos elementos histórico-morfológicos que antiteticamente constituem o *ser-precisamente-assim* da sociabilidade[9]. Diferentemente, *devem*

---

são lados de um mesmo conjunto. Se em vez de analisar *um* modelo analisamos a dinâmica de um 'corpo social' (pressupondo que esse 'corpo' admita uma dinâmica), a primazia corresponde, então, ao momento da *produção*: é a produção que cria *novas* necessidades. Em efeito, também a produção criadora de novas necessidades se encontra com as outras já presentes". Citando Marx, Heller conclui: "A diversa conformação da vida material depende em cada caso, naturalmente, das necessidades já desenvolvidas e, tanto a criação como a satisfação destas necessidades são determinadas por seus processos históricos", em *Teoría de las necesidades en Marx* (Barcelona, Península, 1986), p. 43.

[9] Na definição de György Lukács: "O ser-precisamente-assim é, antes de mais nada, uma categoria histórico-social, ou seja, o modo necessário pelo qual se apresenta o jogo contraditório

ser analisadas no escopo do processo de desenvolvimento histórico-ontológico das formas de propriedade e das relações de trabalho, além da própria noção ideo-imaginária que cada civilização – *Kultur* – (em seu contexto histórico) tem de si mesma, incluída aí a noção cultural de tempo e espaço[10].

No período histórico em que encontramos a identidade do trabalho com a propriedade, no qual a ligação da comunidade com seu espaço territorial era o elemento definidor da *identidade genérica*, podemos verificar, em diversas sociedades arcaicas, a propriedade coletiva concebida como dádiva divina, nas quais exatamente esse elemento dá legitimidade à reivindicação de determinado espaço territorial e que, via de regra, aparece ligando o indivíduo à natureza (enquanto seu corpo inorgânico) soldando, assim, sua identidade *numenal* com a forma coletiva de existência. Ali, como evidenciou Marx, a terra é um grande *laboratorium*, um arsenal que possibilita tanto os meios como o material de trabalho (assim como a sede e a base da atividade comunitária – os homens –, que se comportam como propriedade de uma entidade comunal mítica), mas que se produz e reproduz por meio do trabalho vivo (e estranhado) daqueles homens[11]. O desenvolvimento da propriedade privada e o aprofundamento de relações sociais que agudizam as formas *de estranhamento* – dentro de uma relação em que o escravo ou o servo aparecem como uma extensão do corpo inorgânico da comunidade – acentuarão a necessidade da legitimação, não somente do poder, como legado ou prolongamento da divindade, mas também, e como consequência, das próprias formas de propriedade e de reposição da vida material, dentro de uma visão de mundo em que o elemento mítico-mágico, desdobrado e transcendendo formas *imediatizadas* de apreensão do real e a concepção mítica do "espaço sagrado primordial", cria os contornos para a legitimação, não apenas da noção de *centro do*

---

    das forças socioeconômicas que operam em determinado momento do interior de um complexo social situado num estágio específico de seu desenvolvimento histórico". György Lukács, "O processo de democratização (o homem e a democracia)", em *Socialismo e democratização: escritos políticos 1965-1971* (org. Carlos Nelson Coutinho e José Paulo Netto, Rio de Janeiro, Ed. UFRJ, 2008), p. 84.

10 Na definição de G. Marramao: "Cada civilização – cada Kultur – se dá sempre associada a uma certa experiência do tempo, e portanto toda passagem de civilização implica necessariamente uma mudança fundamental da intuição do tempo, mudança que condiciona de modo determinante o quadro de valores e consequentemente – da política". *Poder e secularização: as categorias do tempo* (São Paulo, Unesp, 1995), p. 23.

11 Ver Karl Marx, *Elementos fundamentales para la crítica de la economia política (Grundrisse) – 1857--1858* (México, Siglo XXI, 1986, v. I), p. 434-5.

mundo[12] – onde, em geral, acreditava-se estar situada a cidade-estado com suas relações tributário-aldeãs[13] –, mas também do rei, concepção esta presente nas interpretações míticas da Antiguidade médio-oriental dos montes sagrados dos babilônicos, egípcios e hebreus, onde os templos constituíam-se como "réplicas" sagradas da "montanha cósmica"[14].

Num mundo subsumido à comunidade – seja aquele permeado pela consciência mítico-mágica, ou aquele que já a tenha superado, alcançando a separação entre a magia e a cotidianidade, e construído um comportamento de maior mediaticidade por meio do mito religioso –, o grau de individuação do homem, em relação à comunidade genérica, apresenta-se, ainda, extremamente reduzido. Daí termos também, dentro da noção de poder, e da intrínseca questão da identidade da comunidade, a necessidade da permanente legitimação dos próprios sujeitos, *enquanto coletividade genérica* – e da própria recomposição do mito –, inclusive no sentido de perpetuar sua existência e garantir uma condição de bem-estar, por meio de vínculos estreitos e perenes com a entidade mítico-religiosa que concedeu a dádiva do espaço primordial e da vida, assim como do tempo imaginário, como evidencia-se, por exemplo, na mitologia judaico-cristã: Adão e Eva representam a parábola de uma comunidade que rompe com um equilíbrio divino, de ordem cósmica, e ao mesmo tempo constituem-se a base para a reconstrução do relacionamento com o deus, mediante uma nova dádiva e, consequentemente, uma nova aliança com a deidade, que possibilita uma permanente interação dos homens com sua divindade, como observamos na *Torá* dos hebreus – o *pentateuco* do *Antigo Testamento* dos cristãos[15]. De modo que não somente as comunidades arcaicas buscam a legitimação,

---

[12] Na definição de Eliade "O homem religioso desejava viver o mais perto possível do Centro do Mundo. Sabia que seu país se encontrava efetivamente no meio da terra; sabia também que sua cidade constituía o umbigo do Universo e, sobretudo, que o Templo ou o palácio eram verdadeiros Centros do Mundo; mas queria também que sua própria casa se situasse no Centro e que ela fosse uma *imago mundi*". Mircea Eliade, *O sagrado e o profano* (São Paulo, Martins Fontes, 1996), p. 43. Grifos do autor.

[13] Sobre o conceito de sociedade tributário-aldeã, ver Ciro Flamarion Cardoso, *Sete olhares sobre a Antiguidade* (Brasília, Editora UnB, 1998), p. 44 e *passim*.

[14] Como aclara-nos G. Balandier: "Os mitos possuem, sob este aspecto, uma dupla função: *explicam* a ordem existente em termos históricos e o *justificam* fornecendo-lhe uma base moral, ao apresentá-lo como um sistema fundado no direito. Entre eles, os que confirmam a posição dominante de um grupo são, evidentemente, os mais significativos; eles servem para a manutenção de uma situação de superioridade". *Anthropologie politique* (Paris, PUF, 1991), p. 139.

[15] Expulso por Yahvé, o homem perde o paraíso para ganhar a terra. Ainda que fruto da desobediência ao seu deus, a expulsão do homem permite-lhe ganhar não somente a liberdade, mas a capacidade de criação e reprodução de sua vida, por meio do trabalho. Assim, a terra, a técnica da

mas principalmente as sociedades com maior grau de articulação dialética entre os complexos de complexos[16] – estas já apontando para um centro nuclear *proto--ético* da religiosidade – procuram, na contextualidade histórica de seus elementos ideo-imaginários, explicar e legitimar a dádiva divina coletiva ou de um grupo estamental que detém o poder político e econômico. Nesse sentido, a própria noção de "conhecimento cósmico" subsume-se ao preceito do poder, enquanto condição social *sine qua non* de acesso às formas mediativas alcançadas pela sociedade. Quanto mais perto do deus, mais aceito e legitimado por ele, mais se conhece os "mistérios da revelação" e mais perto se está do que é conhecido. Wilson nos explica que as elevadas responsabilidades do faraó do Egito implicavam um conhecimento e uma capacidade que escapavam do alcance de um homem comum[17].

No caso de sociedades como a egípcia e a babilônica, os governantes materializavam a divindade, encarnando o próprio deus[18]. Ali, o governante trazia consigo

---

agricultura – espaço e tempo – e a propriedade privada, simbolizada por meio da mulher como propriedade do homem, são concebidas como dádiva divina, o que denota que, mesmo tendo perdido o paraíso – o equilíbrio cósmico primal –, o homem ganha a possibilidade da redenção pelo "castigo" do trabalho – a presunção de uma nova ordem divina, agora permeada pela opção de caráter profano, que é o livre arbítrio. Como fica evidente nesta passagem bíblica, quando Yahvé, referindo-se à mulher que cedeu à tentação da serpente, sentencia "[...] Multiplicarei os sofrimentos de teu parto; darás à luz com dores, teus desejos te impelirão para o teu marido e tu estarás sob seu domínio". Ao homem, que se deixou enganar pela mulher, Yahvé proclama: "[...] Porque ouviste a voz de tua mulher e comeste do fruto da árvore que eu te havia proibido comer, maldita seja a terra por tua causa. Tirarás dela com trabalhos penosos o teu sustento todos os dias de tua vida [...] Ela te produzirá espinhos e abrolhos, e tu comerás a erva da terra. [...] Comerás o teu pão com o suor de teu rosto [...]". *Bíblia sagrada* (São Paulo, Ave-Maria, 1998, *Gênese*, 3-16, 17-9).

[16] Ver Nicolas Tertulian, "Posfácio" em György Lukács, *Prolegômenos para uma ontologia do ser social* (São Paulo, Boitempo, 2015), p. 395.

[17] Ver H. Y. A. Frankfort et al., *El pensamiento prefilosófico I – Egipto y Mesopotamia* (México, FCE, 1993), p. 107 e seguintes. Também podemos encontrar na *Thorá/Pentateuco* o poder legitimador concedido por Yahvé a Moisés. Descendente de Ruben, primogênito de Israel e salvo das águas do Nilo, Moisés é criado por não menos que a filha do grande faraó Set I, o consolidador da XIX dinastia – pai de Ramsés II. No mito hebraico, Moisés recebe de Yahvé a missão de libertar os hebreus da escravidão no Egito. Para tal, Yahvé concede a Moisés poderes divinos, como verificamos no diálogo dos dois: "[...] Eu sou o Senhor. Repete ao faraó, o rei do Egito, tudo que te digo [...] E Moisés respondeu-lhe: 'Eu não tenho o dom da palavra; como me ouvirá o faraó?' [...] O Senhor disse a Moisés: 'Vê: vou fazer de ti um deus para o faraó, e teu irmão Aarão será teu profeta' [...]". *Bíblia Sagrada*, cit., *Êxodus*, 6-29, 30 e 7-1.

[18] Como acentua J. G. Frazer: "Os mais antigos reis babilônicos, desde os tempos de Sargão I até a quarta dinastia de Ur, e, ainda mais tarde, asseguravam sua condição de serem deuses vivos. Os monarcas da quarta dinastia de Ur, em particular, possuíam templos erguidos em suas honras,

não somente o poder, mas também uma enorme carga de responsabilidade social e religiosa (já com a presença de fortes "elementos de eticidade" – entendidos, aqui, no sentido do conceito filosófico ocidental inaugurado por Sócrates e Platão), para que fossem cumpridos os fundamentos das leis sagradas que determinavam os equilíbrios cósmicos, não só porque materializavam a mediação da coletividade genérica com a ordem cósmico-divina, mas também porque se constituíam nos guardiões dos fundamentos conformadores do imaginário da comunidade que mantinha viva a "substância primordial" do espírito coletivo, como o *Ka* dos antigos egípcios[19].

Esses aspectos apresentam-se com relevância fundamental para a compreensão do papel organizativo da religião no processo de construção de formas mediativas, na relação sociometabólica do homem com o mundo material e, consequentemente, na estruturação de superiores qualidades ideo-reflexivas da realidade objetiva na consciência cotidiana. Portanto, a complexização societal, resultante do alargamento das respostas às necessidades engendradas pelo processo de objetivação das formas de sociabilidade, propicia não somente a ampliação do conhecimento prático-imediato, que se desenvolve no sentido da sofisticação técnica, como requer também – e enquanto elemento de essencialidade – a construção de mediações que estejam atendendo aos novos problemas postos pela dinâmica histórico-concreta das formas da divisão do trabalho e por relações sociais diferenciadas que se constroem a partir do surgimento da propriedade privada e de uma hierarquização societal – a divisão da sociedade em classes ou estamentos.

Construções Mediativas

A característica peculiar das sociedades em que predomina a magia, diferentemente das que alcançaram os níveis da religiosidade[20], está na existência de um menor

---

elevaram suas próprias estátuas em diversos santuários e ordenaram ao povo que se sacrificassem diante delas [...] Os reis do Egito foram deificados em vida, sendo oferecidos a eles sacrifícios, celebrando-se cultos em templos particulares com sacerdotes próprios [...] Nunca se pôs em dúvida um rei que arrogava para si a verdadeira divindade; ele era o Grande Deus, o Dourado Hórus, o filho de Rá". *La rama dorada: magia y religión* (México, FCE, 1996), p. 136-137. Ver também H. Y. A. Frankfort et al., *El pensamiento prefilosófico*, cit., p. 100 e seguinte.

[19] Como se lê nas escrituras das pirâmedes egípcias: "És Tu, o Ka de todos os deuses, tu os conduzes, tu os governas; tu os fazes viver", em A. Aymard e J. Auboyser, *L'Orient et la Grèce Antique* (Paris, PUF, 1994), p. 60.

[20] Sobre a diferença entre pensamento mágico e a construção filosófico-conceitual da religiosidade, ver Lukács, *Estetica*, cit., v. I, p. 122 e seguintes.

grau de generalização conceitual e em um *maior domínio da imediatez*, quer dizer, os limites reconhecíveis entre o mundo interno e o mundo externo estão mais esfumados e mais imprecisos, de modo que as relações mágicas são uma *ligação pragmática* entre o mundo fenomênico-imediato – determinado pelas mediações de primeira ordem – e o homem, por meio de técnicas analógicas imperfeitamente conscientes em relação ao mundo externo, o que significa dizer que este se constitui numa concepção *reflexa prático-imediata*, dada pela predominância de um materialismo imediaticizado e espontâneo, que nada mais é que a *natureza da cotidianidade não objetivada*[21]. Essa forma de relação social, imersa num mundo fenomênico-imediato, por sua especificidade tende a reproduzir mecanicamente em seu universo imaginário-reflexivo a própria relação pragmática estabelecida com a natureza – que aparece como extensão do corpo da comunidade – no processo de reprodução da vida material. Daí termos presente na magia uma relação utilitária e manipulatória com as entidades, que se remetem, em seus cerimoniais, aos estreitos vínculos de dependência que as formas de trabalho têm em relação aos ciclos da natureza, como, por exemplo, o rito do *Kula* das populações papuas da Nova Guiné[22]. A submissão às forças naturais condiciona, portanto, o reflexo do mundo objetivo às próprias variações dos elementos[23]. Desse modo, a relação estabelecida com o "mundo do além" vem permeada pelo mesmo pragmatismo com que se manejam as coisas inertes: constringe-o e amarra-o, em vez de conciliar-se com ele e inclíná-lo favoravelmente, como faria a religião. Assim, na prática da magia não existe a separação dos conceitos genéricos de bem e de mal – eles aparecem entrelaçados no âmbito ideo-histórico de uma natureza não objetivada, quer dizer, de uma vinculação pragmático-imediata com o mundo material.

Isso determina um alto grau de relativismo subjetivado na relação com a entidade mágica e na ausência de noções proto-éticas – por exemplo, as transgressões das regulações divinas, resultantes do "contrato" com a deidade, como o pecado, desenvolvido pela teologia cristã –, em que ações de bem e mal podem ser realizadas

---

[21] Como podemos verificar a partir do exemplo de Frazer: "Mas temos que recordar ao mesmo tempo, que o mago primitivo conhece a magia em seu aspecto prático; nunca analisa os processos mentais nos quais sua prática está baseada e nunca realiza uma reflexão sobre os princípios abstratos entranhados em suas ações. Para ele, como para a maioria dos homens, a lógica é implícita [...] em uma palavra, para ele a magia é sempre uma arte, nunca uma ciência". *La rama dorada: magia y religión*, cit., p. 34.

[22] Ver B. Malinowski, *Argonauts of the Western Pacific* (Ilinois, Waveland, 1984).

[23] E. Durkheim observa agudamente esse aspecto ao ressaltar: "Quase sempre, os deuses servem menos para explicar monstruosidades, extravagâncias, anomalias, do que a marcha habitual do universo, do movimento dos astros, do ritmo das estações, do crescimento anual da vegetação, da perpetuidade das estações etc.". *As formas elementares da vida religiosa* (São Paulo, Martins Fontes, 1996), p. 10.

indiferentemente por uma mesma divindade. Nessa relação, os deuses são objeto de um tipo de "manipulação subjetiva" por sacerdotes hábeis nesse *métier*. Em suma, a relação com o "mundo dos espíritos" estrutura-se rigorosa e diretamente conectada à natureza, na medida em que a própria comunidade vincula-se corporiamente a ela e que também os preceitos reguladores societais refletem esse vínculo imediato[24].

Por outro lado, as sociedades religiosas, como resultado de um grande e longo processo histórico de objetivação e complexização societal, com seus desdobramentos consequênciais dados pelo desenvolvimento das forças produtivas, como o adensamento populacional, a sofisticação das práticas agrícolas e de criação animal, a especialização da ferramentaria e do armamento, a cerâmica, a arquitetura etc., atividades impossíveis em sociedades de coletores e caçadores, por suas características inovadoras intrínsecas, engendram *novas formas de práxis social* – gerando mediações de segunda ordem – *que entram em contradição com as estruturas tradicionais de relações sociais e, por conseguinte, com as formas ideo-reflexivas predominantes*, proporcionando seu reordenamento ou, ao limite, sua dissolução[25]. Exatamente por isso, Lukács irá ressaltar que essas mediações ultrapassam os meros *reflexos* (imediatizados) da natureza, transformando-se – progressivamente – em reflexos da sociedade. A convivência e a colaboração dos homens deixam de ser uma óbvia "naturalidade" regulada por uma tradição de eficácia cotidiana, como o costume, a "opinião pública" espontânea, inclusive em possíveis casos conflitivos particulares. Essa convivência e essa colaboração tornam-se problemáticas, e, para a resolução de questões, para a conservação e para a reprodução de uma sociedade que atinge complexas gradualidades de contradições, os homens se veem obrigados a elaborar novas objetivações, novos modos de comportamento – para substituir os

---

[24] Ver G. Lukács, *Estetica*, cit., p. 108 e seguintes. Traçando um paralelo sobre a identificação simbólica entre o que nominou "sociedades literatas" e "sociedades etnográficas", C. Tullio-Altan acentua: "Nas sociedades literatas, estas normas estão presentes em forma positiva, como enunciações, escritas ou não, de comportamentos considerados necessários para o interesse coletivo, mesmo que entrem em conflito com o interesse individual e imediato do sujeito que deve observá-las. Nas sociedades etnográficas, estes mandamentos, que nas sociedades modernas formalizam-se em códigos de leis, são apreendidos sob a forma prevalente de proibições a cumprir atos que violam a norma positiva implícita. Trata-se de uma forma baseada na inibição de comportamentos ilícitos, em nível de reações quase instintivas: a moral negativa do *tabu*". *Soggetto, simbolo e valore: per un'ermeneutica antropologica* (Milão, Feltrinelli, 1992), p. 94.

[25] Nesse sentido, podemos incluir, nessa definição de construção das mediações – como resultado da sofisticação das formas ideo-imaginárias, isto é, a *cultura* –, a definição de C. Geertz, quando a situa num contexto dado pelo fluxo que é realizado continuamente pela ação social. Ver *Interpretazione di culture* (Bolonha, Il Mulino, 1987), p. 55 e seguintes.

velhos em processo de consumpção –, e um deles é a *ética*²⁶. Esse contexto exige, ao mesmo tempo, novas posturas legitimadoras no seio da comunidade, o que implica também legitimar os estamentos que passam a controlar a propriedade e o poder político na comunidade, ou, agora, na *cidade-estado* inserida na forma societal tributário-aldeã, como nas *Sociedades Palaciais*, com estruturas econômicas de *irrigadio* (modo de produção asiático), que, nessa contextualidade, passam a confrontar-se ao buscar a legitimidade, com novas obrigações sociais – que não coincidem, *imediatamente* com os interesses e as necessidades dos indivíduos de modo direto, mas que, ao contrário, geralmente são contrapostos e antagônicos –, estruturando nessas novas relações conteúdos sociais que exigem não somente um corpo mais articulado de *consuetudine* legal, mas também de representações religiosas que forneçam legitimidade ao grupo estamental que se interpõe, mediativamente, entre a comunidade e as formas ideológicas antes existentes e que a arremetia ao ente mítico-primal.

Portanto, os pressupostos histórico-ontológicos para a construção de uma ética estão dados pela forma religiosa e pela elaboração de uma cosmogonia (*Weltentstehung*) provedora de satisfações de necessidades que permitem a *Aufhebung* de uma existência imediatizada dos homens. De modo que a ontologia religiosa que surge de maneira oposta àquela científica – historicamente possível apenas no processo de objetivação da pólis grega, como examinaremos mais adiante – contraditoriamente oferece os fundamentos para um processual distanciamento da imediaticiadade, mesmo que por meio de concepções antropomórficas do mundo. Isso não significa dizer que se realiza, aí, a separação da relação imediatizada entre teoria e prática; também é parte integrante da religião a unidade entre teoria e prática, e isso fica mais evidente quando as religiões carregam consigo fortes elementos da magia, como ocorria nas religiões da Antiguidade, principalmente no Oriente.

A estrutura religiosa tem como fundamento radical de sua existência a ideia de salvação do homem e implica que a própria noção de transcendência se coloque de forma mais abrangente, indo para além da imediaticidade, por meio de uma compreensão específica determinante do surgimento de uma visão teórica diferenciada para essa esfera. A fé religiosa não permite uma dicotomização do mundo em relação ao conhecimento (objetividade/subjetividade), quer dizer, quando se apresenta, a *coisa* não coexiste sem patetismo do fenômeno em relação à *Ding an sich*, como objeto do conhecimento. Como afirma Lukács, mantém-se na contraposição entre criatura e deus. O fenômeno e a essência referem-se diretamente ao sujeito em busca de salvação e, somente por meio

---

²⁶ Ver *Estetica*, cit., p. 116-7.

dessa referência, cobram sua própria objetividade religiosa. Essa forma de objetividade de fenômeno e essência cria a base específica da transcendência e para a teoria que se estabelece em imediata relação com a prática. A partir do momento em que a generalização antropomorfizadora põe um demiurgo do mundo, consuma-se a absolutização da transcendência, como ocorrerá no pensamento clássico grego, com Sócrates e Platão.

Mas o comportamento religioso proporciona o destacamento da cotidianidade comum, por meio de uma enfática acentuação da fé que não aparece como um saber imperfeito e não verificado do mundo, como na relação direta estabelecida pela magia. O conhecimento dado apresenta-se a partir de uma "revelação superior", em que o empírico surge, também ele, como um elemento da revelação, quer dizer, a *manifestação fenomênica não se distingue dos fatos comuns a não ser pela ênfase posta pela fé*. Daí a possibilidade de se buscar uma harmonização entre religião e conhecimento, isto é, o caráter unificador do empírico e da revelação[27]. Esse é o escopo histórico-ontológico que nos possibilita compreender a coexistência entre formas societais com alto grau de desenvolvimento técnico e representações mágico-religiosas, como ocorre no Oriente antigo e, de certo modo – dada a menor sofisticação tecnológica –, nas formações sociais da América pré-colombiana.

As sociedades que alcançaram formas mediativo-religiosas de representação, em geral, desenvolveram conhecimentos fundamentais que contribuíram para o desenvolvimento de respostas às necessidades essenciais àquela dinâmica social, vivenciando um notável processo de desenvolvimento de forças produtivas, que implicou, inclusive, grandes conhecimentos científicos e aperfeiçoamento de técnicas sofisticadas, como o controle de fluxos dos rios (por meio de sistemas de comportas), a construção de estradas, de templos e de palácios. No entanto, o *ser-precisamente-assim* dessa organização societal, posto pelas processualidades acima indicadas, implica a subordinação estrutural dos centros urbanos a uma complexa relação tributário-aldeã em que, como vimos, a propriedade "coletiva" subordina-se ao estado, na pessoa de um déspota, imperador ou rei – o mediador entre o comunal e a deidade –, o herdeiro divino de uma dádiva mítico-primordial. Desse modo, o indivíduo inserido nesse "tipo societal" jamais será independente de uma forma comunal, subsumida à tributação do estado estamental-divino[28], que se constitui no instrumento mediador

---

[27] Na definição de Lukács: "O radical empirismo do comportamento fica sempre em pé (por mais que seja refinadamente oculto pela dogmática teológica). É muito interessante a esse respeito que por outro lado, pelo lado da ciência, o empirismo possibilita que os homens fiquem receptivos a um compromisso com a ciência". *Estetica*, cit., p. 134.

[28] Para exemplificar essa submissão total à comunidade, por meio do estado divinizado, recorramos ao texto de J. A. Wilson, quando se refere ao período que se segue à expulsão dos hicsos, no Egito,

da apropriação da terra e do sobretrabalho, por parte dos estamentos dominantes, numa articulação produtiva que envolve, como acentua Marx, a combinação agricultura e manufatura dentro de uma comunidade que, em geral, é *self-sustaining* e contém em si mesma todas as condições da reprodução e da produção de excedentes.

Uma parte de seu sobretrabalho pertence à coletividade superior, que em última instância existe como *persona*, e esse sobretrabalho se efetiva tanto por meio dos tributos etc. como por trabalho comum destinado a exaltar a unidade, em parte ao déspota real, em parte à entidade tribal imaginária, ao deus, materializado na forma de estado[29]. O fato de o indivíduo ser apenas um possuidor de uma parcela da propriedade, que *pertence, objetivamente, ao herdeiro mítico-primordial – o Rei-deus –*, o mantém *subsumido* à comunidade, sob um poder centralizado e tirânico, não poucas vezes manipulado por um sistema de poder religioso, em que a casta de sacerdotes monopoliza o conhecimento acumulado, impedindo a difusão de métodos científicos. O desdobramento ideo-reflexivo de tal estrutura socioorganizativa, no campo do desenvolvimento das formas de mediação, encontra diversos níveis de limitações. A fundamental é a ausência de um tipo de pensamento que possibilite desvincular o trabalho da práxis utilitária. Ainda que se produzam inovações científicas e técnicas, a falta de "circulação" de ideias, determinada por um sistema extremamente fechado, impede o desenvolvimento de formas mediativo-críticas – determinando, consequentemente, a limitação ou, até mesmo, o esgotamento de forças produtivas, como ocorreu na crise da sociedade do bronze, em finais do

---

conformando os governos mais despóticos de sua história: "[...] queremos insistir no fato de que nesta época todo egípcio era um despossuído, no que se refere ao direito de se expressar livremente; lhe era impedido todo o desenvolvimento pessoal e lhe obrigavam à uma submissão determinada pelas necessidades do grupo". Em H. Y. A. Frankfort et al., *El pensamiento prefilosofico*, cit., p. 155.

[29] Cf. K. Marx, *Elementos fundamentales para la crítica de la economia política (Grundrisse) – 1857--1858*, cit., p. 435. Sobre as formas de tributação nas sociedades do Oriente Antigo, nos exemplifica M. Liverani: "Uma basilar bipartição, várias vezes observada nas sociedades do antigo Oriente, encontra-se também na Anatólia. De um lado a população 'livre', distribuída em comunidades aldeãs ou em pequenos centros urbanos, possui suas estruturas de autogoverno, reconhecidas pelo rei: um 'prefeito' e um colégio de 'anciãos' (para a função judiciária), administram as terras comunitárias e as do rei temporariamente desprotegidas, e possuem com o palácio uma relação substancialmente fiscal, relação que se concretiza sobretudo na prestação do *luzzi* ou *corveia*, sob forma de trabalho ou de serviço militar. Por outro lado, os dependentes do rei constituem-se sobretudo de artesãos, militares, administradores, e toda outra categoria que forneça ao palácio um serviço continuativo e específico (*šahhan*) recebendo em troca um lote de terra e colonos, para seu sustento". *Antico Oriente: storia, società, economia* (Roma-Bari, Laterza, 2000), p. 438.

século XII a.C. – que apontem para a generalização do conhecimento e para a construção de um pensamento filosófico-especulativo, capaz de contrapor-se às concepções antropomorfizadoras do mundo. A produção de conhecimento realizada sem uma sistematização filosófica (*enquanto mediação – Vermittlung*) acaba adaptando-se às concepções míticas, enxertando-se nelas, tornando o efeito do progresso científico – realizado pelos diversos campos especiais que incidem sobre a vida cotidiana – praticamente nulo.

Mas é na Grécia Antiga que a questão da legitimidade começa a adquirir os contornos de uma *questão mediatizada*, com o surgimento da filosofia. O desenvolvimento de forças produtivas proporcionado por uma dinâmica econômica de base escravista, diferentemente do escravismo oriental[30], permitiu um rápido florescimento da civilização urbana grega, com um impacto não somente econômico, mas que possibilitou o surgimento de todo um conteúdo morfológico-cultural[31], permitindo aos membros da pólis desfrutar de tempo livre para exercer uma *forma particular* de participação política e de democracia, enquanto produto histórico engendrado pelas especificidades da Antiguidade clássica grega, pelo menos até o século V a.C. Além disso, no escravismo ocidental o indivíduo, ao contrário do que se verifica no Oriente, é proprietário de sua parcela de terra, *ainda que esta esteja ligada à comunidade, quer dizer, mantém-se como pressuposto da apropriação da terra o fato de o indivíduo pertencer à comunidade e somente enquanto membro da comunidade esse indivíduo é proprietário privado*.

Nesse tipo de objetivação societal (*a forma de materialização da propriedade*), em que aparecem integradas, em sua essencialidade, as modalidades político--participativas, enquanto elementos componentes e conformadores da δημοκρατία, a democracia *particular* das póleis – como define Marx, uma igualdade entre os *self-sustaining peasents*, que têm no trabalho de autorreprodução material o elemento de manutenção da comunidade – abarca também a religião, o que torna possível

---

[30] Como ressalta H. Lefebvre: "A construção do estado no Oriente funda-se sobre o uso da água, enquanto no Ocidente o fundamento é a terra, a utilização produtiva do solo, as rendas geradas pelo solo (em natureza, em trabalho, em moeda) e a troca de seus produtos". *De L'Etat - L'Etat dans le monde moderne* (Paris, UGE, 1976, v. I), p. 5.

[31] Ver Perry Anderson, *Passagens da Antiguidade ao feudalismo* (Porto, Afrontamento, 1982), p. 38. Como acentua Lefebvre: "A Antiguidade conheceu a cidade-estado, que alcançou sua plenitude na Grécia, em primeiro lugar, em Atenas, depois na Itália, em Roma. Nos dois casos, uma democracia, limitada ao quadro urbano da cidade, torna-se o quadro político de um imperialismo (com um significado um pouco diferente do sentido atual deste termo)". *L'Etat: L'Etat dans le monde moderne*, cit., p. 4.

uma precoce e ampla emancipação do desenvolvimento da ciência em relação às necessidades sociais e ideológicas da religião[32].

Esse aspecto incide diretamente sobre a estrutura de produção daquele tipo de socialidade, uma consequência que não surge da escravidão de estado, como no Oriente, mas exatamente por serem os escravos pertencentes a proprietários privados. Obviamente, essa *forma de metabolização social* influi, também, no plano da consciência, no sentido de uma elaboração intensificada e diferenciada da relação sujeito-objeto. Lukács evidencia a diferença qualitativa da sociedade escravista do Ocidente, em relação ao modo de produção asiático (sociedades palaciais), ao ressaltar exatamente a inexistência de um poder sacerdotal centralizado monopolizador que mantém em segredo o conhecimento e de uma teologia obrigatória[33]. Somente ali são geradas as condições histórico-objetivas para a potencialização do conhecimento científico-técnico produzido no Oriente – e, difundido por meio da civilização cretense e da grande civilização micênica, sociedades que entre 2000 a.C. e 1500 a.C. realizaram o que Childe chamou de "revolução urbana"[34] –, que possibilitou a construção de uma metodologia de pensamento científico enquanto pressuposto básico para que esse tipo de reflexo da realidade, mediante o costume, a tradição etc., se convertesse num modo de comportamento humano geral e de funcionamento permanente, para que seus resultados imediatos, além de influir enriquecedoramente na vida cotidiana, permitissem uma influência de seus métodos e até uma ação parcialmente transformadora destes sobre a prática cotidiana.

São esses elementos histórico-objetivos que possibilitam o surgimento de uma ontologia na Grécia, ressaltando que os pré-socráticos descobriram, rapidamente, uma após a outra, suas categorias mais importantes, ainda que na maioria de seus conteúdos estivessem presentes elementos semimíticos[35]. Particularmente em Atenas, dados os contornos históricos específicos de seu processo de entificação, diferentemente das outras póleis gregas, a filosofia assumirá o papel de verdadeira

---

[32] Ver K. Marx, *Elementos fundamentales para la crítica de la economía política (Grundrisse) – 1857-1858*, cit., p. 438.

[33] G. Lukács, *Ontologia dell'essere sociale* (Roma, Riuniti, 1976, v. I), p. 10.

[34] Ver G. Childe, *O que aconteceu na história* (São Paulo, Círculo do Livro, s/d), e M. I. Finley, *Grécia primitiva: Idade do Bronze e Idade Arcaica* (São Paulo, Martins Fontes, 1990, Parte I).

[35] Cf. K. Marx, "Diferencia entre la filosofia democriteana y epicurea de la naturaleza", em K. Marx e F. Engels, *Escritos de juventud* (México, FCE, 1987), p. 20 e seguintes. Também Lukács, *Estetica*, cit., p. 148 e seguintes, e *Ontologia dell'essere sociale*, cit., p. 10 e seguintes. Ver ainda B. Snell, *A cultura grega e as origens do pensamento europeu* (São Paulo, Perspectiva, 2001), p. 135 e seguintes, e W. Jaeger, *La teologia de los primeros filósofos griegos* (México, FCE, 1998), p. 7 e seguintes.

síntese crítica do pensamento social como resultado de uma profunda crise de desagregação daquela forma particular de pólis proporcionada por sua derrota para Esparta, na Guerra do Peloponeso, nas últimas décadas do século V a.C., tida por Tucídides como um "grande convelir jamais havido entre os gregos e uma parte dos bárbaros e, por assim dizer, também entre a maior parte dos homens"[36].

---

[36] Tucídides, *ΙΣΤΟΡΙΑΙ: La Guerra del Peloponneso* (Milão, Rizzoli, 1998, I. 2).

RUPTURAS E CONTINUIDADES NAS FORMAS SOCIETAIS DO OCIDENTE ANTIGO: BREVES CONSIDERAÇÕES HISTÓRICO-POLÍTICAS

Em ΙΣΤΟΡΙΑΙ, sua narrativa histórica sobre a Guerra do Peloponeso, Tucídides adverte que, antes das guerras contra Troia, o território da Grécia Antiga ainda não possuía aquele nome, e os povos que nele habitavam não podiam ser chamados propriamente de helenos[1]. Vários povos, de diversas origens, vagavam pela Ática. Havia, pois, uma "Grécia" anterior à dos gregos, que fazia parte do complexo egeano e abrangia o continente, as ilhas (incluindo Creta e Chipre) e a costa ocidental da Ásia Menor.

Apesar de povoada desde o Paleolítico Médio, aproximadamente 40.000 a.C., as modernas escavações arqueológicas acusam um povoamento continuado a partir das idades Neolítica e do Bronze. Segundo Finley, os sítios arqueológicos neolíticos em que se verificam a produção manufaturada de cerâmicas e a prática da agricultura aparecem tão espalhados que indicam serem essas atividades produtos de imigrações ou migrações[2], ainda que análises como as de Renfrew refutem essa tese, advogando a possibilidade de um movimento populacional intraeuropeu, em uma contraposição à clássica teoria das "três idades" que, segundo Renfrew, liga mecanicamente o processo de desenvolvimento tecnológico a "estágios históricos" conectados, por sua vez, a "estágios econômicos". De acordo com Renfrew, a

---

[1] Tucídides, *ΙΣΤΟΡΙΑΙ: La Guerra del Peloponneso* (Milão, Rizzoli, 1998, I. 3 [2]). Na tradição da Antiguidade clássica, o passado mais antigo da Grécia é dividido em antes e depois da Guerra de Troia.

[2] Ver M. I. Finley, *Grécia primitiva: Idade do Bronze e Idade Arcaica* (São Paulo, Martins Fontes, 1990, Parte I), p. 3 e seguintes. Também D. Musti, *Storia greca linee di sviluppo dall' età micenica all' Età romana* (Roma-Bari, Laterza, 2000) e, polemizando com a teoria imigratória, C. Renfrew, *L'Europa della Preistoria* (Roma-Bari, Laterza, 1996). Por falta de alternativas – já que os pré-historiadores ainda se batem em complexas discussões sobre a periodicidade da história –, utilizamos, aqui, a divisão classicamente consagrada, e criticamente aceita por vários historiadores, a exemplo de Moses I. Finley.

teoria das "três idades" estabelece uma relação direta entre Neolítico e agricultura; Idade do Bronze e desenvolvimento das especializações artesanais; Idade do Ferro e surgimento das sociedades mais complexas[3]. Não caberia, aqui, reconstruir essa complexa discussão, mas pensamos serem necessárias algumas observações, mesmo que pontuais e sumárias, sobre o escopo desse debate, já que seus desdobramentos incidem sobre algumas de nossas conclusões em relação ao processo histórico de objetivação da pólis grega, em geral, e da ateniense, em particular.

Toda a polêmica gira em torno das inovações encontradas na Europa, no período Neolítico e, em especial, na Idade do Bronze. Finley e Mazzarino, entre outros – como, por exemplo, o clássico historiador Gordon Childe –, argumentam haver uma interligação entre as populações advindas de fora e as que se movimentam no espaço interno europeu, o que implica um permanente contato entre povos e culturas. Aí, segundo esses autores, estariam os nexos explicativos para a introdução de inovações tecnológicas na Europa, possivelmente por meio do mar Egeu, que, no dizer de Finley, é navegado por homens e ideias desde os mais remotos tempos neolíticos e talvez antes, porque seguramente alguns dos cereais e animais domesticados presentes no início do Neolítico foram importados[4]. Por outro lado, Renfrew superdimensiona o autoctonismo, centrando as inovações societais – que permitem o surgimento de novas tecnologias, como a manipulação do cobre e sua utilização na produção pelas populações europeias – como resultado do desenvolvimento populacional. Nessa direção, argumenta que é exatamente o aumento da densidade demográfica europeia a principal causa das mudanças no rendimento produtivo[5].

Essa digressão inicial aparece, no raciocínio de Renfrew, para contextualizar sua análise fundamental da introdução do uso da metalurgia, que define como a "emergência da civilização" na Europa. Inicialmente, o pré-historiador e arqueólogo inglês ressalta que a importância dos contatos entre populações realizados, principalmente, através de Creta e do Egito, para o desenvolvimento societal da

---

[3] Ver Renfrew, *L'Europa della Preistoria*, cit., p. 113 e seguintes. Ver também G. Childe, *A aurora da civilização europeia* (Lisboa, Portugália, 1961 e Darcy Ribeiro, *O processo civilizatório* (Rio de Janeiro, Civilização Brasileira, 1972).

[4] M. I. Finley, *Grécia primitiva: Idade do Bronze e Idade Arcaica*, cit., p. 6. Ver também S. Mazzarino, *Fra Oriente e Occidente: ricerche di storia greca arcaica* (Milão, Rizzoli, 2000, capítulo I).

[5] Como vemos em Renfrew: "[...] todo o estudo da agricultura primitiva tem tido como objetivo o de indicar que a população não é determinada apenas pelo ambiente e pela forma em que este é explorado, mas que, ao contrário, a provocar as mudanças do sistema agrícola é, várias vezes, o aumento demográfico [...]". *L'Europa della Preistoria*, cit., p. 115.

Europa neolítica, deve ser posta em dúvida, e que os elementos da primeira civilização europeia devem ser buscados, não no Oriente Próximo, mas no próprio continente[6]. A consequência imediata dessa argumentação consiste em evidenciar que o uso do cobre era uma prática comum aos povos balcânicos e que esses povos poderiam ter difundido o uso desse metal independentemente das civilizações mais desenvolvidas do Oriente[7]. Assim, realçamos três questões que nos parecem fundamentais: 1) a questão demográfica como fator de desenvolvimento de forças produtivas; 2) a pouca relevância dos contatos com as civilizações orientais; e, 3) articulando-se com as duas primeiras questões, a irradiação de técnicas desenvolvidas a partir de relações intraeuropeias.

Essas questões aparecem invertidas no raciocínio de Renfrew. Se de um lado não podemos ignorar as pressões demográficas como um problema objetivo que, na maior parte dos casos, gera profundas alterações na estrutura organizativa das formas societais, por outro devemos levar em conta que o próprio fato de haver um crescimento populacional, principalmente nas sociedades neolíticas, *requer pelo menos a existência de condições materiais para que isso ocorra*, isto é, de condições objetivas para que tal processo se desencadeie; aí aparece como determinante a forma (histórica) que assume a divisão do trabalho, o que já é verificado no Paleolítico, mesmo antes do desaparecimento por completo dos neandertais, quando da expansão dos seres humanos modernos, saindo da África em direção a outras regiões do planeta. No dizer do geneticista Cavalli-Sforza,

> [...] existem motivos importantes por trás de toda grande expansão populacional. No caso dos humanos modernos, provavelmente as inovações tecnológicas é que aumentaram a produção de alimentos; do mesmo modo as descobertas que facilitaram o transporte ou a adaptação climática também devem ter contribuído.[8]

---

[6] "Não se pode duvidar de que existiram contatos entre Creta de um lado e o Levante e o Egito do outro, a partir de aproximadamente 3000 a.C., mas, ao examinar criticamente, parece duvidoso que eles tiveram uma influência determinante sobre a sociedade. Eu acredito que esta primeira civilização europeia foi sobretudo um desenvolvimento europeu e que a maior parte de seus elementos característicos possam encontrar antecedentes não apenas nas mais conhecidas antigas civilizações do Oriente Próximo, mas sobretudo naquele mesmo território, em processos já em ato na área egeia no milênio precedente". Ibidem, p. 197-8.

[7] Ibidem, p. 190 e seguintes.

[8] Cf. L. L. Cavalli-Sforza, *Genes, povos e línguas* (São Paulo, Companhia das Letras, 2003), p. 86. Nesse sentido, Cavalli-Sforza conclui: "Como afirmei anteriormente, outras inovações dos últimos 100 mil anos, como o aperfeiçoamento das técnicas de confecção de ferramentas, constituíram fatores dominantes na mais recente expansão humana fora da África. Mas os avanços na navegação talvez tenham sido ainda mais importantes". Ibidem, p. 88.

Portanto, é necessário considerar que, nas estruturas societais "arcaicas", em geral, a variabilidade alimentar e o desenvolvimento de uma divisão do trabalho mais especializada – que possibilita a elevação qualitativa da reposição da vida material e, consequentemente do crescimento demográfico –, de per si, demanda a presença de sofisticações tecno-produtivas na agricultura e na criação de animais domésticos, além de procedimentos mais eficazes na prática da caça. Também a dispersividade dos depósitos existentes na Europa dificultam a aceitação da tese da irradiação dos metais exclusivamente por meio de contatos internos. Sabemos que a utilização de metais na produção era restrita a poucos privilegiados, como militares, artesãos ou sacerdotes, raramente acessível ao lavrador, constituindo-se um luxo durante longo tempo no Mundo Egeu. Apenas em finais do terceiro milênio a.C. são verificados, e de modo abrupto, aumentos consideráveis no uso de metais em todo o Egeu, não somente em qualidade, mas também na escala produtiva.

Essas constatações permitem nos aproximarmos de elementos explicativos muito mais razoáveis. O advento de uma verdadeira era dos metais proporcionou problemas realmente novos, obrigando as sociedades egeias a transformarem-se em importadoras de matérias-primas, como o cobre, o zinco e, mais tarde, o ferro[9]. Mesmo evidenciando as lacunas existentes, que limitam a construção dos nexos históricos do "quebra-cabeça" Egeu, e resistindo às analogias fáceis, não podemos deixar de considerar que, no Oriente Médio, o Neolítico inicia-se já no terceiro milênio a.C., enquanto na Grécia aparece com uma diferença de mil anos. Sociedades como a babilônica e a egípcia atingiram um grau de desenvolvimento e sofisticação que superaram as do Mundo Egeu daquele período e de toda a Idade do Bronze. Como ressalta Finley, nem mesmo Troia é exceção. O Mundo Egeu apresenta algo grandioso somente nos suntuosos palácios cretenses, em datas posteriores a 2000 a.C., e mesmo assim bastante modestos se os confrontarmos com os do Egito e os do Império Hitita.

Assim, entendemos como insustentável uma visão hipotética, baseada em aspectos isolados – fundados em algumas populações balcânicas que utilizavam a metalurgia, *em condições extremamente localizadas e limitadas* –, que acabam por superdimensionar as formas societais ali existentes, ainda que suas dinâmicas processuais singulares, que possibilitaram a pesquisa e a utilização de metais, sejam relevadas. Além do mais, é uma "presunção histórica" acreditar que os povos orientais, com alto grau de complexidade e desenvolvimento sociocultural, não se atrevessem a cruzar o mar e a estabelecer contatos com outras civilizações. Para ficarmos em um exemplo,

---

[9] Como ressalta Finley: "O amplo comércio intraegeu é igualmente comprovado pela arqueologia, em nítido contraste com os séculos anteriores". *Grécia primitiva: Idade do Bronze e Idade Arcaica*, cit., p. 9.

lembramos que povos mesopotâmicos chegaram às ilhas Cíclades e a seus depósitos de metais. Seria ainda desconsiderar um componente fundamental das dinâmicas histórico-societais, pois, sem dúvida, não é incomum o contato entre povos, assim como o consequente alargamento, a transmissão e troca de conhecimentos entre os grupos sociais – que *conforma a ligação interativo-dialética* de negação e de afirmação que se realiza por meio dos contatos intrassocietais e que, via de regra, *constituem os movimentos permanentes e contraditórios de integração, desintegração e reintegração* das formas de sociabilidade. Aliás, esse é o aspecto mais evidente no processo de formação do Mundo Egeu, que vê a aceleração de ondas imigratórias na Idade do Bronze, no período conhecido como Heládico Antigo II e III, no qual as escavações arqueológicas encontraram resquícios de grandes destruições e incêndios[10], que não podem ser considerados resultados de catástrofes naturais e, provavelmente, atestam a chegada de povos advindos tanto do mar Egeu, que falavam uma forma rudimentar de grego, como do lado oriental, com outras línguas, supostamente indo-europeias[11].

Obviamente, refutam-se aqui, também, as interpretações que trazem em seu bojo a ideia de que os indo-europeus, com *modus vivendi* e instituições próprias, portadores de uma "índole conquistadora", trazida de uma fictícia "terra-mãe", teriam dominado a Europa, substituindo as culturas preexistentes[12]. Aceitando-se

---

[10] Utilizamos a divisão consagradamente empregada pelos historiadores na classificação dos períodos históricos: na Grécia, Heládio, em Creta, Minoano (ou Minoico), e Cicládico para as ilhas centrais do mar Egeu. Tais períodos, por sua vez, são subdivididos em antigo, médio e tardio e postos em fases I, II e III.

[11] Sobre a movimentação de povos, ver S. Mazzarino, *Fra Oriente e Occidente: ricerche di storia greca arcaica*, cit., p. 7-40; C. F. Cardoso, *Sete olhares sobre a Antiguidade* (Brasília, Editora Unb, 1998), cit., p. 25 e seguintes; Finley, *Grécia primitiva: Idade do Bronze e Idade Arcaica*, cit.; Cavalli-Sforza, *Genes, povos e línguas*, cit.; e A. R. Burn, *Storia dell'Antica Grecia* (Milão, Mondadori, 2000), p. 15 e seguintes.

[12] Mazzarino advertiu-nos, com propriedade, sobre os perigos da aceitação dessas "hipóteses" sem fundamento científico: "Estas e outras considerações determinaram, desde os anos que seguiram a I Guerra Mundial, uma decidida recusa da possibilidade mesma de enquadrar em um processo unitário as arcaicas relações entre Grécia e Oriente; e Berve as desenvolvia de forma consequente e intransigente. Mas, em razão disto, seu intransigente classicismo revelava-se insuscetível aos desenvolvimentos históricos em um sentido seriamente historicista; aquela sua almejada 'história dos singulares povos' trazia consigo, de forma muito evidente, o perigo próprio a cada construção excessivamente (insista-se sobre este 'excessivamente') classicista: o perigo de cair na construção romântica de um 'gênio dos povos' (dos povos singulares, um providencialmente distinto do outro, e caracterizados por uma 'missão') e, portanto, em uma explicação necessariamente determinista (até racista) daquele 'gênio' e daquelas providenciais 'missões'". *Fra Oriente e Occidente*, cit., p. 16. Sobre a questão das "raças" humanas, ver M. E. Niésturj, *El origen del hombre* (Moscou, Mir, 1984) e o atualíssimo estudo de Cavalli-Sforza, *Genes, povos e línguas*, cit., particularmente o capítulo I, "Genes e História", p. 17-52.

a hodierna tese da relação interativa, podemos definir com certa segurança o mapa étnico e futuramente linguístico dos povos formadores da Grécia, após a queda do mundo micênico[13], e isso é evidenciado por Tucídides, que já apontava a questão da presença de diversos povos na constituição da Grécia, ao ressaltar que nem mesmo Homero nominava todos os habitantes da Hélade de gregos, mas somente os companheiros de Aquiles, vindos de *Ftiotide*[14].

As primeiras civilizações egeias importantes aparecem nas ilhas Cíclades e sofrem um impulso civilizatório depois de 3000 a.C., no período antigo da Idade do Bronze. Elas são responsáveis pelas culturas cicládicas, da qual saíram técnicas de metalurgia – provavelmente com as técnicas de produção trazidas do Oriente – que influenciaram as de Creta e da Grécia, a partir do Minoico Antigo II e do Heládico Antigo II, por volta de 2500 a.C., produtores e exportadores de metais, como o chumbo e a prata, abundantes nas Cíclades, e responsáveis pela manufatura de artefatos de mármore e argila, amplamente difundidos, notadamente estátuas femininas de mármore de conotação ritualístico-religiosas. Essas ilhas, que se tornaram ativos centros de pesquisa e de comercialização de metais e de irradiação cultural, perdem sua importância na Idade Média do Bronze, com exceção de Naxos e Páros, que se transformaram em permanentes fornecedores de mármore durante séculos. Thera (atual Santorini) foi responsável por uma colonização importante em Cirene, na Líbia.

Mas é sobretudo nas grandes ilhas mediterrâneas de Chipre e principalmente de Creta que vemos o aflorar das primeiras grandes civilizações da Idade do Bronze, as assim chamadas "economias palaciais", que se desenvolvem como poderosas talasso-

---

[13] Como acentua Finley: "[...] Assim, só se pode concluir a existência de algum movimento de povos; o mapa linguístico final é resultado não de um movimento, mas de vários, em diversos períodos, a partir de diversos centros e em diversas direções. [...] Portanto, é preciso definir com maior precisão quais as implicações do suposto aparecimento, no Egeu, de indivíduos de falas indo-europeias antes de 2000 a.C. Para começar, todas as implicações raciais devem ser descartadas – é absurdo imaginar que esses indivíduos já fossem 'gregos' que tivessem alguma misteriosa afinidade com os governantes da Micenas de 700 ou 800 anos depois [...] Tampouco se deve pensar que, quando chegaram, falavam uma língua que pudesse ser facilmente identificada com o grego". *Grécia primitiva: Idade do Bronze e Idade Arcaica*, cit., p. 16-17.

[14] "[...] o testemunha sobretudo Homero que, vivendo muito tempo após a Guerra de Troia, nunca chama todos os gregos de Helenos, definindo assim apenas os companheiros de Aquiles chegados de Ftiotide, os quais eram verdadeiramente os primeiros Helenos; os outros são chamados em seus versos de Danaus, Argivos, Aqueus. Nem usou o nome de bárbaros pelo fato de que os Helenos, ao meu ver, ainda não estavam reunidos sob um nome distinto que se opunha ao dos bárbaros [...]". Tucídides, ΙΣΤΟΡΙΑΙ: *la Guerra del Peloponneso*, I. 3 [3].

cracias, fortemente influenciadas pelas formas societais do Oriente Próximo, como resultado da hegemonia das duas grandes potências da época, o Egito faraônico e o Império Hitita, que, na definição de Mazzarino, desdobrando as interpretações de Childe, aparecem como produto de um longo processo de *mediterranização da cultura oriental*, o que indica não somente uma permanente relação interativa da Europa mediterrânea com o Oriente Próximo – principalmente em Creta e, depois, no continente, em Micenas –, *mas uma absorção da cultura oriental pelo Ocidente*, que propiciará a formação dos elementos fundantes de uma cultura euro--mediterrânea[15]. Se obviamente não podemos falar em continuidades lineares entre Oriente e Ocidente, fica, no entanto, evidente que nessa relação se estruturam os elementos objetivos, como rupturas e continuidades, que, antiteticamente, possibilitarão o desenvolvimento dos contornos morfológicos de novas socialidades no Ocidente. É nesse contexto que está inserida a civilização minoica, sobretudo no último período do Minoico Médio, entre 2000 e 1600 a.C., e na primeira fase do Tardio, entre 1500 e 1400 a.C., a chamada Idade Neopalacial, quando a estrutura de poder organiza-se mais complexamente, refletindo a ampliação de suas atividades econômicas com o Mediterrâneo Oriental e intensificando relações comerciais com a Mesopotâmia e com o Egito.

O elemento a ser ressaltado é o *novo caráter da morphosis político-organizativa dos palácios*, que agora aparecem fortemente integrados com as cidades do entorno, o que nos faz deduzir uma presença mais forte e centralizada em relação às formas palacianas precedentes. Assim, podemos considerar quase "natural" o fato de que esse tipo de sociabilidade, como resultado de sua expansão marítimo-comercial, exerça uma influência societal de tipo "irradiador", de caráter político-econômico[16] – como

---

[15] Ver Mazzarino, *Fra Oriente e Occidente: ricerche di storia greca arcaica*, cit., p. 105 e seguintes. Sobre a relação Oriente–Ocidente, diz Mazzarino: "A história antiquíssima da Ásia anterior surgiu no quarto milênio, nos vales do Tigres e Eufrates, assim como a conexa África do nordeste teve seu centro no vale do Nilo; mais tarde, em torno da metade do segundo milênio, aquela história já tomava outra fisionomia, a fundação do Império Hitita aproximava a cultura anteroasiática ao Mediterrâneo: Hititas e Egito eram as grandes potências, sendo a área siríaca eternamente disputada pelas duas, ainda que não resultasse imune às influências ocidentais micênicas, Chipre igualmente exposta a tais influências, e aliás, depois 'micenizada', e também disputada entre influência egípcia e hitita; e portanto, Creta e a Grécia micênica constituíam o painel de fundo do mundo oriental, e de certa forma talvez, também (por assim dizer) *a antítese proto-ocidental (mas uma antítese apenas apontada, coisa completamente diferente da antítese da época greco-clássica)*", p. 107, grifos nossos.

[16] Como vemos em Finley: "O nome Alasiia aparece em documentos egípcios, hititas, do norte da Síria e de outras regiões do Oriente Próximo, por todo o segundo milênio, e não se pode mais duvidar da identificação com Chipre, ou pelo menos com parte da ilha controlada pelos gover-

verificado nas documentações arqueológicas de Thera, nas Cíclades ou em Citera, defronte às costas da Lacônia –, cuja importância não fugiu à observação aguda de Tucídides, quando ressalta que, pela tradição, Minos é conhecido como o mais antigo poder marítimo a dominar senhorialmente as Cíclades e outras regiões[17].

Mas o fundamental é evidenciar, no escopo dessa relação de continuidades e descontinuidades, *exatamente o elemento caracterizador da descontinuidade*, enquanto *ruptura*, isto é, o aspecto *diferenciador particular* que surge como resultante do processo de *mediterranização da cultura oriental – a específica forma de reprocessamento da orientalidade por meio dos elementos ideo-culturais resultantes das processualidades histórico-ocidentais* –, pioneiramente realçado por Childe, que chamava atenção para esse elemento de *particularidade histórica* quando afirmava que, apesar de muito "dever" à Mesopotâmia e ao Egito, a civilização minoica não era uma cópia de nenhuma das duas, mas *uma força original e criativa*[18]. A originalidade reside nuclearmente, pois, na gestação de uma socialidade que, mesmo contendo fortes elementos socioeconômicos comuns às "formas asiáticas de produção" – predominantes nas sociedades do Oriente Próximo –, desenvolve os aspectos *específico-particulares* que lançarão as bases materiais para o *devir* (*Werden*) do modo de produção escravista clássico. Se de um lado vemos, em Creta, a presença das formas organizativas baseadas na agricultura e, principalmente na relação tributário-aldeã dos camponeses com o palácio central, que aparecia como o local da intermediação entre os homens e a divindade – por meio de um rei-sacerdote (Minos), dotado de grandes poderes que o permitiam "relacionar-se diretamente aos deuses", como nos conta Homero na Odisseia[19] –, de outro verificamos, na

---

nantes de Enkomi. O rei de Alasiia era uma figura de vulto, que podia fazer frente aos monarcas do Oriente Próximo mais importantes e conhecidos – dirigia-se ao faraó egípcio como 'meu irmão'. O rei de Ugarit (hoje, Ras Shamra), no norte da Síria, chamava-o de 'meu pai'. Ele era um estorvo, às vezes mais do que isso, para os governantes do Império Hitita, que conseguiram controlá-lo durante algum tempo, mas não muito, e contra os quais ele tinha condições de lutar numa guerra naval. 'Meu irmão' não passava de cortesia diplomática, é claro, e não tem cabimento imaginar que, mesmo minimamente, a Alasiia tenha-se equiparado ao Império Hitita ou ao Egito. Porém, foi um poder". Em *Grécia primitiva: Idade do Bronze e Idade Arcaica*, cit., p. 30-31.

[17] "Minos de fato foi o mais antigo entre os que conhecemos por tradição a dispor de uma frota e a dominar a maior extensão do mar agora grego, a senhoriar as ilhas Cíclades e a colonizar a maior parte delas, após ter perseguido e afastado delas os Cários e ter estabelecido lá seus filhos como senhores. E eliminou, pelo que pôde, a pirataria do mar, como é natural, para que melhor lhe chegassem os tributos". Tucídides, ΙΣΤΟΡΙΑΙ: *la Guerra del Peloponneso*, cit., I. 4.

[18] Ver G. Childe, *A aurora da civilização europeia*, cit., p. 579 e seguintes.

[19] Homero, *Odissea* (Roma, Newton & Compton, 1999), p. XI–710 e passim.

existência de seu pujante comércio, o efetivo *aspecto inovador* que irá propiciar a gradual decomposição da antiga relação comunitária, a produção agrícola e artesanal direcionada para a manutenção do palácio e da casta dominante ou para a elaboração de casas, templos e objetos destinados ao serviço religioso e divino. Passam a coexistir, ali, duas formas de atividades econômicas. Se temos na agricultura as tradicionais relações tributário-aldeãs, por outro lado, é nas atividades comerciais que se *dibujan* as fundas inovações, não somente na relação da economia em si, mas também e, principalmente, no âmbito das relações sociais, o que proporcionará, a longo prazo, o aguçamento de uma relação contraditório-antagônica, que determinará o exaurimento da sociedade minoica.

Relevamos aqui o papel dissolvente que o comércio exerce sobre as formas tibutário-aldeãs e, ao mesmo tempo, a impossibilidade dessa forma sociometabólica de romper com uma socialidade em que predominava uma unidade indiferente entre a cidade e o campo e na qual, nos moldes "orientais" de produção, a cidade aparecia como uma sede administrativo-militar, como uma superfetação sobre a estrutura econômica. O palácio continua a ser o local de açambarcamento dos tributos, não apenas do que era produzido na ilha, mas agora, também, dos produtos vindos de fora, exercendo o papel de redistribuidor de mercadorias, constituindo-se em um núcleo de centralização e controle da produção das manufaturas artesanais sob seu monopólio. Por isso, o palácio subsidia e alia-se a uma classe mercantil para fazer circular excedentes, não somente da própria ilha, mas também das outras cidades, inclusive do continente, sob sua hegemonia[20]. Esse aspecto que introduz a *inovação* e a *diferenciação* da sociedade cretense, em relação às sociedades orientais, *conformará, então, o elemento desagregador de sua forma societal*. Não por acaso, vemos nas datações arqueológicas que marcam a crise do império minoico um curto espaço de tempo entre seu apogeu e sua decadência, no Minoico Tardio II, entre o final do século XV e início do século XIV a.C. Já no período do Minoico Tardio II encontram-se indícios de uma ocupação continental, de característica grega, na ilha, como indicam as tábulas em *Linear B* – escrita que é indiscutivelmente uma forma de grego arcaico e que sucede a *Linear A*, um tipo de escrita silábica que, por um longo tempo, predominou em Creta –, sendo esse o momento em que os gregos passam a controlar a parte central da ilha. Também

---

[20] Ver Renfrew, *L'Europa della preistoria*, cit., p. 215-216; Finley, *Grécia primitiva: Idade do Bronze e Idade Arcaica*, cit., p. 46 e seguintes; Burn, *Storia dell'Antica Grecia*, cit., p. 37 e seguintes; Musti, *Storia greca*, cit., p. 45 e seguintes; e Aymarde e Auboyer, *L'Orient et la Grèce Antique* (Paris, PUF, 1994), p. 216 e seguintes.

nesse período surgem as primeiras tumbas exclusivamente para guerreiros, até então inexistentes. Efetivamente, essa é uma das questões mais complexas da história da Grécia Antiga. É provável que no período dos túmulos *tholos*, povos de idioma grego tenham assumido o controle dessas regiões. A origem desse povo de fala grega é ignorada. Alguns historiadores aceitam a definição de que sejam os aqueus mencionados nos poemas de Homero, em função de documentos hititas encontrados nos arquivos de Hatusa, endereçados ao reino de Akhiyava, localizado no Ocidente e ligado ao mar, cujo nome recorda Akaioi – os aqueus. Daí considerar-se que o terremoto determinante do fim do palácio de Cnossos (aproximadamente em 1450 a.C.) não foi a única causa da decadência minoica e que, apesar de aparecer como um signo emblemático, configura-se objetivamente como mera expressão epifenomênica de um complexo processo desagregador[21]. Assim, o processo dissolutor da forma societal cretense situa-se exatamente na razão de seu apogeu, o *comércio*.

Evidentemente, nos referimos aqui a um *tipo histórico-particular* de comércio e, consequentemente, de "capital comercial", precisamente em sua forma mais antiga e livre, cuja função, em sociedades não capitalistas, é exclusivamente servir de veículo à troca de mercadorias. Isto significa dizer, na direção de Marx, qualquer que seja a organização social das esferas de produção à qual a troca serve de veículo, que o patrimônio do comerciante existe sempre como "patrimônio-dinheiro" – aqui no sentido de um *particular* equivalente geral das mercadorias – e que aparecerá como *forma específica* de patrimônio comercial, caracterizado como uma *troca de mercadorias realizada separadamente da produção e efetuada por não produtores*. Quanto menos desenvolvida se encontre a produção, mais esse patrimônio comercial se concentrará nas mãos dos comerciantes. Essa busca incessante pelo "patrimônio-dinheiro" e o crescente entesouramento determinam as crises nas sociedades an-

---

[21] A crise da civilização minoica tem sido motivo para fundos debates entre arqueólogos e historiadores especialistas em história minoico-micênica e grega antigas. O palácio de Cnossos foi literalmente destruído, tudo indica, por uma catástrofe natural – possivelmente por um terremoto. Mas é sabido, por meio das escavações arqueológicas, que esse palácio sofreu destruições anteriores pela mesma causa, como o terremoto que destruiu várias de suas pinturas murais e de suas cerâmicas, no Minuano Médio III (hoje, sabemos que ele foi erguido sobre uma falha geológica). Nesse período, o palácio foi reconstruído e, daí em diante, viveu o seu ápice de poder. No entanto, é consensual, entre os especialistas, que o último abalo sísmico que pôs fim ao grandioso palácio de Cnossos não explica as razões de sua decadência, já que não houve uma reconstrução posterior. Como diz Finley: "Um terremoto talvez tenha sido uma das causas, mas não explica tudo, pois dessa vez, ao contrário de ocasiões anteriores, não houve recuperação" (*Grécia primitiva: Idade do Bronze e Idade Arcaica*, cit., p. 48).

tigas, na medida em que esses confundem-se com a própria comunidade que não pode suportar a existência de uma outra superior a si mesma. Daí a oposição entre elas, já que o comércio pressupõe uma estrutura social desenvolvida e organizada para esse fim e, no Mundo Antigo, o valor de troca não constituía o *nexus rerum*[22].

Como enfatizou Marx, o comércio não constituía a alma do mundo antigo, mas vivia em seus poros. No entanto, esse tipo de comércio, mesmo de caráter periférico e incipiente, em Creta, produz e plasma um equivalente geral, como um necessário resultado do processo de troca, no qual se equiparam entre si, de um modo efetivo, diversos produtos do trabalho, que se convertem, desse modo, em verdadeiras mercadorias. Na medida em que se desenvolve e se aprofunda historicamente, a troca acentua a antítese do valor de uso[23]. Nesse sentido, o desenvolvimento de um tipo de "capital comercial" cretense e, consequentemente, do próprio comércio no mar Egeu e no Mediterrâneo – inclusive, propiciando o surgimento de uma pirataria, que requererá grandes esforços para combatê-la, por parte do império talassocrático minoico[24] – proporciona o surgimento de mediadas de valor de caráter universal. É nesse processo que vem desenhado o quadro de sua desintegração, quer dizer, a dilatação do comércio em Creta deveria pressupor uma forma social correspondente, em função do pleno desenvolvimento do valor de troca e, portanto, uma organização societária que necessariamente estaria correspondendo a isso. Foi essa necessidade que gerou o crescimento de atividades manufatureiras sofisticadas, mantidas pela estrutura palatina, que se desenvolviam dentro do próprio palácio[25], findando por competir com sua estrutura tributário-aldeã e gerando internamente uma insuperável contradição-antagônica. Na impossibilidade, posta por seus limites históricos, de ampliar o desenvolvimento de forças produtivas e introduzir alterações nas relações de trabalho, essa forma societal entra em crise.

---

[22] Cf. K. Marx, *Elementos fundamentales para la crítica de la economía política (Grundrisse) – 1857-1858*, cit., v. I, p. 157.

[23] Ver K. Marx, *El capital* cit., v. I, seção primeira, capítulo I, p. 50 e seguintes.

[24] Como exemplifica Marx: "O capital comercial, onde predomina, implanta pois, em toda parte, um sistema de saques e seu desenvolvimento, igualmente aos povos comerciantes da Antiguidade como aos dos tempos modernos, encontra-se diretamente relacionado com o despojo pela violência, à pirataria marítima, ao roubo de escravos e à dominação (nas colônias) [...]". *El capital*, cit., v. III, seção quarta, capítulo XV, p. 320.

[25] Como exemplifica Aymard: "A atividade industrial é confirmada pela descoberta das oficinas anexas ao palácio e da cidade de artesãos, como Gournia, situada no fundo do golfo da costa do nordeste [...] *Esta indústria requeria um comércio muito intenso* [...]". Em *L'Orient et la Grèce Antique*, cit. p. 218 (grifos nossos).

Mas é justamente no contexto da crise da sociedade minoica – articulada sistemicamente num processo desagregador mais amplo e complexo, como veremos adiante – que se alarga e se aprofunda o processo de *mediterranização do Oriente*, isto é, a *diferenciação progressiva* em relação às formações sociais de "tipo" oriental, que num primeiro momento significou uma continuidade – ainda que *singular* – das formas societais deixadas por uma indelével herança minoica no continente, no chamado mundo micênico[26]. Essa *continuidade singular* envolveu também a implementação de relações com as regiões orientais. O período Heládico Tardio II (correspondente ao Minoico Tardio II), conhecido como período dos túmulos *tholos*, entre 1500 e 1400 a.C., marca a expansão e a hegemonia micênica, tanto internamente à Ática, como fora, em direção a Rodes, Chipre, Mileto, Sul da Itália, Oriente Próximo e Ásia Menor. Nesse período, verifica-se acentuado crescimento populacional, e a sociedade torna-se rígida e hierarquicamente estratificada, liderada por uma classe de guerreiros. O vértice micênico, como em Creta, é palatino – com a presença de um príncipe e de seu hábitat específico, representado pelo ambiente do palácio, quer dizer, pelo exercício do governo e sua estrutura administrativa, pela vida cotidiana, pelas funções religiosas, pelo comércio e pelas diversões[27]. No entanto, a forte base comunitária que dá origem àquela socialidade cria *contornos diferenciais* em relação à forma política vigente em Creta. Aqui, o palácio é submetido ao poder de um senhor – *wánax* –, que governa ladeado por um comandante militar – *lawaghétas* –, ao qual se sotopõe uma aristocracia de chefes militares – *telestaí* – que também são detentores de amplas porções de terras, ficando evidente uma forte herança comunal, consubstanciada na presença de chefes guerreiros.

Essa forma política, presente nos vários reinos do mundo micênico, configurava o poder em moldes de estados burocráticos. A estrutura social apresentava-se de modo complexo e nos aponta a existência de conexões e alianças reveladoras, ao menos indicativamente, de articulações de equilíbrios de poder entre os antigos moradores e os novos conquistadores dessas regiões, provavelmente os aqueus[28],

---

[26] Convencionou-se chamar as sociedades desse período de micênica, em função de ter sido descoberto, em Micenas, por Heinrich Schliemann, em 1876, o primeiro túmulo circular de reis – denominado pelos arqueólogos como túmulo circular-fossa A –, que permitiu que se vislumbrassem os inícios dessa civilização. Além disso, nesses túmulos foram encontrados extraordinários artefatos de ouro, cerâmicas e armamentos que deram a dimensão de seu alto grau de complexidade e sofisticação.

[27] Cf. Musti, *Storia greca*, cit., p. 57.

[28] Ver Finley, *Grécia primitiva: Idade do Bronze e Idade Arcaica*, cit., p. 65-66, e Liverani, *Antico Oriente*, cit., p. 632-633.

que de certa maneira antecipam algumas das formas políticas que irão prevalecer em Esparta – como se entrevê na relação entre o *wánax* e o *lawaghétas* – podemos inferir, ainda, um tipo de diarquia que poderia distinguir uma função política (*wánax*) e outra militar (*lawaghétas*). É provável que os chefes militares (*telestaí*) fossem funcionários do aparato de estado e, possivelmente, pertencentes a uma embrionária pequena nobreza que mantinha o controle das terras privadas, mas que, em alguns casos, também poderiam possuir concessões de áreas comunitárias[29]. É interessante acrescentar que tanto o *wánax* como o *lawaghétas*, dentro da estrutura social micênica, diferenciavam-se claramente do *dâmos*. Já os *telestaí* possuíam algum vínculo com o *dâmos* (no plural, *dâmoi*), a população residente no território, à qual pertenciam unidades de produção singulares. Já os dois cargos políticos de maior importância ligavam-se ao *lawoí*, extração social formada pelos proprietários de terra e pertencentes à aristocracia militar. Ainda no contexto do *dâmos*, encontramos o *qua-si-re-u* (*basileu*), proprietário de um território rural e "vassalo" do *wanax*, controlando também as atividades artesanais desenvolvidas em seu território, principalmente a distribuição de cotas de bronze destinadas aos ferreiros que, em seu território, trabalhavam para os centros de produção do palácio. Juntamente com o *qua-si-re-u*, temos o conselho vinculado às questões administrativas do *dâmos* – o Conselho dos Anciãos –, a *ke-ro-si-ja* (*gherousía*). Ambos, posteriormente, transformar-se-ão nos cargos de maior relevância no contexto político da Grécia Arcaica.

No que diz respeito à base produtiva, podemos considerá-la tributário-aldeã, ainda que nas tábulas micênicas apareça inequívoca a palavra grega δοῦλοι (*doûloi*), que significa servos ou escravos. Mas tudo nos leva a crer, dada a tradição presente em Creta e inclusive nas sociedades orientais daquele período, que o conjunto maciço da estrutura agrária micênica era composta por camponeses que pagavam tributos ao palácio e que a expressão "servo" esteja, de algum modo, relacionada à submissão da comunidade ao palácio, como símbolo do poder. Essa indicação ganha reforço quando verificamos a presença de pequenas aldeias, inseridas no conjunto econômico que gira em torno do palácio, produzindo grãos, vinho, linho, mel e lã. Também o artesanato – tecelagem e metalurgia – é realizado em grande escala, e os artesãos que lidam com o bronze e trabalham para o palácio possuem postos de destaque, por exigências militares e de estado. Dentro dessa forma de divisão socioeconômica do trabalho e dada a carência de informação documental, não temos clara a dinâmica das relações entre o *dâmos* e o *wánax*. Provavelmente

---

[29] Ver Musti, *Storia greca*, cit., p. 54-55.

tenha havido uma relação em que estava presente a concessão ao *dâmos*, por parte do *wánax*, das áreas comunais, pertencentes ao corpo orgânico da comunidade, como herança das antigas formas tribais de organização social. De qualquer modo, nesse contexto, surgem indícios de formas embrionárias de propriedade privada, que se desenvolvem ligadas e subordinadas ao palácio e, tudo nos leva a crer, subsumidas às relações com a comunidade. Também nesse caso, reside no comércio o polo dinâmico da economia. Mas abruptamente, de um momento para outro, os reinos micênicos entram em crise e iniciam uma acentuada decadência por volta do século XII a.C.

A intensificação do comércio no mar Egeu e no Mediterrâneo será responsável, como visto anteriormente, pelo progressivo desenvolvimento de uma pirataria de origem nem sempre clara, quer dizer, se apenas um produto da ganância e da natural movimentação de setores marginalizados do sistema social ou se patrocinada pelos próprios reinos que disputavam o controle das rotas comerciais[30]. É muito provável que esses dois elementos articulados tenham feito crescer a rapinagem e os ataques às naves mercantis e aos centros de concentração de riquezas e de distribuição de mercadorias. Não por acaso, já por volta de 1300 a.C. vemos nas principais cidades micênicas a construção de palácios-fortalezas, como em Tirinta, em Micenas, em Tebas e em Glá, na Beócia, a Acrópole de Atenas, que irão caracterizar essas cidades. Como bem ressalta Finley, o aumento da belicosidade e a opção por fortificações não era produto de uma mera "escolha" estética[31]. Algo de importante estava acontecendo, e a pirataria era apenas um aspecto – enquanto elemento imanente à forma societal comercial – dos muitos polos de tensão que eclodem naquele período, com tendência a se agravar, no contexto de um *complexo morfológico-societal* que predominou hegemonicamente até o século XII a.C. – compreendendo o Oriente Próximo, a Ásia Menor, as Cíclades, Chipre e Creta e a Hélade – e no qual estava inserido o mundo micênico, que disputava espaços não somente com as grandes potências econômicas do período (o Egito e o Império Hitita), mas também com outras cidades-fortalezas concorrentes, como Troia.

Entre a segunda metade do século XIII até finais do século XII a.C., *uma crise de profunda intensidade* envolve o então "mundo civilizado" representado pelas

---

[30] Burn chama a atenção para esse aspecto: "No Levante, já na época de Amenófis III, antes de 1375, a pirataria constituía um terrível flagelo; numa mensagem ao faraó, um rei de Alasia (Chipre) negava que seus homens tivessem participado dos saqueios dos Lukki, prometendo que se fosse demonstrado o contrário os culpados seriam punidos. Na verdade, ele afirma, os Lukki efetuavam incursões todo ano contra seu porto [...]". *Storia dell'Antica Grecia*, cit., p. 47.

[31] Finley, *Grécia primitiva: Idade do Bronze e Idade Arcaica*, cit., p. 60.

"sociedades palaciais". Esse momento histórico, por trazer em si um enorme grau de alterações nas formas societais, assinala também a *passagem* da Idade do Bronze para a Idade do Ferro, que, por sua particular característica histórico-estrutural de dissolução e recomposição societal, indica o desencadear de um processo, no qual *surgem novas relações sociais de produção*, além de redesenhar a carta político-econômica do mundo antigo e modificar sua cultura material e suas formas ideo-imaginárias. Configura-se desse modo a *exaustão de todo um tipo histórico de organização societal*, e essa situação desagregadora *encontra sua nuclearidade objetiva* – para usarmos uma expressão componente do corpo categorial-analítico da teoria social marxiana – *na contradição que se estrutura entre as relações sociais de produção e as forças produtivas que moviam as sociedades palaciais*. Isto é, *ocorre de forma dilatada* o mesmo tipo de crise que singularmente se abateu sobre a sociedade minoica, exatamente porque aquela crise *apresentava-se como parte constitutiva de um exaurimento sistêmico--geral que atinge as sociedades palatinas*. Explicando melhor: quando nos referimos anteriormente ao processo de desagregação da hegemonia minoica, ressaltamos pontualmente o papel dissolutor exercido pelo comércio naquela socialidade. Cabe dizer que esse fenômeno dissociativo era generalizado nas formas societais palatinas, conforme podemos observar nas crises sucessivas que convulsionam as principais sociedades palaciais do Oriente Próximo daquele período. *É, portanto, no contexto desse processo que o comércio tem um papel diluidor decisivo.*

A socialidade palacial, por estar estruturada em base de um complexo aparato de estado apoiado numa rígida hierarquia social, além de sua característica tributária intrínseca, requer uma permanente concentração de riquezas para subsidiar seu aparelho político-administrativo e o grupo estamental no poder. A forma tributário-aldeã, que articula o rei com a comunidade, em geral, a partir de um soberano legitimado por uma ligação estreita com a divindade comunal, constituindo-se no fundamento do poder da realeza, sofre um processo desagregador quando essa crescente necessidade de riquezas leva o rei a aumentar a tributação compulsória, comumente feita em espécie, quer dizer, intensifica a expropriação do camponês dos produtos essenciais para sua vida material – além de aumentar a carga de trabalho compulsório para o estado –, visando a ampliar a circulação de excedentes e a enriquecer ainda mais os membros da aristocracia palaciana. Como a produção não é feita para suprir o mercado externo, dada as características histórico-morfológicas daquela forma sociometabólica (tributário-aldeã), gera-se uma progressiva depauperização dos membros da comunidade. Não poucas vezes, esse processo vem seguido de medidas desastrosas, da parte da burocracia estatal, como a alienação de terras e a servidão por dívidas, o que significa também uma ruptura com os elementos fundamentais de solidariedade comunitária que conformam o equilíbrio ideo-imaginário e que mantém coesionada aquela forma societal, ocasionando uma fuga maciça dos aldeões. Encontram-se aí também os nexos explicativos da quebra do papel de intermediador entre os homens e a deidade, por parte do rei, e a degeneração dos "aparelhos" mantenedores do complexo imaginário da sociedade: essa desagregação societal atinge fundamente as formas *ideo-reflexivas* da realidade[32]. O rei do Tardo Bronze não mais prima por ser visto como o pai e protetor da comunidade, mas prefere a imagem de herói guerreiro e os refinamentos sofisticados. A contrapartida é um não reconhecimento da autoridade real e de sua função social-religiosa pela comunidade. Abre-se, então, uma época de crise estrutural da forma de sociabilidade[33].

As fugas das populações em direção às áreas fora do controle palacial propiciam a instituição de novas formas de solidariedade. As montanhas, estepes e locais desérticos não são espaços vazios, mas ambientes frequentados por grupos de transumância pastoral que praticam saques às caravanas e acolhem fugitivos do estado. As relações que aí se estabelecem, como diz Liverani, acabam configurando um polo alternativo, como uma forma sócio-organizativa não palaciana – impossível

---

[32] Como afirma Liverani: "Já se disse da difusão das alienações de terras, e do processo que as conduzia para a servidão por dívidas. O fim da solidariedade familiar e de aldeia produz fenômenos de enriquecimento (a favor dos membros da aristocracia palatina) e paralelos fenômenos de ruína, de separação dos membros do mesmo núcleo familiar (esposa e filhos dados em penhor de trabalho a desconto de interesses), de fugas dos devedores insolventes próximos a cair na servidão. A conversão da população das aldeias em um estrato de servidão rural contribui com certeza para a diminuição do nível demográfico, da motivação à produtividade, também da adesão popular à autoridade régia". *Antico Oriente – storia, società, economia*, cit., p. 630-631.

[33] Nesse caso, temos uma inversão do que ocorria no auge do período do Bronze, como verificamos, por exemplo, no reinado de Hammurabi (1792-1750 a.C.), que vinha da antiga tradição mesopotâmica de governar segundo "as leis", ditadas pelos deuses. Nesse sentido, lembramos que o corpo de leis mais antigo conhecido é o do fundador da terceira dinastia de Ur, Ur-Nammu (2111-2094 a.C.). Em seu prefácio à edição brasileira da correspondência de Hammurabi, E. Bouzon – que também traduziu essas cartas do cuneiforme ao português – ressalta que a preocupação de Hammurabi não estava limitada às conquistas militares. Antes de tudo, esse grande rei do período do Bronze foi um exímio administrador. Como acentua Bouzon: "Seus trabalhos de regulagem do curso do Eufrates e a construção e conservação de canais para a irrigação e para a navegação incrementaram, enormemente, a produção agrícola e o comércio. Em sua política externa, Hammurabi preocupou-se, sempre, em reconstruir as cidades vencidas e em reedificar e ornamentar, ricamente, os templos dos deuses locais, tentando com isso, naturalmente, captar a confiança dos povos vencidos. Uma de suas primeiras preocupações foi, contudo, a implantação do direito e da ordem no país, fundamento da unidade interna do reino". Prefácio de *As cartas de Hammurabi* (Petrópolis, Vozes, 1986), p. 28-29.

de existir nas formas desagregadas das aldeias ainda vinculadas aos palácios –, que findam por constituir uma solidariedade contra o palácio[34]. A crise sistêmica, que caracterizou a passagem da Idade do Bronze para a Idade do Ferro, provocou no então "mundo civilizado" uma contração produtiva sem precedentes, deixando vazios grandes centros de produção artesanal e canais de irrigação abandonados e, por consequência, grandes áreas agrícolas à improdutividade. Regiões como a Mesopotâmia foram reduzidas à desertificação, e reinos poderosos, como o hitita (constantemente ameaçado por rebeliões internas e externas se vê obrigado a pedir auxílio a um antigo inimigo, o Egito, como atestam as cartas hititas provenientes de Hatusa, a capital do império, que pedem desesperadamente a intervenção egípcia em favor do arruinado vizinho, o reino de Khatti), passam a sofrer cronicamente de falta de alimentos e de objetos de uso cotidiano. Em realidade, a crise de civilidade do tardo Bronze não provoca apenas o êxodo de massas populacionais em busca de melhores condições de vida, mas inaugura também um período de guerras e assaltos aos territórios produtivos das grandes potências, como fizeram os assírios, em relação ao Egito e ao império hitita, o que leva Ramsés II e o imperador Khattushili a assinar um tratado de paz e amizade, emblematicamente inaugurando um período de acordos entre estados, visando à defesa mútua de ataques externos que se intensificam a partir do século XIII a.C.[35]

A sociedade micênica, que era uma potência média no concerto das sociedades palaciais, não poderia ficar incólume a uma crise sistêmica. Portanto, a dissolução dessa forma societal palatina implicou, também, a desagregação do mundo micênico. Guerras e grandes movimentações populacionais marcarão esse período também no Ocidente, mais precisamente no Mediterrâneo ocidental, que passa a assumir uma característica marítima, ampliando a espiral de saques e invasões às áreas produtivas e às zonas de intenso comércio, além de um papel central na aceleração do desmantelamento de toda uma interligada estrutura produtiva – que, por sua importância, traz consigo graves consequências político-econômicas. Mazzarino classifica essas invasões como parte integrante de um grande, e sem

---

[34] Ver Liverani, *Antico Oriente – storia, società, economia*, cit., p. 632.

[35] Para ilustrar a importância desse acordo, lembremos que, por muito tempo, o Egito e o Império Hitita disputaram a região da Síria e do Vale do Oronte, às margens do Mediterrâneo, culminando na grande Batalha de Kadesh, em 1265 a.C., na qual, no confronto com as tropas do então imperador hitita Muwatalli, os exércitos de Ramsés II, a muito custo, conseguem manter inalteradas suas fronteiras. Somente após a morte de Muwatalli, quando assume o trono o imperador Khattushili, surgirão as condições para o implemento de uma nova política externa do Império Hitita.

precedentes, processo de migração, só comparável aos do séculos IV e V de nossa era, que destruirá a parte ocidental do Império Romano[36].

É bastante significativo, e ilustra o caráter das movimentações populacionais nesse processo sistêmico-desagregador, o progressivo envolvimento de povos mediterrâneos nas incursões aos reinos do Oriente Próximo – definidos por Ramsés III como uma "confederação de povos mediterrâneos" que ficaram conhecidos, por meio de uma singular interpretação de fontes documentais egípcias, como os *povos do mar*[37] –, como ocorre no ataque líbio ao Egito, por volta de 1200 a.C., conforme podemos verificar nas narrativas do faraó Merneptah, que, afirmam serem esses povos "nortistas vindos de todas as terras". Outro relato importante é o de Ramsés III, que deteve uma grande invasão dos "povos do mar", por volta de 1190 a.C., feita por mar e terra, cuja vitória é comemorada com realce num relevo do Templo de Medinet Habu, em Tebas, no Egito, destacando a batalha naval contra os invasores, ou, ainda, no golpe final ao Império Hitita, que de algum tempo vivia gravíssima crise interna, literalmente destruído por volta de 1200 ou 1190, quando os "povos do mar" têm papel decisivo, conforme revelam os documentos de Hatusa, indicando preparativos para resistir a esses invasores[38].

Obviamente não podemos atribuir somente aos "povos do mar" a destruição de um grande império que vinha se desagregando por diversas razões articuladas, mas não podemos deixar de evidenciar que a destruição da segunda maior potência da Idade do Bronze é um forte indício de uma crise "universal"[39]. O próprio Egito, que consegue resistir às invasões, inicia, a partir desse momento, um processo de retração e decadência irreversível. Desse modo, as invasões e as migrações desagregaram todo o sistema palacial e suas respectivas redes integradas de apoio já que, na maioria dos casos, não houve reconstrução dos palácios destruídos: a esse destroçamento, segue-se um grande vazio de poder. É certo que na Anatólia há uma

---

[36] Cf. Mazzarino, *Fra Oriente e Occidente – ricerche di storia greca arcaica*, cit., p. 34.

[37] Ver Liverani, *Antico Oriente – storia, società, economia*, cit., p. 635, e Finley, *Grécia primitiva: Idade do Bronze e Idade Arcaica*, cit., p. 66.

[38] Ver Mazzarino, *Fra Oriente e Occidente – ricerche di storia greca arcaica*, cit., p. 31 e seguintes, e Liverani, *Antico Oriente – storia, società, economia*, cit., p. 634-635.

[39] É sabido que os palestinos ou filisteus, aproveitando-se da debilidade egípcia e hitita, penetram e ocupam a faixa territorial que hoje leva seu nome – Palestina. Também é conhecido dos historiadores que os exércitos hititas estavam empenhados em guardar diversos pontos do império, tornando-se vulneráveis a ataques realizados simultaneamente, em diferentes pontos. E, exatamente por isso, não resistiram às ações militares que levaram à destruição de sua capital, Hatusa, e à pulverização do Império Hitita.

continuidade das tradições imperiais, por meio dos vários principados cantonais neo-hititas que se formam à sudeste até à área do Eufrates. Mas, no restante da região, a forma urbana de civilidade sofre marcado e profundo refluxo[40].

Quadro análogo delineia-se na região do Egeu. Como salienta Finley, lá o processo de desintegração dos sistemas palacianos ocorre mais abruptamente. Da Tessalônica, ao norte, à Lacônia e Messênia, ao sul, diversas fortalezas e complexos palatinos foram destruídos, inclusive Iolcos, Crisa, Glá, Pilos, Micenas e uma área nas cercanias de Esparta. Outros povoados, e até mesmo cemitérios, foram simplesmente abandonados. Toda essa devastação data do mesmo período, por volta de 1200 a.C., o que se liga diretamente com as invasões e as atividades belicosas dos "povos do mar" e às invasões e incursões guerreiras havidas na Mesopotâmia, nas ilhas Lípari e na Sicília[41].

É consenso, entre os historiadores, que essas invasões desintegradoras do "mundo civilizado" – realizadas por essa "coligação independente de povos", a que se nomeia "povos do mar" e que a tradição e a historiografia clássica grega chama de *pelasgos*[42] – tenha seu ponto originário na região cárpato-danubiana, irradiando-se para diversas regiões em diferentes momentos, mas sempre em ritmo crescente. Por séculos, esses povos "bárbaros" mantiveram contatos comerciais e culturais com o mundo micênico – inclusive com populações aqueias "barbarizadas" – antes de iniciarem o processo de invasão ao território que constituirá a Grécia[43], e foi, provavelmente, nesse momento que se iniciou a construção de uma grande muralha de defesa, por meio do istmo de Corinto. Quem eram esses povos não sabemos ao certo, mas o fato é que, ao destruírem a civilização micênica, eles lançaram as bases de outra forma societal[44]. Esse período de *passagem*, resultado da

---

[40] No dizer de Childe: "No Oriente Próximo, o colapso da Idade do Bronze deixara, além das ruínas do Egito, de uma Babilônia debilitada, das cidades fenícias e de uma vigorosa Assíria, apenas despojos de comunidades parcialmente bárbaras, que, com o tempo, se reorganizaram em pequenas e frágeis imitações dos estados teocráticos da Idade do Bronze. Entre esses, o reino hebreu da Palestina, o domínio de Midas, no Oeste da Ásia Menor, e o reino da Lídia, no Sudeste […]". *O que aconteceu na história* (São Paulo, Círculo do Livro, s/d), p. 195.

[41] Cf. Finley, *Grécia primitiva: Idade do Bronze e Idade Arcaica*, cit., p. 67.

[42] Homero, *Odissea*, cit.; Tucídides, ΙΣΤΟΡΙΑΙ – *La Guerra del Peloponneso*, cit.; e Heródoto, *Storie* (Roma, Newton & Compton, 1997).

[43] Ver Mazzarino, *Fra Oriente e Occidente – ricerche di storia greca arcaica*, cit., p. 36.

[44] Também esse é um tema de grandes divergências entre os historiadores. A tradição, desde Heródoto e Tucídides, passando por Apolodoro e Teócrito, entre outros, é considerar os conquistadores do mundo micênico como dórios. A arqueologia moderna, no entanto, não conseguiu, ainda,

crise das sociedades palaciais e que assinala também a queda de toda uma forma societal complexa, contraditoriamente permite o surgimento de perspectivas para as inovações tecnológicas e científicas, na medida em que possibilita o acesso aos segredos do conhecimento, que por muito tempo ficaram guardados a "sete chaves", atrás dos muros dos templos, como segredos de estado, na maioria dos casos a cargo dos sacerdotes, bloqueados pela inércia do *ser-precisamente-assim* de um sistema.

A destruição dos palácios reais e dos centros urbanos, de suas oficinas artesanais, escolas de escribas, centros comerciais etc. estimulou não somente a circulação de informações até então restritas a um diminuto e privilegiado círculo, como propiciou, ao mesmo tempo, o surgimento de formas culturais alternativas que suprissem aquelas atingidas pela crise. Como lembra Liverani, a consequência disso foi o desenvolvimento de uma cultura mais livre e mais difusa territorial e socialmente, ou seja, mais acessível e menos exclusiva. Mais ainda, a diversidade que assumiu a crise incidiu de forma qualitativamente diferenciada nas zonas a leste e a oeste do Eufrates, produzindo uma divisão bastante clara entre a parte oriental, mais conservadora, e a parte ocidental, mais inovativa do Oriente Próximo, com reverberações importantíssimas no Ocidente[45]. A inovação maior, sem dúvida, é a fundição do ferro, que se difunde a partir de Mitani, Kitsuwatna e Síria. A maior difusão desse metal está na razão direta da carência de bronze, principalmente de armas de guerra e de caça, dada pela queda do comércio. O ferro é facilmente encontrado, em relação às poucas regiões com grandes concentrações de bronze e estanho. Além disso, a produção do ferro é menos complexa que a do bronze, e esse metal origina materiais de maior resistência e rigidez. Daí ocorrer, nesse período de passagem, o aumento da pesquisa de minerais. Outro aspecto de máxima importância é a difusão do alfabeto e da escrita, cuja simplificação, em relação às formas ideográfico-silábicas – de difícil e custoso aprendizado, que requeria anos de estudo –, aparece como verdadeira "reinvenção comunicativa revolucionária", mas que se processa lentamente, se levarmos em conta que, entre o desaparecimento dos palácios com a consequente dispersão dos escribas e sua utilização intensiva,

---

estabelecer conexões materiais (monumentos, utensílios etc.) para poder referir-se aos dórios. Mazzarino, analisando as escolas de interpretação do mundo grego, adverte que esse é ainda um tema em aberto e que mercereria um longo trabalho de análise, ressaltando que não poderemos fazer história "[...] enquanto uma datação qualquer se imporá a nós como esquema fixo [...]". *Fra Oriente e Occidente – ricerche di storia greca arcaica*, cit., p. 37. Já historiadores como Finley, baseado nas evidências arqueológicas, simplesmente argumentam que essa tese não tem respaldo nenhum. *Grécia primitiva: Idade do Bronze e Idade Arcaica*, cit., p. 68.

[45] Ver Liverani, *Antico Oriente – storia, società, economia*, cit., p. 642-643.

passaram-se alguns séculos. Outras inovações, com o mesmo caráter revolucionário, serão implementadas, como a larga difusão da irrigação controlada e a escavação de poços artesianos, além da introdução e popularização da agricultura de terraço, que amplia as possibilidades de áreas de cultivo – antes, no período do bronze, deixadas aos bosques e ao pasto estivo e ocasional –, inclusive nas faldas montanhosas, propiciando o aumento da produção de oliveiras e de vinhas, associada ao cultivo cerealista e ao aumento da criação de ovinos. Também é nesse período que se passa a utilizar, em larga escala, o camelo e o dromedário no Oriente, abrindo novas e positivas perspectivas para homens e mercadorias nas viagens de longas distâncias no deserto. Além disso, uma inovação da maior importância é a introdução do combate montado em cavalos, revolucionando toda a estratégia e as técnicas da guerra e fazendo declinar o uso dos carros de combate da Idade do Bronze[46].

É nesse contexto histórico, em que guerras e convulsões marcam o fim de um tempo, que está inserida a política belicosa dos povos micênicos, os aqueus da *Ilíada* e da *Odisseia*, e de seus heróis, como Odisseu de Ítaca, Agamenon de Micenas e Menelau de Esparta; da legendária guerra contra Troia e seus aliados, os pelasgos/dórios consumam o desaparecimento das sociedades palaciais. Um momento de grandes comoções, no qual serão gestados os elementos-base para as histórias e para as lendas e tradições orais, presentes nos poemas homéricos e que, por isso mesmo, fazem parte de um processo histórico-objetivo conformador de outro imaginário societal, revela o surgimento de um *nova forma ideo-reflexiva da vida material*. Agora entram em cena novos atores, que dividem e até disputam dramaticamente com os deuses a saga e o protagonismo da história, magnificamente descrita por Homero, no quase impotente desabafo de Zeus: "[...] incolperà l'uom dunque Sempre gli Dei? Quando a sé stesso i Mali fabbrica, de' suoi Mali a noi dà carco, e la stoltezza sua chiama destino [...]"[47].

---

[46] Sobre as inovações no período de passagem da Idade do Bronze para a Idade do Ferro, ver Liverani, *Antico Oriente – storia, società, economia*, cit., p. 642-654. Também G. Childe, *O que aconteceu na história*, cit., p. 191-210.

[47] *Odisseia*, cit., I-45.

DESENVOLVIMENTO E CRISE DE HEGEMONIA DA PÓLIS ATENIENSE

1. *A CONSTRUÇÃO DA PÓLIS*

Dos escombros do velho mundo micênico gestam-se, lentamente, os núcleos comunais que irão caracterizar a civilização grega. A nova relação societal desenvolve-se em torno das ruínas dos velhos palácios, e a propriedade das terras, antes pertencente ao senhor do palácio e à aristocracia micênica – agora reintegrada sob outra forma –, tem sua distribuição reordenada pelo novo poder que se estrutura na comunidade, deixando de ter a figura do rei como intermediário entre os deuses e os homens. Da combinação entre a herança micênica e as novas formas de sociabilidade, processadas num largo *período de passagem*, sob a hegemonia da nova socialidade trazida pelos conquistadores, nasce a pólis como núcleo de poder. Melhor seria dizer que entre o século XII e o século VII a.C., período denominado pelos historiadores de *Idade das Trevas* – durante a qual os núcleos urbanos sofrem acentuado refluxo, a economia regride a níveis rudimentares e a escrita se rarefaz –, delineiam-se as bases genérico-conformativas das condições objetivas que possibilitaram o nascimento das póleis, como ordenamento societal helênico *par excellence*, entre os séculos XI e IX, que adquirem sua forma estrutural no período arcaico, no início do século VIII a.C., ainda que dentro de processualidades morfológicas que se objetivam de modos diferenciados e desiguais, e incidirão fortemente nos conteúdos político-organizativos das futuras cidades gregas.

No centro nodal dessa processualidade em objetivação, no âmbito ideológico, está o gradual surgimento de instituições que submetem a comunidade a organismos formais e a normas de poder, provavelmente como elemento de acomodação política entre velhos e novos ocupantes dessas regiões, configurando um difícil processo de conflitos e ajustamentos, que contribui decisivamente para a gradual desagregação da monarquia¹. Como sabemos, a condição objetiva dos reinos micênicos não permitiu o surgimento de riquezas e suntuosidades iguais às dos reinos orientais, nem mesmo em Creta, já que os reinos micênicos arruinaram-se antes mesmo da chegada dos invasores bárbaros. Como explica-nos Childe, é admissível que os próprios conquistadores tenham reconhecido os monarcas patriarcais e os chefes guerreiros. Mas quando retornou a paz, eles, que governavam um território reduzido e pobre, não podiam aspirar à pompa de uma corte oriental nem manter posições superiores às dos latifundiários mais ricos que figuravam entre seus vassalos. Porque, com as armas de ferro, estes já não dependiam dos arsenais reais e podiam armar-se e até equipar navios piratas a fim de obter, como particulares, um saque para si mesmos e para seus clientes. Dessa forma, a monarquia decaiu ou se reduziu a um cargo puramente ritual na maioria dos estados gregos².

No Período Arcaico, que marca um novo e qualitativo momento de expansão helênica, *acentua-se também a construção do novo ordenamento ideo-societal e de reflexo*

---

[1] Como destaca Vernant: "Com efeito, não é suficiente dizer que no curso desse período a realeza se vê despojada na Grécia de seus privilégios e que, mesmo onde subsiste, cede de fato o lugar a um estado aristocrático; deve-se acrescentar que essa *basileia* não era mais, desde então, a realeza micênica. O rei não só mudou de nome mas de natureza. Nem na Grécia, nem na Jônia em que a nova multidão de colonos que fugia da invasão dórica foi estabelecer-se, encontra-se vestígio de um poderio real do tipo micênico" (J. P. Vernant, *As origens do pensamento grego*, Rio de Janeiro, Bertrand Brasil, 1998), p. 35.

[2] Cf. G. Childe, *O que aconteceu na história* (São Paulo, Círculo do Livro, s/d), p. 211. Segundo Finley, essa situação "[...] curiosamente passou despercebida nas lendas e tradições gregas [...] E o silêncio deles [gregos] quanto a esse aspecto de seu passado sugere que, no final das contas, apesar dos Agamenon e Ajax dos poemas homéricos, seus verdadeiros governantes da Idade das Trevas eram chefes insignificantes dentro de uma estrutura de 'numerosos reis', cujo desaparecimento de cena nada teve de dramático e memorável". *Grécia primitiva: Idade do Bronze e Idade Arcaica* (São Paulo, Martins Fontes, 1990, Parte I), p. 100. Sobre essa questão, F. Engels, referindo-se à pólis ateniese, acentua: "O funcionamento regular dos órgãos da constituição gentílica chega a tal desordem que ainda no período heroico se tornou necessário modificá-la e adotou-se a constituição atribuída à Teseu. A principal mudança foi a instituição de uma administração central em Atenas; parte dos assuntos que até então eram resolvidos independentemente pelas tribos foi declarada de interesse comum e transferida para o conselho geral, com sede em Atenas [...] a simples confederação de tribos vizinhas foi superada pela fusão de todas num único povo. Com isso, gerou-se um direito público geral ateniense que ia para além da *consuetudine* jurídica das tribos e das gens. O cidadão ateniense obtinha, enquanto tal, determinados direitos assim como uma nova proteção jurídica, mesmo em territórios que não pertenciam às suas tribos. Deu-se, dessa forma, o primeiro passo no sentido da ruína da constituição gentílica [...]". *L'origne della famiglia, della proprietà privata e dello stato* (Roma, Rinascita, 1953), p. 111. Ver, também, J. P. Vernant, *As origens do pensamento grego* (Rio de Janeiro, Bertrand Brasil, 1998), p. 33 e seguintes.

da vida material, uma κοσμογονία *(cosmogonia)* que lançará os elementos constitutivos da Παιδεία (*Paideia*) grega, como lembra Jaeger, enquanto clara ideia de si e como produto de um esforço para justificar a noção de comunidade e de individualidade humana que nasce com a pólis³. Daí esse período nos remeter imediatamente ao *mundo de Homero*, exatamente porque nele se materializa a primeira síntese da antiga sociedade micênica com as formas introduzidas pelos conquistadores, conformando nesse sincretismo o *momento crucial* da construção da civilidade helênica e de sua κοσμογονία (*Weltentstehung*), que será consubstanciada na presença de elementos de *alargamento* da *noção arcaica da* ἀρετή (*areté, virtù*) –, quer dizer, aquela que irá transcender seu conceito original, restrito às qualidades próprias da nobreza e que caracterizava o vigor e a saúde do corpo aliados à força espiritual e valor heroico de um homem de estirpe⁴.

A ἀρετή presente em Homero já denota um *conceito em processo de desenvolvimento*, na perspectiva de um homem que traz em si os valores formulados por uma nova κοσμογονία, enquanto produto de uma realidade societal que, por suas qualidades, proporciona uma reformulação dimensional dessa mesma ἀρετή, colocando-a na perspectiva de uma plenitude complexa, que abarca as mais profundas qualidades humanas – alcançando, inclusive, um *sentido ético*. A tradição oral nos fornece uma série de indícios sobre uma processualidade que trazia em si as marcas evidentes de um *momento de passagem*. Ainda está presente, como referência ideo-sócio-organizativa, a velha forma micênica expressa nas primeiras monarquias do período pós-palacial, que constituem os cenários da *Ilíada* (escrita entre finais do século IX e início do século VIII a.C.) e da *Odisseia* (escrita no início do século VII a.C.), que num período de pouco mais cem anos *reprocessam os tempos históricos*, recriando contextos e dando à história vivida novos significados e novos elementos identitários, apropriando-se dos mitos antigos e de fatos ocorridos em outras épocas e enxertando neles outro tempo histórico, o da *identidade helênica*, numa dialética estético-cultural conformada dentro de continuidades e descontinuidades – enquanto rupturas –, exatamente

---

[3] W. Jaeger, *Paideia – los ideales de la cultura griega* (México, FCE, 1987, Introdução), p. 7 e seguintes.

[4] Jaeger chama atenção para esse aspecto, ao ressaltar que o pleno desenvolvimento do conceito de *areté* aparece mais claramente nos últimos livros de Homero: "O conceito de *areté* é utilizado com frequência por Homero, assim como será nos séculos posteriores, em seu mais amplo sentido, não somente para designar a excelência humana, mas também a superioridade de seres não humanos, como a força dos deuses ou o valor e a rapidez dos cavalos nobres [...] Somente algumas vezes, *nos últimos livros, Homero entende por areté as qualidades morais ou espirituais*". *Paideia – los ideales de la cultura* griega, cit., p. 21-22, grifos nossos.

quando o centro econômico grego se desloca do continente europeu para a Ásia Menor[5]. Vidal-Naquet realça esse aspecto ao evidenciar que, tanto na *Ilíada* como na *Odisseia*, o núcleo emanador do poder, sob o qual se apoiavam os chefes militares, aparece confuso – reflexo de uma clivagem dada pelo processo de um contexto de passagem do mundo arcaico para o clássico –, ora é a pólis, com seus órgãos deliberativos, ora o *oikos*, denotando o domínio político da aristocracia terratenente[6]. Em outras palavras, os conquistadores *transformam a saga dos aqueus numa antecipação legitimadora de sua própria história*.

Jaeger alerta-nos para a *diferença qualitativa*, no que se refere ao processo do *alargamento do conceito da* ἀρετή, ao apontar como esse elemento aparece distintamente na *Ilíada* e na *Odisseia*[7]. Na primeira, a ἀρετή ainda aparece caracterizada pela ênfase

---

[5] A esse respeito, ilustra-nos M. Finley, ao ressaltar exatamente a diferença entre os dados históricos postos pela arqueologia moderna e aqueles presentes nos poemas homéricos: "[...] novamente Homero e a arqueologia diferem repentinamente: Homero sabia onde havia florescido a civilização micênica e que seus heróis viveram em grandes palácios na Idade do Bronze, desconhecidos nos dias de Homero. E isto é, na realidade, tudo que ele sabia acerca dos tempos micênicos, porque o catálogo de seus erros é muito extenso. Suas armas se parecem com as de seu próprio tempo, totalmente distintas das micênicas, ainda que de maneira persistente, os arma com o bronze antiquado e não com o ferro. Seus deuses possuíam templos e os micênicos não construíram nenhum, mas sim grandes tumbas abobadadas nas quais sepultavam seus chefes, enquanto que o poeta os incinerava. Um notável aspecto de seu desconhecimento é proporcionado pelos carros de combate. Homero tinha ouvido falar deles, mas não sabia como realmente se utilizavam esses carros numa guerra. Assim, seus heróis normalmente distanciavam-se, mais ou menos uma milha de suas tendas de campanha, conduzindo seus carros, apeavam-se cuidadosamente deles e imediatamente começavam a combater a pé [...] Não há dúvida que houve um núcleo micênico na *Ilíada* e na *Odisseia*, mas este era pequeno e o pouco que continha foi deformado até perder o sentido e a possibilidade de reconhecimento [...] Podemos dar de seguro que houve uma guerra de Troia nos tempos micênicos, mais exatamente que houve várias guerras troianas. A guerra era algo normal naquele mundo e a referência da Aquiyava nos registros hititas demonstra que os antepassados dos helenos lutaram na Ásia Menor". *El mundo de Odiseo* (México, FCE, 1996), p. 49-50. Ver também o clássico e interessante estudo de G. De Sanctis, *Storia dei Greci* (Florença, La Nuova Italia, 1960, v. I), p. 184-273, em que o autor analisa comparativamente as identidades dos heróis míticos da Guerra de Troia com as divindades existentes entre os aqueus do período arcaico, como Helena, a divindade lunar, o culto de Menelau (Menelaeion), entre os lacedemônios, ou de Zeus-Agamenon, em Esparta, ou ainda a remotíssima origem do mito de Odisseu. Ver ainda, P. Vidal-Naquet, *O mundo de Homero* (São Paulo, Companhia das Letras, 2002), p. 13 e seguintes, em que é abordado o processo e o contexto histórico da construção dos poemas homéricos.

[6] Cf. Vidal-Naquet, *O mundo de Homero*, cit., p. 70-71, ainda que o próprio autor explicite que no momento da concepção da *Ilíada* a pólis já aparece como o centro estrutural que direciona a morfologia da obra. Ver ibidem, p. 68 e seguintes.

[7] Jaeger, *Paideia – los ideales de la cultura* griega, cit., p. 32 e seguintes.

na encarnação de um espírito heroico-mítico e na honra individual, expressando não somente uma época de guerras e disputas, característica do período das migrações gregas, mas também, e principalmente, um *elemento intrínseco de classe*, no qual a possibilidade da ἀρετή inicia e termina na condição e no pressuposto de uma estirpe nobre[8]. De modo que verificamos, no cantar do aedo, a presença de traços predominantes da *Weltanschauung* aristocrática constitutiva da ἀρετή do período arcaico. Como podemos ver na *Ilíada*, a assembleia convocada por Agamêmnon, que reúne os guerreiros, tem como elemento decisivo o conselho, onde estão presentes a elite dos soldados, quer dizer, aqueles que compõem o comando aristocrático do exército grego, aspecto típico do exército pré-hoplítico. Como salienta Vidal-Naquet, na *Ilíada* a construção do universo dos deuses está impregnada da forma política do mundo arcaico, que, igualmente ao mundo dos homens, traz consigo todo um clima de guerra civil e obriga Zeus a intervir em diversos momentos para evitar que os deuses combatam ao lado dos homens – a favor ou contra os gregos – e entre si[9].

Na segunda, mesmo evidenciando uma nobreza, enquanto classe cerrada, com clara consciência de seus privilégios, encontramos a ênfase nos elementos que constituem o aspecto hominizador, quer dizer, a predominância do *ethos*, que denota, também, a presença maior de um centro que transcende o indivíduo heroico, alcançando e realçando a comunidade. Na Odisseia a presença marcante no retorno do herói situa-se exatamente na figura de um *nóstos* – o impulso irresistível da volta – que une de modo natural a guerra de Troia e a representação intuitiva de uma terna descrição de sua vida na paz. Jaeger ressalta que um herói, vivendo entre guerras, viagens repletas de aventuras e uma vida caseira, com a família e amigos, tem por inspiração a própria vida real dos nobres de seu tempo e, por isso mesmo, projeta e reprocessa com ingênua vivacidade uma época mais primitiva, denotando, inclusive, nessas reinterpretações, uma *forte presença jônica* com sua

---

[8] Nesse sentido, Lukács nos aclara: "[...] na cultura antiga, o mito – que é relativamente livre porque não está ligado teleologicamente – se reinterpreta constantemente e desempenha um papel de importância. Em relação a isso, temos que considerar, antes de tudo, a presença de tradições vivas e intensas oriundas do comunismo primitivo (a Idade de Ouro do mito) [...] Por isso esses homens da 'Idade de Ouro', universalmente conhecida na cultura antiga pelo mito e por sua elaboração na poesia e nas artes plásticas, podiam perfeitamente se apresentar como encarnações desse ideal de unidade orgânica da existência e das práticas humanas. Este 'ideal estético' do comportamento prático ganha um reforço qualitativamente diverso com a ideologia da *Kalokagathía*, própria da camada nobre dominante das cidades-estados". *Estetica* (Barcelona, 1966, v. IV), p. 267.

[9] Vidal-Naquet, *O mundo de Homero*, cit., p. 66 e seguintes. Como acentua o referido autor: "O certo é que o Olimpo é marcado, durante toda a *Ilíada*, pela divisão, o que se chamará mais tarde *stasis* [...]". Ibidem, p. 70.

característica de observação direta e descrição realista das coisas contemporâneas, o que evidencia um distanciamento explícito da tradição épica, classicamente posta na *Ilíada*. Como sabemos, no pensamento jônico, já em finais do século VII a.C., encontramos a gênese da apreensão ontológica do ser – da filosofia, propriamente dita –, ou, no dizer dos filósofos milésios, apreender o que constitui o ponto de partida da experiência humana, τά ὄντα – as coisas existentes. Ainda que centrada nos problemas cosmológicos, no entendimento da Φύσις (*physis*), isto é, o caráter dinâmico e ativo da natureza, não podemos deixar de situar que nessa preocupação considera-se também o homem, mesmo que não ocupando o centro dessa reflexão, mas como parte integrante da própria natureza, já que, para os pré-socráticos, os princípios que explicam a natureza explicam, também, a constituição do homem[10]. Mas essa forma de apreender o universo genérico, concebido enquanto Φύσις, caracteriza e dá os conteúdos de um conhecimento que se distancia da explicação mítico-mágica do mundo, estabelecendo uma forma de pensamento que vincula e correlaciona a busca do mundo objetivo com o próprio conhecimento do mundo humano, como podemos ver em Heráclito: o mundo físico é por ele posto em unidade essencial com o problema do eu. Jaeger entende esse momento como um passo de profunda alteração no estado de espírito do homem, comparando-se com o período mitológico, o que implica uma mudança do homem diante do mito e perante a si mesmo. Essa nova forma de apreender gerou também uma nova expressão de si, no âmbito do *reflexo* espiritual que exprime um *ethos* que se contrapõe exatamente à épica dos primeiros tempos da pólis aristocrática[11].

Portanto, o que devemos resgatar aqui é a presença, na *Odisseia*, de relações que aparecem com alto teor de *hominização* e que subsumem o fantástico, na maioria das vezes aparecendo ainda sob a forma da magia, às contradições, às necessidades e aos desejos dos homens. Na *Odisseia* um mundo repleto de vínculos estreitos com o real é evidente, e a própria Ítaca faz parte desse lado do poema que realça o existente e o não fictício, pois lá os homens não somente cultivam a terra (e produzem o trigo), como lutam pelo seu controle. O próprio Ulisses, passando-se por cretense,

---

[10] Voltaremos a essa questão na Parte II.

[11] Como ressalta Jaeger: "O *ethos* do novo estado encontrou sua verdadeira expressão revolucionária, não em sua forma poética, mas sim na criação da prosa. Isso significou, nada menos, a promulgação de leis escritas. A característica do novo estágio de desenvolvimento da comunidade humana reside no fato de que a luta para submeter a vida e a ação a normas ideais rigorosas e justas ganha maior resolução mediante a consignação de seus preceitos a propostas claras e universalmente válidas". *Paideia – los ideales de la cultura* griega, cit., p. 117. Ver também W. Jaeger, *La teologia de los primeros filósofos griegos* (México, FCE, 1998), p. 24 e seguintes.

relata as diversas dificuldades encontradas nos locais por onde esteve, Creta, Egito, Épiro e na Trôade, referindo-se a um mundo realmente existente[12]. Mesmo que esse mundo represente o entroncamento entre a antigas e já definhantes práticas mítico-mágicas e a crescente religião que passa a elevar o aspecto da revelação divina, o humano se sobrepõe. Ajudado pelo deus Hermes, Ulisses enfrenta a magia, vencendo Circe, que por meio de encantamentos o havia retido por um ano em sua ilha e transformado seus companheiros de viagem em porcos[13]. Vai ao Hades e trava contato com as sombras dos mortos, inclusive com a sombra de sua mãe, com o objetivo de encontrar o caminho de casa[14]: no sentido da afirmação do *nóstos* que lhe mantém vivo, finalmente recusa o amor e a imortalidade que lhe oferece a ninfa Calipso, preferindo continuar humano para encontrar sua Penélope[15] – encarnação da ἀρετή feminina, a senhora dedicada do *oikos*, que observa estritamente a moralidade e as qualidades do lar grego – e, como bem acentua Vidal-Naquet, essa opção pela humanidade é que dá significado ao poema[16].

Assim, no contexto dessa opção pelo humano, encontramos o escopo do poema, isto é, a exaltação do *ethos* que está sendo afirmado, no período da *passagem* para o mundo clássico e do alargamento do conceito original de ἀρετή que atinge agora a *especificidade particular feminina*, alcançando, portanto, a universalização. Não por acaso, o auxílio dos feácios dado a Ulisses para que retorne a Ítaca chega por intermédio da rainha Arete, honrada como uma deusa pelo povo daquele lugar[17]. Mas deve-se evidenciar que na *Odisseia* está presente a dignidade espiritual como *conditio* para outro e mais complexo comportamento heroico dos homens, resultado

---

[12] "No mundo das viagens narradas por Ulisses em terra feácia, haverá um pouco do que o poeta Jacques Prévert chamava de 'os terrificantes percalços da realidade'? O ponto de partida, Troia, é imaginado como 'real', da mesma forma que o povo dos cícones, na Trácia, contra o qual Ulisses se bate e de quem obtém o vinho que embriagará o ciclope Polifemo. Depois Ulisses costeia o litoral da Grécia oriental. Após o cabo Málea, no extremo sul do Peloponeso, enfrenta uma tempestade e passa ao largo da ilha de Citera. Só após dez dias de borrasca é que entra num mundo totalmente diferente, o da fábula, o do não humano". Vidal-Naquet, *O mundo de Homero*, cit., p. 33.

[13] *Odissea*, cit., X.

[14] Ibidem, XI.

[15] Ibidem, V-215 em diante.

[16] Vidal-Naquet, *O mundo de Homero*, cit., p. 34. B. Snell destaca esse elemento novo da *Weltentstehung* helênica: "Na *Odisseia* chegou-se, portanto, a um conhecimento mais sutil da diversidade existente entre os homens [...] Também a sensibilidade ante as mutações a que está sujeito o indivíduo no tempo faz-se mais aguda". *A cultura grega e as origens do pensamento europeu* (São Paulo, Perspectiva, 2001), p. 58.

[17] *Odissea*, cit., XIII.

de uma forma de moralidade que deve ter presente o papel educador e formador encontrado na particularidade da ἀρετεή feminina, que pressupõe a mulher como mantenedora e guardiã dos mais altos valores, dos costumes e da tradição. Esse novo *ethos* aparece já na forma de entendimento dos deuses que será posta por Hesíodo, na *Teogonia*, em que encontramos um tipo de racionalidade e de visão dos mitos que abre os caminhos para uma interpretação na qual o fundamento será o real posto em sua imediaticidade, que estará presente também no pensamento jônico. Essa nova visão, evidenciada por Heródoto, que viu em Homero e Hesíodo seus formuladores[18], requer um *forte núcleo ético-religioso*, inicialmente intuído por Homero e, posteriormente, desenvolvido na interpretação de Hesíodo, no qual encontramos a noção de que os deuses são guardiões da δίκη (*diké*, justiça) e que suas ações conduzem à vitória do direito, uma ideia que identifica o direito à vontade divina. Daí a δίκη aparecer como expressão umbilical da ἀρετεή. Esse elemento, que tem como pressuposto uma alta eticidade de cunho religioso, deve ser preservado, porque constitui o *fundamento das virtudes conformativas da socialidade helênica*. Uma vez violado, o castigo deve ser rigoroso. Assim explica-se a furiosa vingança de Ulisses contra os que pretendiam usurpar suas terras e sua casa – *oikos* –, seu trono e sua esposa Penélope. A violação da lei é entendida como uma vergonhosa ignomínia perante a ἀρετεή e, desse modo, deve ser severamente punida[19].

Assim, se os poemas homéricos não podem deixar de projetar alguns contextos e fatos reais ocorridos no período micênico, inclusive os referentes à guerra (ou às guerras) contra Troia, eles, por outro lado, o fazem projetando os próprios momentos cruciais do Período Arcaico, inclusive no que se refere à legitimidade do poder da nobreza, e não é por acaso que encontramos também, nas passagens homéricas, fortes identificações entre o poder exercido pelo *wanax* micênico e o *basileus* do arcaísmo – que, naquele período, já tinha seu poder diluído e condividido num colegiado formado pela aristocracia terratenente, que mais se assemelhava a uma forma "republicano-aristocrática"[20]. Ressalte-se que, nessa comparação, a ênfase

---

[18] Como nos informa Heródoto: "[...] eu penso que Homero e Hesíodo tenham vivido quatrocentos anos antes de mim, não mais, e foram eles a estabelecer uma teogonia para os Helênos que fixaram os apelativos dos Deuses, distribuiram honras e competências, designando suas fisionomias". *Storie*, cit., p. II-53, 2.

[19] Ver *Paideia – los ideales de la cultura griega*, cit., p. 33-36.

[20] Analisando a mítica Idade dos Heróis, na Grécia antiga, Finley acentua: "A idade dos heróis, tal como a compreendia Homero, foi uma época em que os homens superavam sucessivamente os padrões de um grupo de qualidades específicas e severamente limitadas. Em certa medida, aquelas virtudes, aqueles valores e suas capacidades foram compartidos por muitos homens daquele

dada ao *basileus* situa-se em sua capacidade de concentrar virtudes que possibilitam a ele e à sua ἀρχή (*arkhé*) – aqui, no sentido do *princípio* que rege o comando – condições de governar respeitando regras que se estabelecem dentro de um quadro social extremamente conflituado e tem como referência o que podemos definir como a gênese ideológica e de classe da ἀρετεή, o ἀγών (*agón*) aristocrático, isto é, as regras que regiam os combates da aristocracia e que também regularão os jogos dos atletas. Esse aspecto, que demonstra a relação da nobreza consigo mesma, enquanto convivência permeada por uma reciprocidade de direitos isonômicos, construidores de um "igualitarismo de classe"[21], estende-se à própria vida política, prevalecendo a forma política do ἀγών, que nos permite verificar que a ἀρχή aristocrática, já em seus inícios, pressupõe um poder diluído entre membros da aristocracia, constituindo, assim, a forma política da pólis aristocrática.

Ao longo do período que caracteriza a passagem da Idade das Trevas para o *mundo arcaico*, mesmo com as dificuldades presentes na produção e na circulação de mercadorias, verifica-se nos núcleos urbanos um significativo crescimento populacional, que irá caracterizar o primeiro fluxo "colonizador" grego, já na Idade Arcaica – ainda que cidades super povoadas como Atenas e Argos não participem imediatamente desse processo –, como resultado direto da divisão e do controle das terras por parte da aristocracia, que exerce seu monopólio sob a forma do *oikos* e estruturava todo um complexo arcabouço ideológico de hegemonia e de legitimidade baseado na descendência de antepassados míticos (a aristocracia retratada nos poemas homéricos), forma de legitimação predominante no mundo antigo, configurando um grupo social homogêneo, baseado na linhagem de sangue – o *génos* –, e que possuía também o monopólio militar[22].

---

período, porque de outro modo não teria existido uma idade distintiva entre o bronze e a idade do ferro. Particularmente na *Odisseia*, a palavra 'herói' é uma expressão de classe para toda a aristocracia e, às vezes, abarca todos os homens livres". *El mundo de Odiseo*, cit., p. 30. Sobre essa questão, ver também Musti, *Storia Greca*, cit., p. 84 e seguintes.

[21] Como podemos ver em Hesíodo, *Os trabalhos e os dias* – EPÍA KAI HMEPAI (São Paulo, Iluminuras, 1996), p. 15-30.

[22] Como exemplo, citamos Plutarco, que, ao referir-se sobre a linhagem de Péricles, ressalta: "Pericles era da tribo dos Acamantides e do demo de Colargos e pertencia, seja na linha paterna seja na materna, às famílias e estirpes situadas entre as primeiras da cidade". *Vite parallele – Pericle e Fabio Massimo* (Milão, Rizzoli, 1999, Pericle – 3). Como acentua Finley: "A forma mais comum de enfrentar o problema era o de obter argumentos do passado, histórico ou lendário, e este é, naturalmente, outro lugar comum da análise histórico-política. Nesta sede as argumentações do tipo das baseadas sobre o desejo do 'bom tempo antigo' interessam-me menos que a necessidade

Esse grupo hegemônico, a partir do controle das terras, faz uso de sua riqueza para construir os laços de obrigações e deveres para com os "plebeus". A escravidão ainda não constituía a base central das relações de trabalho do *mundo arcaico*, de modo que a produção assentava-se no extrato componente do pequeno campesinato que provavelmente pagava tributos com uma parte do que produzia ou com prestação de serviços – reverberando a existência de um hibridismo entre a velha forma societal palaciana e a tribal ou clânico-tribal[23] trazida pelos conquistadores. O próprio modo organizativo do *oikos* arcaico nos revela sua ancestralidade micênica, como observou com perspicácia Weber, pois reunia em torno de si, além da casa da família de origem mítico-nobre – enquanto resquício ideológico da velha forma palacial –, seus vários agregados livres, seus escravos, além de suas riquezas e de seus bens[24]. Desenvolvem-se também complexas alianças políticas entre a aristocracia e setores mais ricos do campesinato que não possuíam o *status* de linhagem e comerciantes, embarcadores e artesãos "plebeus", principalmente entre os chamados "trabalhadores da comunidade" – os *demiurgos*, categoria que compreendia artesãos especializados, médicos, poetas, cantores etc., que constituía o grupo social dos portadores da τέχνη (*technê*)[25], possuidores de certo prestígio social. Também havia relações com os *tetes*,

---

psicológica de reconhecer a própria identidade através do senso de continuidade, e da sensação, que acompanha aquela necessidade, que a estrutura de base da existência social e o sistema de valores herdados pelo passado representam, fundamentalmente, os únicos legítimos para aquela dada sociedade". *La politica nel mondo antico* (Roma-Bari, Laterza, 1993), p. 38-39.

[23] A questão da presença de uma estrutura clânica na Grécia Antiga tem sido objeto de muitas controvérsias entre os especialistas em história da Antiguidade. Ver o instigante artigo de C. F. Cardoso sobre a polêmica: "Antes da cidade-estado: Grécia e Itália nas fases iniciais da Idade do Ferro", em *Sete olhares sobre a Antiguidade* (Brasília, Editora UnB, 1998), p. 193-211.

[24] Weber aponta esse aspecto quando afirma que um *oikos* caracteriza-se como "[...] a grande propriedade doméstica dirigida autoritariamente por um príncipe, senhor territorial, patrício, cuja atividade não está na aquisição capitalista de dinheiro mas na *cobertura natural e organizada* das necessidades do senhor [...] Um aparato de forças domésticas de trabalho, frequentemente com ampla especialização, cria então tudo o que o senhor necessita em bens e serviços pessoais, não somente econômicos mas também militares e sagrados; o próprio território das matérias-primas; oficinas com sua mão de obra própria produzem os demais bens materiais; servidores, funcionários, sacerdotes da casa e guerreiros realizam os demais serviços e a troca serve, em todo caso, para fazer circular o que eventualmente exceda, para atender a falta do que não se produz. Esta é uma situação em que, de fato, se aproximam amplamente a economia dos reis do Oriente, especialmente do Egito e, em pequena proporção, a economia dos nobres e dos príncipes do tipo homérico [...]". M. Weber, *Economia y sociedad* (México, FCE, 1969, v. I), p. 311-312.

[25] Assim definida por Jaeger: "[...] a comunicação de conhecimentos e de habilidades profissionais, em seu conjunto, na medida em que é transmissível, os gregos definiram com a palavra *technê*".

camponeses sem terras que alugavam sua força de trabalho e eram mal vistos no contexto da pólis aristocrática – os realizadores de um tipo de trabalho tido pelos gregos como inferior, a βαναυσία (*banausía*), em que serão incluídos também os escravos[26]. Assim, podemos concluir que a inexistência de estruturas monárquicas fortes abre os espaços para o lento e progressivo desenvolvimento de organismos "colegiados" de poder, fortemente subordinados e controlados pela aristocracia terratenente. Os núcleos originários das póleis eram pequenos, geralmente habitados pela aristocracia ou pelos mais ricos, onde se localizavam os centros religiosos e também uma acrópole para defesa. Nessa forma social, o campo aparecia como extensão da cidade, conformando uma só unidade – *synoikismo*. Mas essa situação histórica acabou favorecendo o desenvolvimento econômico dos *oikos* mais ricos – exatamente os que enfatizaram a implementação da produção baseada na forma trabalho-escravo – e contribui não somente para a dissolução da forma tributário-aldeã reminiscente do período palacial, como *age decisivamente enquanto elemento desagregador da monarquia*. Isso significa que o próprio *oikos* e, consequentemente, o *génos* passem por um processo de desintegração e de mutação, que se materializa precisamente numa gradual subordinação desses à *forma pólis*.

O implemento das atividades agrícolas, com base na forma trabalho-escravo, a partir da exploração de grandes áreas, faz com que os membros dos *oikos* mais pobres, em especial grandes parcelas dos camponeses tributários, busquem alternativas de sobrevivência, na medida em que a forma trabalho-escravo finda por concorrer com o trabalho livre e, como ressalta Musti, a possessão de escravos não só exprime, como possibilita um melhoramento em espiral do nível e do padrão de vida, com resultados que incidem diretamente na produtividade, fator essencial para o florescimento do comércio[27]. Nesse sentido observamos, no período arcaico,

---

Paideia – los ideales de la cultura griega, cit., p. 19. A. Heller aprofunda a definição de Jaeger ao vincular o conceito de *techné* ao de *enérgeia*: "Em nenhum lugar da Antiguidade estiveram tão unidas a prática e a teoria como na Ática. Nunca se formaram aqui – até o final do período das crises – tipos humanos exclusivamente contemplativos. Seus heróis são homens de práxis, técnica e atividade social. A atividade técnica (*techné*) e a atividade social – uma atividade repleta de conteúdo moral – (*energeia*) constituem os princípios fundamentais de sua existência. Suas vidas são condicionadas pela prática e até a contemplação mesma está destinada à prática. No centro de seu pensamento e de sua arte encontram-se problemas e conflitos determinados pela prática. Estes dois princípios, *techné* e *energeia*, são dominantes em todos os grandes pensadores áticos". *Aristoteles y el mundo antiguo* (Barcelona, Península, 1983), p. 13-14.

[26] Ver Aristóteles, *Politica* (Roma-Bari, Laterza, 1993, livro I).

[27] Ver Musti, *Storia Greca*, cit., p. 110. Também De Sanctis, *Storia dei Greci*, cit., p. 407 e seguintes, e G. Glotz, *História econômica da Grécia*, Lisboa, Cosmos, 1973, p. 99 e seguintes.

a convivência de diversas formas de trabalho, inclusive de uma embrionária forma de trabalho assalariado, como podemos verificar em algumas passagens da *Ilíada* e da *Odisseia* e no poema de Hesíodo, *O trabalho e os dias*[28]. Como acentua Finley, ainda que não houvesse uma predominância numérica de escravos, a escravidão – enquanto elemento produtivo básico – predominava na agricultura[29]. Esse também é o momento em que as póleis começam a organizar "colonizações", uma expansão que inicialmente não se dá por razões de política imperialista das cidades gregas, mas por necessidade objetiva de acesso a rotas de comunicação e a alguns gêneros fundamentais, dada a acidentalidade da região Ática. No entanto, para explicar as razões iniciais da expansão "colonizadora" grega, não podemos nos restringir às dificuldades geográficas. De fato, esses processos de ocupação territorial que vinham ocorrendo desde a crise do mundo micênico, com assentamentos jônicos na Ásia Menor, acompanhados por outros tantos eólicos e pelasgos/dórios, intensificam-se no contexto da construção das póleis, como resultado direto das guerras por disputas de terras e áreas cultiváveis e do empobrecimento geral da população[30].

Esse fluxo emigratório estabelecido pelas póleis, em torno dos séculos VII e VI a.C., ainda como *Apoikia*, isto é, de caráter *stricto sensu* de povoamento, não possuía vínculos de subordinação política com a cidade de origem, a não ser os culturais, religiosos e sentimentais. Além do mais, a população emigrada nem sempre era composta, em sua totalidade, por habitantes originários da cidade-mãe, o que na, maioria dos casos, terminava favorecendo aos novos núcleos urbanos o desenvolvimento de elementos específicos de organização político-cultural, principalmente nas cidades jônicas. Nesse momento, o comércio não pode ser considerado o elemento central para o estabelecimento desse fluxo migratório, mesmo que tenha exercido certo papel (e com tendência de crescimento) nessa expansão populacional, como, por exemplo, a busca e o suprimento de metais. Muitas das regiões onde foram

---

[28] Homero, *Iliade*, cit., p. XXI-448; *Odissea*, cit., p. IV-644, XVIII-357; Hesíodo, *O trabalhos e os dias*, cit., p. 290 e seguintes.

[29] Como ressalta Finley: "Quero ser bem claro nesse ponto: não estou dizendo que os escravos superavam o número de homens livres na agricultura, ou que o grosso dos trabalhos das fazendas era feito por escravos, mas que a escravidão predominava na agricultura na medida em que era usada numa ordem que transcendia o trabalho do proprietário e seus filhos. Tampouco estou sugerindo qua não havia trabalho assalariado livre, e sim que teve pouca importância". *Economia e sociedade na Grécia Antiga*, cit., p. 107.

[30] Ver T. Pekáry, *Storia economica del mondo antico* (Bolonha, Il Mulino, 1986), p. 28 e seguintes, e Musti, *L'economia in Grecia* (Roma-Bari, Laterza, 1999) p. 88 e seguintes. Ver, ainda, A. R. Burn, *The Liric Age of Greece* (Londres, Arnold, 1960), p. 107 e seguintes.

instalados núcleos de povoamento, diferentemente de Cumas – na Itália meridional, próximo à região de Nápoles, onde se encontravam depósitos de ferro –, não possuíam metais e, algumas vezes, eram perigosas e hostis.

Desse modo, devemos inserir esse processo emigratório no contexto das alterações de fundo geradas no último período da Idade Arcaica, por volta do século VII a.C., para procurar a explicação dos fatores que levaram aquelas populações a abandonarem casas e raízes familiares, em suas cidades gregas. Com certeza, o grosso da onda emigratória era composto por populações de agricultores que saíam em busca de sobrevivência, fugindo de graves condições sociais e, não poucas vezes, obrigadas a emigrar por decisão do governo da pólis[31]. A explicação plausível, então, é a que releva o processo que ocasionará a ruptura da ordem e do monopólio do poder aristocrático, que acentuará radicalmente a luta pelo poder no interior das póleis: de um lado, a restrição das condições de trabalho aos homens livres – como nos referimos anteriormente, enquanto resultado da dissolução das formas camponesas arcaicas –, porque se prioriza, agora, a larga produção utilizando mão de obra escrava; de outro, e como consequência imediata do desenvolvimento econômico dos *oikos* mais poderosos, um vigoroso crescimento populacional e a ampliação das atividades comerciais e de sua importância.

Verificamos também que inicia a dissolver-se o próprio *oikos, enquanto estrutura produtiva e materialização de um morphos de transição*, que entra em crise a partir das transformações internas determinadas pela emergência da forma trabalho-escravo. Nesse contexto, temos consequentemente um revigoramento do uso e do desenvolvimento da tecnologia e um acelerado impulsionamento de núcleos urbanos, num quadro político-econômico que, além de ampliar o papel do comércio, que alarga cada vez mais os espaços na forma societal em precipitação, robustece também os setores sociais advindos de fora dos segmentos componentes da nobreza tradicional – comerciantes e agricultores, que passam a disputar o poder com as antigas classes hegemônicas. Todo esse conjunto articulado de alterações da forma sociometabólica que caracteriza a *transição* acontece no escopo de grandes e sangrentas disputas político-hegemônicas, com desdobramentos militares, pelo controle da terra, entre facções rivais, configurando esse como um momento de tensão permanente – que os gregos chamaram de *stásis* –, fato que determinou o surgimento de novas formas

---

[31] Heródoto relata essa prática ao discorrer sobre a atitude dos governantes de Thera de forçar emigrações por sorteio: "Após ter deixado **Corobio** na Ilha, os **Tereus** chegaram em Tera, relataram ter colonizado uma ilha nas costas da Líbia. E os **Tereus** decidiram enviar colonos de todos os distritos, sete, e sortear de cada dois irmãos, e seu chefe foi Bato. Mandaram assim duas pentarremes a Plateia". *Storie*, cit., p. IV-153.

políticas resultantes da necessidade de se criar mediações para os contenciosos no interior da pólis. Esses instrumentais políticos desenvolvem-se rentes às articulações e às construções dos blocos de poder e incidirão diretamente não apenas na forma do trabalho imperante em cada pólis, mas também, e como consequência direta, em sua *morfologia política*, quer dizer, na organização das formas de poder e de legitimidade, porque esse processo dissolve o monopólio político-econômico, além das representações ideológicas, hegemônicas da aristocracia – geralmente assentada no favor intimista do poder e na corrupção –, tão bem explicitadas por Hesíodo, quando se refere aos juízes como "devoradores de presentes"[32].

Ainda que se verifiquem formas particulares de objetivações dos aparelhos político-administrativos em cada pólis – com suas especificidades resultantes do próprio caráter organizativo-social dos conflitos e das articulações dos grupos de poder –, podemos genericamente definir este como um componente fundamental no processo do desenvolvimento da pólis clássica. Aristóteles aponta como elemento estrutural determinante das permanentes disputas de poder o que chamou de "desacordo entre a oligarquia e o povo", enfatizando dramaticamente essa opressão exercida pela nobreza sobre as camadas populares, com a expressão "escravizados pelos ricos", o que demonstra a intensidade das lutas intestinas e da reação constante dos segmentos subalternos diante dos oligárquicos, principalmente contra a possibilidade legal de se poder escravizar famílias inteiras por dívidas[33].

Mas é no âmbito dessas lutas sociais, contraditoriamente, que as camadas populares vão ganhando força e presença na vida das póleis. De um lado as

---

[32] Como vemos em Hesíodo: "E há uma virgem, justiça, por Zeus engendrada, gloriosa e augusta entre os deuses que o Olimpo tem e quando alguém a ofende, sinuosamente a injuriando, de imediato ela junto ao Pai Zeus Cronida se assenta e denuncia a mente dos homens injustos até que expie o povo o desatino dos reis [aqui, no sentido dos basileus – em grego βασιλέων, ver texto original, p. 42] que maquinam maldades e diversamente desviam-se, formulando tortas sentenças. Isto observando, alinhai as palavras, ó reis comedores-de-presentes, esquecei de vez as tortas sentenças!". *Os trabalhos e os dias*, cit., p. 255-263.

[33] "[...] Depois houve um longo tempo de desacordo entre o povo e os nobres. O governo dos nobres era, pois, completamente oligárquico, aliás os pobres eram escravos dos ricos, eles mesmos e os filhos e as esposas [...] em tal condição trabalhavam os campos dos ricos. Toda a terra estava nas mãos de poucas famílias; e os pobres, se não tivessem condição de pagar as locações, poderiam ser reduzidos à servidão, eles mesmos e seus filhos [...]". Aristóteles, *La costituzione degli ateniesi* – Ἀηηναίων πολιτεία (Milão, Mondadori, 1991, II), p. 1-2. Como lembra Finley, "[...] Clamava-se que só poderia haver justiça quando a lei se tornasse do conhecimento público e sua administração fosse aberta e equitativa [...]". *Grécia primitiva: Idade do Bronze e Idade Arcaica*, cit., p. 112-113.

pressões populares findam por tornar insustentável a manutenção de uma ordem aristocrática em moldes tradicionais e, nesse contexto, para manter sua hegemonia, a nobreza necessita ampliar o espectro de sua força militar, inclusive tendo de modernizar a estrutura de seu exército. Com esse intuito, foi necessário abrir espaços políticos para o que Finley define como membros "desclassificados" da pólis e para um "extrato médio" de fazendeiros relativamente prósperos, mas não nobres, além de mercadores, artesãos e embarcadores[34]. Esse é o momento em que se processa a chamada "revolução hoplítica", ocorrida no século VI a.C., que alterou as formas tradicionais de guerra com a introdução de uma infantaria compacta e disciplinada, composta justamente pelos cidadãos da pólis, inclusive aqueles pertencentes às camadas populares que tinham condições de adquirirem os armamentos, couraças e escudos, fundamentais para esse novo tipo estratégico de ação militar. O exército hoplita representou, no plano militar, a nova forma política que se desenhava na pólis e contribuiu decisivamente para a abertura de espaços numa até então fechada e exclusiva estrutura política. O hoplita, enquanto *soldado-cidadão*, já não combate individualmente ou busca glórias pessoais na guerra. Ele tem sua virtude, sua ἀρετή, exatamente na disciplina e no espírito comunal – a *Philia* –, no domínio completo de seus impulsos, que devem estar subsumidos ao coletivo – a *sophrosyne*[35].

Nessa processualidade, criam-se as condições históricas para o surgimento dos tiranos que, independentemente das intencionalidades presentes na ação objetiva daqueles que representaram tal papel – fossem eles eleitos ou não –, acabaram por desencadear alterações políticas que iam de encontro ao novo quadro societal que se estruturava, implementando a modernização nas formas de governo da pólis[36].

---

[34] Cf. Finley, *Grécia primitiva: Idade do Bronze e Idade Arcaica*, cit., p. 110 e seguintes.

[35] Como acentua Vernant: "A falange faz do hoplita, como a cidade faz do cidadão, uma unidade permutável, um elemento semelhante a todos os outros, e cuja *aristeia*, o valor individual, não deve jamais se manifestar senão no quadro imposto pela manobra de conjunto, pela coesão do grupo, pelo efeito da massa, novos instrumentos da vitória. Até na guerra a *Eris*, o desejo de triunfar do adversário, de afirmar sua superioridade sobre outrem, deve submeter-se à *Philia*, ao espírito de comunidade; o poder dos indivíduos deve inclinar-se diante da lei do grupo". *As origens do pensamento grego*, cit., p. 51. Também P. Vidal-Naquet destaca a indissolubilidade entre a pólis e a estrutura do exército hoplita: "A cidade grega ataca e se defende com a falange, agrupamento solidário dos cidadãos-hoplitas, cada um segurando o seu escudo com o braço esquerdo e protegendo o seu flanco direito apoiando-se no vizinho da direita". *Os gregos, os historiadores, a democracia – o grande desvio* (São Paulo, Companhia das Letras, 2002), p. 94.

[36] Ver Jaeger, *Paideia – los ideales de la cultura griega*, cit., p. 212 e seguintes, e Aristóteles, *Politica*, cit., p. V, 1310b e seguintes.

Efetivamente, os tiranos constituíram a ligação entre a pólis arcaica e aquela clássica, tanto no que se refere à organização da economia quanto no plano ideológico, por meio de um novo ordenamento político, chamado de *eunomia*, estruturando desse modo, os elementos ideo-societais que deram as bases morfo-metabólicas para a δημοκρατία, a *democracia escravista clássica*, que irá possuir a forma de um governo oligárquico "alargado". A saída política para a *stásis*, materializada na tirania, constituía-se uma forma de governo pessoal que exercia o poder paralelamente aos órgãos de governo existentes na pólis. Em geral, os tiranos vinham dos segmentos nobres e tradicionais – o que denota a existência de fraturas políticas no interior da oligarquia –, e eles buscavam legitimação na maioria dos membros da pólis, colocando-se em oposição à própria aristocracia que via essa forma de governo como "ilegal".

Sem a tirania seria impensável a modernização e o desenvolvimento da pólis[37]. Nesse contexto, coloca-se exatamente o aspecto de abrangência da ἀρετή, quer dizer, seu alargamento até uma noção totalizante de pólis ou, se preferirmos, à *ideia universal da ética*, que Aristóteles definiu como a consequência natural do desenvolvimento da honra, originariamente inseparável da habilidade e do mérito, enquanto uma expressão intuitiva, não consciente, que permitiu que se chegasse ao ideal universal da ἀρετή, que, diferentemente dos tempos homéricos, não necessita mais do reconhecimento externo, *porque reside na intimidade da consciência*, exatamente no sentimento de se pertencer à pólis, ou no âmbito de uma conceituação histórico-social, de se *estar subsumido à comunidade*[38]. Daí a própria noção de legitimidade dos tiranos ir para além de sua pessoa ou de sua condição de classe, buscando um tipo de consenso baseado numa *virtù* que estaria presente na maioria dos membros da pólis.

No caso específico de Atenas, já sob governo de Sólon (594-561 a.C.), podemos notar um processo de *legitimação modernizadora* que não somente representa a materialização do espírito ático, enquanto expressão identitária com a ideologia comunitária, mas que também porta consigo o apoio de parte significativa de uma aristocracia – já que ele foi indicado para o governo com o objetivo de por fim à

---

[37] Sobre o papel inovador da tirania acentua Jaeger: "O tirano é o protótipo do homem de estado que apareceu mais tarde [...] Deu o primeiro exemplo de uma ação prudente e de amplos horizontes, realizada mediante o cálculo dos fins e dos meios internos e externos, ordenados segundo um plano predefinido. Ele foi, de fato, um verdadeiro político. O tirano é a manifestação do crescente desenvolvimento da individualidade espiritual na esfera do estado, do mesmo modo que o foram, em outras esferas, o poeta e o filósofo". *Paideia – los ideales de la cultura griega*, cit., p. 217.

[38] Ver Aristóteles, *Etica nicomachea* (Roma-Bari, Laterza, 1999, livro I), 1095b.

stasis –, premida pelas pressões de uma massa de camponeses oprimidos por um tributarismo forçado e pelo clientelismo, sob constante ameaça de escravidão. Ainda que oscilando entre tradicionalismo aristocrático e reformas audaciosas, Sólon realiza a maturação dos elementos econômicos, políticos e sociais que se gestaram na comunidade aristocrática[39], menos por escolhas ou convencimentos pessoais, mas movido pelas determinações materiais de uma Atenas mergulhada em funda crise econômica e política, que tinha por causa imediata a guerra contra a vizinha Megara pelo controle de Salamina. Mesmo não "revolucionando" o velho sistema de propriedade vigente na Ática, Sólon inova originalmente, no sentido da adequação de uma realidade convulsionada ao novo quadro sociopolítico emergente.

Seu governo realiza, no plano econômico, uma expressiva reforma monetária com a alteração do sistema de pesos e medidas, instituindo um *dracma* mais ágil, conhecido como moeda euboica[40], evidenciando a passagem de uma forma aquisitiva conservadora, baseada no entesouramento, para uma estrutura fortemente animada pelo valor de troca – ainda que *não dominante* –, por processos de transferência de propriedade e pela produção de mercadorias destinadas à venda, que ultrapassam o rápido consumo, requerendo, para tanto, investimentos de dinheiro[41]. Daí essas reformas serem realizadas a partir da elaboração de reflexões que já delineiam *elementos de consciência da crise da pólis* – inclusive éticos –, que também apontam suas origens, quer dizer, a percepção de que a situação de permanente *stasis* não estava na guerra, mas *enxertada nela* a partir da condição estrutural posta, segundo o próprio Sólon, pela "avidez e desumanidade dos ricos".

A percepção intuitiva da crise por parte de Sólon permitiu a esse governante o equilíbrio para que fossem implementadas as alterações necessárias. Essa flexibilidade política acabou sendo interpretada por Aristóteles como uma firme posição de Sólon, tanto contra os ricos como em relação ao povo[42]. Como ainda nos informa Aristóteles, em seu primeiro ato de governo, Sólon cancelou os débitos dos pequenos agricultores e libertou homens e mulheres escravizados por dívidas,

---

[39] Ver Musti, *Storia Greca*, cit., p. 223, e De Sanctis, *Storia dei Greci*, cit., p. 473 e seguintes.

[40] Como vemos em Aristóteles: "[...] Mas antes da legislação, ele realizou a abolição das dívidas e depois o aumento das medidas, dos pesos e das moedas. 2. Sob o seu governo, pois, as medidas tornaram-se maiores das de Fidon e a mina, que antes valia sete dracmas, chegou a cem. O velho tipo de moeda era o duplo dracma. Ele criou também pesos monetários, que levavam o talento a sessenta e três minas, e as três foram distribuidas entre o *statere* [tipo de moeda antiga] e as outras unidades de peso". *La costituzione degli ateniese*, cit., X, p. 1 e 2.

[41] Ver Musti, *L'economia in Grecia*, cit., p. 71.

[42] Ver Aristóteles, *La costituzione degli ateniese*, cit., XI, 1 e 2.

além de mandar buscar no exterior as pessoas que haviam sido vendidas como escravos. Em seguida, promulgou uma lei que proibia a escravização de homens e mulheres por dívidas[43]. Sólon investiu também na construção de uma hierarquia formal, dividindo os cidadãos em quatro classes, e essa divisão transformou-se na condição para a entrada no *Areopago* para as duas classes principais. O acesso para o arcontado – cargo então ocupado por Sólon – foi deixado para aqueles que possuíam terras que produzissem quinhentas medidas de secos ou líquidos. Para as duas outras classes, ficaram cargos menores, o novo conselho dos 400 e, finalmente, para os *thetes*, que não chegavam a produzir duzentas medidas anuais, limitou a participação da assembleia, de modo que essas reformas deram meios para que os "plebeus" ricos tivessem condições de participação em cargos importantes no governo da pólis[44].

Mas é sob a tirania de Pisístrato (561-527 a.C.) que serão realizadas profundas reformas. Diferentemente de Sólon, ele parte de um programa definido social e politicamente, buscando solucionar problemas que ainda estavam pendentes na sociedade ateniense. Internamente, por meio de uma reforma fiscal, com impostos sob produtos que variaram entre 5% e 10%, implementa a produção agrícola, com a abertura de um crédito fundiário para financiar, inclusive, a pequena propriedade rural, além de favorecer o desenvolvimento urbano e artesanal. Subvenciona também investimentos na frota de navios *pentecontori* (navios movidos por 50 remos), provavelmente com apoio de armadores e comerciantes. No escopo da política interna, pode-se dizer que com essas medidas, articulando o desenvolvimento da artesania, da agricultura e do comércio, Pisístrato estreita e reforça a unidade entre a cidade e o campo, quer dizer, um como continuidade do outro[45]. No âmbito externo, vemos o desenvolvimento de uma agressiva política de expansão comercial, já de caráter imperialista, particularmente na região do Egeu norte-oriental e na área dos estreitos, entre a Ásia Menor e a Europa. Progressivamente seu governo afasta-se das normas instituídas por Sólon, como atestam Heródoto e Aristóteles[46],

---

[43] "Tornando-se árbitro da política, Sólon livrou o povo no presente e para o futuro, impedindo empréstimos sobre as pessoas, fez as leis e aboliu as dívidas privadas e públicas, medidas conhecidas como σεισάχθεια, ["sacudida" dos pesos], porque o povo livrou-se de seu peso" (Aristóteles, ibidem, VI, 1).

[44] Cf. Finley, *Grécia primitiva: Idade do Bronze e Idade Arcaica*, cit., p. 133-4.

[45] Ver De Sanctis, *Storia dei Greci*, cit., p. 531-3, e Musti, *Storia greca*, cit., p. 230-40.

[46] Heródoto, *Storie*, cit., I, p. 59-64; Aristóteles, *La costituzione degli ateniesi*, cit., XIV, 3, e XVI, 2.

particularmente em seu último governo, por volta de 534 a 527 a.C., quando chega ao poder pelas armas. Mas deve ser ressaltada sua permanente preocupação em governar segundo as leis, como evidencia Aristóteles[47]. E pode-se dizer que a preocupação do estagirita em acentuar esse aspecto não é meramente apologética, mas situa-se no contexto de reforçamento de sua concepção filosófica da ἀρετεή *ampliada*, no sentido platônico-aristotélico da necessidade da incorporação, por parte do governante, da virtude moral e da virtude intelectual[48], já que essa era a nova *Weltanschauung* em constituição.

Voltando à relação da tirania com o processo modernizador, ou melhor dizendo, com a emergência de uma nova forma societal, não podemos deixar de evidenciar que alguns autores contemporâneos questionam a existência de uma correlação direta dos tiranos com as novas condições econômicas, especificamente com a classe mercantil, sob argumento de que as fontes existentes para analisar tal "representação de classe" são sumárias, como faz, por exemplo, Musti[49]. No entanto, mesmo levando em conta esses argumentos e relevando as diversas mediações, complexidades e contradições existentes nas póleis, é extremamente difícil deixar de fazer a conexão entre os elementos constitutivos dos fundamentos histórico-objetivos para o surgimento da tirania e a crise das formas organizativas da tradicional estrutura agrária e de sua expressão militar pré-hoplítica. Mas, como em qualquer processo social desse porte, os meandros dessa processualidade não aparecem claramente. Para tal seria preciso uma complexa e detalhada análise de cada pólis em particular, o que foge dos objetivos deste trabalho.

De qualquer modo, nossa intenção aqui é pôr em evidência o fato de ter havido, nesse período, o aumento da presença e da importância da economia monetária, que realizará a tarefa de lançar as bases que irão consolidar a emergência da pólis clássica. Os tiranos acabaram objetivamente por expressar não somente esse momento histórico, mas também a variedade das formas que assume essa crise de sociabilidade. Nesse sentido, o próprio Musti acaba admitindo que, se não podemos dizer que a tirania constitui simplesmente a expressão das "classes médias" camponesas nem a

---

[47] *La costituzione degli ateniesi*, cit., XVI, p. 8-9.

[48] Para Aristóteles a virtude intelectual desenvolve-se como resultado do aprendizado. Ela deve estar subsumida à virtude moral, *enquanto ética*, que é produto do *ethos*, isto é, como um espírito positivo, porque resultado dos bons hábitos produzidos no processo do desenvolvimento da pólis. Ver Aristóteles, *Etica nicomachea*, cit., livro II. Também W. Jaeger, *Aristotele – prime linee di una storia della sua evoluzione spirituale* (Florença, Nuova Italia, 1984), p. 348 e seguintes.

[49] D. Musti, *L'economia in Grecia*, cit., p. 63 e seguintes.

expressão dos comerciantes – enquanto grupo social que surge com a monetarização da economia –, ela aparece como resultado de uma articulação complexa entre esses dois elementos novos que irrompem e alteram a pólis arcaica[50]. Podemos dizer ainda que a dilatação do processo de circulação de mercadorias e o desentesouramento da economia constituem objetivamente o resultado da desagregação da velha forma societal, como finda por concordar Musti[51]. No plano militar e político, o hoplitismo constitui-se na forma mais adequada à nova ordem em precipitação, mesmo levando-se em consideração que na maioria das vezes os tiranos tenham recorrido a mercenários e não à milícia dos cidadãos já que, em diversos casos, verificam-se conflitos entre parte dos hoplitas – especialmente seu segmento aristocrático – e os tiranos, como é o caso de Pisístrato, em Atenas. Assim, devemos considerar que a própria contradição no interior da pólis estende-se aos exércitos hoplitas.

De modo que os tiranos nascem com apoio político no hoplitismo, tendo como base social, principalmente, sua parte não nobre, quer dizer, os grupos sociais que se reforçam na crise da hegemonia aristocrática na pólis. Ora, é evidente que parcela desse exército – e insista-se, majoritariamente aquela composta pelos membros oriundos da oligarquia – constituirá uma oposição cerrada àquele que realiza no plano da política o reordenamento da distribuição do poder – enquanto reflexo das alterações que se processavam no âmbito das relações econômicas daquela forma societal[52] – e, no campo ético, efetiva a ampliação da ἀρετεή, reinterpretando seus preceitos originários, aqueles da nobreza arcaica, como podemos perceber nas formulações de Platão e principalmente de Aristóteles que, no dizer de Jaeger, conseguia ver, nessa ética de herança aristocrática, uma virtude que pressupunha todas as demais e que constituía seu mais "alto ornamento", assinalando, desse modo, no elemento de essencialidade da consciência moral da ἀρετεή, a antiga ética aristocrática[53]. Assim, no período

---

[50] "[...] não se pode, porém, descrever simplesmente como a expressão da classe média camponesa, nem simplesmente como expressão da economia monetária, pois não é, de forma exclusiva nem uma nem outra coisa: *mas são as duas juntas, e ainda mais do que isto*. Ela consegue pois, agregar em torno de si os pequenos proprietários de terra, os mais modestos entre os *autogoí* e os artesãos e os comerciantes: mas até parte da aristocrazia, individada ou não". Musti, *L'economia in Grecia*, cit., p. 66-67 (grifos nossos).

[51] Ver Musti, *L'economia in Grecia*, cit., p. 67 e seguintes.

[52] Não por acaso, Pisístrato – que se torna líder como general hoplita – esvazia o poder das milícias cidadãs, retirando delas seu caráter hoplítico, monopolizando no governo o controle das armas, conforme nos demonstra Aristóteles em *La costituzione degli ateniesi*, cit., XV, p.4-5, em que é descrita a tática utilizada por Pisístrato para desarmar os cidadãos.

[53] Ver Jaeger, *Paideia – los ideales de la cultura griega*, cit., p. 27.

em que se constituem as tiranias, assistimos a um desenvolvimento econômico notável, que, por suas características intrínsecas, terá um papel fundamental na dissolução das formas residuais da antiga estrutura societal.

2. *A DINÂMICA SOCIOECONÔMICA*

Numa breve retrospectiva, como pudemos ver até aqui, dentro do que nominamos *processo de transição* – o longo período de aproximadamente 500 anos, que se inicia após a desagregação do mundo micênico, cerca de 1200 a.C., culminando na eclosão dos elementos essenciais que darão os fundamentos do mundo clássico, por volta do século VII, no período arcaico –, ocorrem dramáticas alterações na forma societal grega que constituirão o *vir a ser* da morfologia do mundo clássico grego: 1) após o fim da monarquia, a aristocracia inicia a concentração do poder, monopolizando as melhores terras, controlando o exército e exercendo dominação político-econômica sobre a população – especialmente a campesina, que pagava tributos em espécie aos senhores. Ainda que a definição da forma societal predominante no arcaísmo grego seja objeto de complexas controvérsias[54], podemos dizer que reverberavam ali formas sócio-organizativas híbridas que traziam simultaneamente novas e velhas estruturas sociais. Por certo tempo permaneceu a inalienabilidade das terras dos camponeses, como reminiscência consuetudinária dos tempos micênicos e reforçada pela própria forma tribal ou clânico-tribal trazida pelos conquistadores, ainda que pressionada pela lógica de uma aristocracia tendencialmente expansionista e vinculada à exploração da terra e dos camponeses[55]; 2) essas mudanças acabam por definir a forma societal da Grécia Antiga, e precisamente Atenas e Esparta, com suas diferentes estruturas político-econômicas, acabarão por se constituir, nas referências para a análise, em dois elementos particularmente distintos de organização societal. Atenas e Esparta não somente apresentarão formas divergentes de estruturação social, *mas serão exatamente essas diferenças que darão o caráter de suas morfologias organizativo-societais;* 3) especialmente Atenas será produto de uma construção societal *específico-particular* – diferentemente de Esparta, que mantém sua organi-

---

[54] Sobre essa questão, ver, entre outros, Vernant, *As origens do pensamento grego*, cit.; Mazzarino, *Fra Oriente e Occidente*, cit.; Musti, *L'economia in Grecia*, cit.; Finley, *Grécia primitiva: Idade do Bronze e Idade Arcaica*, cit.; Pekáry, *Storia eonomica del mondo antico*, cit.; De Sanctis, *Storia dei Greci*, cit.; Anderson, *Passagens da Antiguidade ao feudalismo* (São Paulo, Brasiliense, 2007); Burn, *Storia dell'Antica Grecia*, cit., e *The Lyric Age of Greece*, cit.; e Weber, *Economia y sociedad*, cit.

[55] Ver especialmente Musti, *L'economia in Grecia*, cit., p. 47 e seguintes, e Pekáry, *Storia economica del mondo ântico*, cit., p. 37 e seguintes.

zação socioeconômica por meio de uma rígida estrutura militar-aristocrática, pelo menos até início do século IV a.C., centrada na predominância do entesouramento público, do tipo "político-comunal-estatal"[56], e das cidades jônicas que tiveram seu desenvolvimento baseado num comércio que intermediava mercadorias provenientes de diversos locais. O elemento definidor do progresso ateniense, juntamente com a produção agrícola, será *uma forma articulada de circulação de mercadorias resultante de sua produção interna*, o que significa dizer que a dinâmica da vida da pólis ateniense dependia dessa forma de produção.

Portanto, constatamos que a *morfologia particular* encontrada em Atenas tem *sua raiz no processo de constituição da pólis,* quer dizer, em sua estrutura produtiva fundada na pequena produção agrícola, que tinha como base uma repartição relativamente equitativa da riqueza entre seus membros, isonomia esta impulsionada já no período das tiranias, como pudemos ver. De modo que a maioria dos πολίτοι ισοι – *cidadãos isonômicos (ipso-jure)*, os que efetivamente integravam-se legitimamente na pólis, isto é, os homens adultos que não fossem escravos nem estrangeiros residentes, excluindo-se também as mulheres – possuía bens, o direito à propriedade e o direito de participação na vida política da cidade[57]. O contingente constitutivo das camadas sociais mais numerosas possuía um pequeno número de escravos domésticos, indispensáveis para o cultivo da terra. A área relativamente extensa de Atenas, constituída e integrada na relação entre *asty* e *chôra* (cidade e território), produto da unificação de diversas "vilas" – unidade conhecida como *synoikismos*, de origem mítica (relacionada à isonomia conquistada por Teseu), sendo que as grandes, como Maratona, chegavam a ter vida semi-independente, com seus funcionários próprios, ágoras, templos e cultos[58] –, permitiu que a população mais pobre, que havia perdido suas terras ou que não podia

---

[56] Ver Musti, *L'economia in Grecia*, cit., p. 96 e seguintes. Também Finley, *Economia e sociedade na Grécia Antiga*, cit., p. 40 e seguintes, e Burn, *Storia dell'Antica Grecia*, cit., p. 121 e seguintes.

[57] Segundo a tradição mitológica, Atenas foi fundada pelo herói mítico Teseu, que garantiu a *ísos*, a igualdade diante das leis para todos os cidadãos da pólis ateniense, conforme podemos ver retratado na peça de Eurípedes, *As Suplicantes* – apresentada em Atenas em 420 a.C. –, na fala de Teseu, respondendo ao mensageiro de Creonte, que procurava o governante de Atenas: "Começaste com palavras falsas, estrangeiro, quando perguntaste, aqui, por um rei. A cidade não é regida por um somente: é livre. Aqui, governa o povo, com um turno de cargos anuais, sem nunca dar ao censo os privilégios: paridade de direitos para os pobres também". Ésquilo, *Tutte le tragedie* (Roma, Newton & Compton, 2000, v. I), p. 269-70.

[58] Cf. Finley, *Grécia primitiva: Idade do Bronze e Idade Arcaica*, cit., p. 129-130. Como acentua Finley: "Se tirarmos Teseu, uma espécie de Héracles contemporâneo, não resta uma única evidência de que a Ática chegou a ser outra coisa senão uma unidade (embora devamos levar em conta possíveis disputas por um distrito fronteiriço como Elêusis), com um desenvolvimento político nas Idades

manter-se com suas pequenas propriedades, fosse reabsorvida no processo produtivo interno, principalmente nas *atividades artesanais*, o que possibilitou a Atenas não participar do processo inicial de colonização. No entanto, mesmo com seus 1600 km², que acabou garantindo à população um acomodamento espacial, apesar de o crescimento populacional ter também atingido a Ática, Atenas não consegue produzir os cereais necessários para abastecer a crescente demanda, o que a obriga a importar o produto. A única forma de obtê-lo é incrementando a produção e a exportação de seus artigos manufaturados, atividades que ganham corpo na Ática, já no período de Sólon, que proíbe a exportação de produtos agrícolas, excetuando-se o óleo de oliva.

Juntamente com a agricultura – prática que se caracterizará como basilar na vida econômica ática –, a intensa atividade comercial e artesanal realizada por seus cidadãos constituirá uma ocupação econômica de fundamental importância na vida ateniense. Daí termos uma grande parte da população de Atenas imersa no comércio e na artesania, o que pressupõe a existência de um trabalho especializado e diversificado, direcionado à produção e à circulação de mercadorias[59]. Apesar disso, as oficinas artesanais não eram grandes, como demonstram as recentes escavações arqueológicas num antigo bairro de artesãos em Atenas, onde foram localizadas oficinas que empregavam diretamente na produção uma média de vinte artesãos. Segundo Pekáry, esse número poderia ser ainda menor. Inscrições hipotecárias e indicações de escritores antigos seguem a mesma direção: vemos registrados como trabalhadores de dois a três escravos. Há até mesmo oficinas onde encontramos apenas um artesão trabalhando, ocupando-se também das vendas. As maiores oficinas eram as que produziam óleo de oliva e vinho, onde trabalhavam, em média, aproximadamente trinta escravos[60].

A introdução do trabalho escravo em larga escala, por volta do início do século V a.C., alterou não somente a vida econômica de Atenas, mas também

---

do Bronze e das Trevas – monarquia micênica, ruptura, chefia na Idade das Trevas e finalmente domínio aristocrático [...]". Ibidem, p. 130.

[59] Ver Pekáry, *Storia economica del mondo ântico*, cit., p. 43 e seguintes. Sobre esse aspecto, esclarece-nos Pekáry: "Nos mercados das cidades podiam encontrar-se produtos locais e estrangeiros em grande variedade: cerâmica, louça de mesa, utelsílios de cozinha, lâmpadas, vários tipos de ferramentas domésticas e para o trabalho, cordas, roupas, desde as de luxo até as mais simples usadas para o trabalho e para os escravos (estimam-se preços de 20 até 1000 dracmas), sapatos e artigos de couro; armas, amuletos; produtos alimentares como pão, carne suína, conservas de peixe e várias outras coisas ainda. Para os trabalhos edilícios ou para os móveis, dispunha-se de diversas empresas e de diversos artesãos aos quais endereçar-se". Ibidem, p. 44. Ver, também, De Sanctis, *Storia dei Greci*, cit., p. 429 e seguintes.

[60] Cf. Ibidem, p. 44.

determinou a reestruturação da vida sociopolítica. Como destaca Anderson, a pólis clássica passa a basear-se na nova descoberta conceitual da liberdade, trazida pela instituição sistemática da escravatura, um novo momento, em que o cidadão livre, o πολίτοι ίσοι, destaca-se, com grande relevo, num panorama de trabalhadores escravos[61]. A expansão da produção com base no trabalho escravo faz com que os grandes proprietários de terras atenienses invistam fortemente em terras fora de Atenas – já que em muitas póleis fora da Ática não haviam restrições para a aquisição de terras –, o que favorece o incremento do comércio e o afluxo de mercadorias e de dinheiro para Atenas. O próprio Pisístrato, em período precedente, possuía uma grande propriedade de alto valor na Cálcida, onde se encontravam minas de prata. Nesse contexto, alargam-se as possibilidades de participação na vida social da pólis para os cidadãos sem posses e também para os μέτοικος (*metecos*), os gregos de outras localidades considerados na Ática como estrangeiros, que passam a atuar como banqueiros e comerciantes, ainda que para os *metecos* fosse proibido o acesso à terra em Atenas.

Assim, Atenas chega ao século V com uma economia dinâmica e diversificada, diferenciando-se substancialmente das póleis peloponésicas. No âmbito privado, o entesouramento existente acaba estimulando a circulação e a troca de excedentes, gerando, também, condições para reinvestimentos na produção e na infraestrutura para o comércio – como o fomento à construção de navios. Quanto às atividades econômicas efetuadas pela esfera pública, verificamos o financiamento de obras para a defesa, a construção de templos e edifícios destinados à coletividade ou, ainda, na redistribuição de lucros entre os cidadãos[62]. Essa condição alcançada pela economia ateniense lança as bases para o imperialismo talassocrático[63], para a

---

[61] Cf. Anderson, *Passagens da Antiguidade ao feudalismo*, cit., p. 39.

[62] Ver Musti, *L'economia in Grecia*, cit., p. 96 e seguintes.

[63] Adotamos, aqui, a definição conceitual de império ateniense formulada por Finley: "Todos sabem que há, e existiram no passado, importantes impérios que não eram governados por um imperador, e não vejo utilidade em fazer jogo de palavras para escapar dessa anomalia linguística inofensiva. Sugerir, por exemplo que se abandone 'império' como uma categoria na história da Grécia e se fale apenas em 'hegemonia' não me parece útil ou proveitoso [...] O sentido comum é o que está certo neste caso: houve, ao longo de toda a história, estruturas que pertencem a uma única classe em termos substantivos, ou seja, o exercício da autoridade (ou poder, ou controle) por um prolongado período de tempo [...] Para esse fim é suficiente uma tipologia rudimentar dos vários meios pelos quais um estado pode exercer seu poder sobre os outros em benefício próprio: (1) restrição da liberdade de ação nas relações interestaduais; (2) interferência política, administrativa e/ou jurídica nos negócios internos; (3) serviço militar e/ou naval compulsório; (4) pagamento de alguma forma de 'tributo', quer, em sentido estrito, uma soma regular, quer um imposto sobre

vigência da plena δημοκρατία, a democracia escravista clássica ateniense, que atinge seu ápice no século V, durante o período de Péricles (461-429 a.C.).

O desenvolvimento econômico de Atenas será responsável, também, pelo fortalecimento de uma *concepção ideológica* de pólis, de um "modelo" ideo--civilizatório a ser ampliado e, se possível, hegemônico, contraposto ao da pólis rival, Esparta. Isso será reforçado por dois fatores que, articulados, representarão os fundamentos da própria política expansionista e imperialista de Atenas: de um lado, a implementação progressiva do trabalho escravo nas manufaturas acabará rompendo o equilíbrio da dinâmica importação/exportação, criando a necessidade de subsidiar os preços dos cereais para a população livre mais pobre, o que levou Atenas a promover sua política de expansão econômica e territorial; de outro, as invasões persas, iniciadas em 493 a.C., reforçam a necessidade ateniense de consolidar os espaços vitais para suas atividades econômicas, assim como agudizam a rivalidade com Esparta, apesar da unidade helênica que se estrutura para combater os persas. Sobre esse aspecto, é importante ressaltar que a luta contra os persas reafirma um sentimento de identidade cultural, já presente entre os gregos, mas que adquire intensidade numa guerra em que estava em jogo a sobrevivência de uma forma *sui generis* de civilidade, criando condições para o fortalecimento, por parte dos atenienses, de uma ideia pan-helenista. Mas ao mesmo tempo aprofundam-se as divisões entre as póleis helênicas, não somente pela existência de situações dúbias, dentro da aliança militar, mas fundamentalmente porque aumenta a hegemonia Ática entre as póleis gregas. Isso fica evidente, no pouco empenho de Esparta no combate aos persas. Em que pese o sacrifício do rei e general espartano Leônidas, juntamente com seus trezentos hoplitas nas Termópilas, em 480 a.C. – o conhecido episódio dos Trezentos de Esparta, relatado por Heródoto –, sem dúvida o mais dramático e romântico acontecimento da guerra, a participação dos lacônios não trouxe nenhuma colaboração efetiva na vitória sobre os persas. É sabido que em 480, um momento crítico da campanha militar, Esparta pressionou seus aliados para retirar a frota de Salamina e levá-la para o istmo[64].

---

as terras ou alguma outra forma; (5) confisco de terras, com ou sem a subsequente emigração de colonizadores do estado imperial; (6) outras formas de subordinação econômica ou exploração, que variam desde o controle dos mares e regulamentos de navegação até a entrega compulsória de mercadorias a preços inferiores aos de mercado, e outras similares". *Economia e sociedade na Grécia Antiga*, cit., p. 46-47.

[64] Ver Heródoto, *Storie*, cit., livro VII, e A. Toynbee, *Helenismo – história de uma civilização* (Rio de Janeiro, Jorge Zahar Editor, 1983), p. 94 e seguintes.

A presença hegemônica de Atenas acabou acentuando a divisão já existente no mundo helênico. Ao lado do bloco peloponésico, liderado por Esparta e da *entente* siciliana, formada por Siracusa e Akragas, surge a aliança délica, em 478 a.C. A Liga de Delos, organizada para combater os "bárbaros" persas, atesta também o reforçamento de um pan-helenismo hegemonista, centrado na ideia do *alargamento da concepção de pólis, nos moldes de Atenas* – noção essa presente na filosofia de pensadores vinculados à vida cosmogônica da pólis ateniense, como Sócrates e principalmente Platão – e cria, por outro lado, as condições objetivas para a eclosão da devastadora Guerra do Peloponeso, em 431 a.C. A Liga de Delos passa a ser o instrumento por meio do qual Atenas exerce seu poder. Como afirma Tucídides, os tributos em renda que os atenienses obrigam seus aliados a pagar chega à cifra de seiscentos talentos de prata, valores que, apesar de relevantes, não representavam o elemento principal das "contribuições" forçadas, porque o considerado essencial eram navios de guerra (as tirremes) e os equipamentos militares que as póleis vinculadas à aliança délica eram obrigadas a fornecer[65]. Mas todas essas despesas dos estados súditos de Atenas não eram comparáveis com as taxações monetárias e os dízimos pagos pelos súditos[66]. Um outro elemento de grande importância e fundamental na construção da hegemonia ateniense foi a presença no território ático de grandes quantidades de minas de prata, as mais ricas da Grécia, que possibilitaram a Atenas cunhar moedas desse metal, de grande aceitação nos mercados inter-regionais.

Esse é o quadro social e político em que vem desenvolvida a δημοκρατία. na Grécia Antiga, isto é, a base material existente liga-se umbilicalmente à forma adquirida pela democracia ateniense, principalmente na chamada "era de ouro", o período de Péricles. Com isso, queremos afirmar que a existência da δημοκρατία. ateniense tornava-se possível, dentro de uma *mórphosis* societal estruturada amplamente na forma trabalho-escravo – baseada na predominância de larga produção agrícola e na circulação de manufaturados majoritariamente produzidos por escravos –, de caráter imperialista e coercitivo, fundamentado na permanente exploração das cidades que se integravam subordinadamente à Liga de Delos, capitaneada pelo poderoso império talassocrático ateniense. Devemos, ainda, creditar a existência de um sistema político democrático em Atenas – δημοκρατία – à situação *particular* com que se estruturam as colônias ultramarinas atenienses. Os cidadãos atenienses de ultramar, os *kleruques*, conservavam plenos direitos jurídicos vigentes na cidade-mãe, contrariamente ao que ocorria nas

---

[65] Tucídides, ΙΣΤΟΡΙΑΙ – *La Guerra del Peloponneso*, cit., II–13, 3.
[66] Ver Finley, *Economia e sociedade na Grécia Antiga*, cit., p. 54 e seguintes.

outras póleis. A implantação das *kleruquias* proporcionou, a mais de dez mil atenienses *thetes*, a situação objetiva para integração desses camponeses sem-terra na estrutura produtiva, dando as condições para que se transformassem em hoplitas, ampliando o poderio militar ático. Mas apesar da existência do direito de "alargamento" da pólis ateniense, o sistema, na prática, encontrou grandes dificuldades para ser implementado, principalmente porque se chocava com o centro de emanação do poder, exatamente a *Agorá* ateniense, principalmente porque a democracia direta acabava sendo dirigida pelos que possuíam melhores condições culturais, quer dizer, os filhos das famílias ricas – as tradicionais e as emergentes –, que findavam por legislar em causa própria.

A contradição estrutural da δημοκρατία ateniense situava-se, então, em sua própria base material, quer dizer, uma sociedade profundamente dividida não somente em sua *característica de essencialidade posta pela escravidão*, mas também, e como parte integrante dessa forma societal, entre os homens livres. É certo que em Atenas vigia uma forma política que possibilitava a ampla participação dos πολίτοι ισοι nos cargos públicos, como evidencia o próprio Péricles, ao pronunciar o epitáfio pelos caídos na Guerra do Peloponeso: ele afirma que a cidade não é administrada pelos interesses de poucos, mas de uma maioria e que a isso os atenienses chamam democracia, numa exaltação em que fica transparente também a noção de uma "pólis arquetípica", um sistema de governo – uma *politeia* – de todos os cidadãos de Atenas[67], mas que, no entanto, por sua característica intrínseca, *encontrava seus limites em sua própria forma estrutural*. Como sabemos, uma grande parcela dos cidadãos com plenos direitos de participação, πολίτοι ισοι, ficavam de fora dos processos decisórios ou tinham restringida sua autonomia decisória, por diversas razões. Desde questões simples, como não poder abandonar sua produção, principalmente os camponeses, que deveriam fazer longas viagens para votar na *Agorá*, como aqueles mais pobres que, por estarem comprometidos com os grupos políticos organizados na pólis, em geral liderados pelos segmentos mais ricos da sociedade ateniense, que, de certa forma, criavam núcleos clientelísticos que acabavam por cooptar um número expressivo da população

---

[67] Imortalizado por Tucídides, o discurso fúnebre de Péricles é a maior apologia da forma democrática da pólis antiga: "Temos uma constituição que não emula as leis dos vizinhos, pois nós somos mais um exemplo para os outros que imitadores. E como ela é regida de modo que garanta os direitos civis não a poucas pessoas, mas à maioria, ela é chamada de democracia: diante das leis, no que diz respeito aos direitos privados, todos têm um plano de paridade, enquanto no que diz respeito à consideração pública, à administração do estado, cada um é preferido segundo sua capacidade de emergência em um determinado campo, não em base à procedência de uma classe social, mas pelo seu valor. E no que concerne à pobreza, se alguém pode fazer alguma coisa de bom para a cidade, não é impedido pela sua posição social". Péricles, apud Tucídides, ΙΣΤΟΡΙΑΙ – *La Guerra del Peloponeso*, cit., II – 37 – 1.

para suas posições políticas, com métodos nem sempre lícitos, como a corrupção de juízes ou a compra direta ou indireta de votos[68]. Não podemos deixar de ressaltar o papel das lideranças, os cidadãos mais cultos e com capacidade oratória e de persuasão – a πειθώ (*peithõ*) –, que, longe de situarem-se no campo da neutralidade, formavam os referenciais políticos dos grupos que disputavam o poder. Aristóteles exemplifica essas práticas ao demonstrar a dificuldade de Péricles que, para enfrentar esse tipo de poder, institui pagamento aos jurados, visando combater o poderio de Címon – possuidor de uma enorme fortuna, que costumava financiar correligionários em suas idas a Atenas para votar em seus interesses –, tendo, por isso, sofrido dura oposição por parte dos setores vinculados às oligarquias[69]. Por outro lado, a inexistência de um aparelho de estado centralizado, exatamente porque Atenas não consegue montar uma estrutura burocrático-administrativa para regular o poder – já que a forma política da δημοκρατία era a participação direta e não representativa dos cidadãos, e, desse modo, possível apenas em pequenos núcleos urbanos –, proporcionava a *organização de grupos de poder*, sob a liderança, na maioria das vezes, dos setores vinculados a poderosos interesses econômicos.

A falta de instrumentais para controles estatal e de governo, e a contradição estabelecida entre democracia interna – que permitia amplas manipulações por parte das classes mais abastadas – e coerção externa, vai gradativamente conformando a *democracia-escravista* e o poder das oligarquias. Nesse contexto, é importante que levemos em consideração as mudanças que se processavam no seio da pólis. Desde as invasões persas, crescia uma nova ideia de pólis, que se sobressaía como força concentradora de um *páthos* criado no contexto de duas guerras (Médicas e Peloponeso). Progressivamente, o fundamento da noção de ἀρετή vai perdendo força para uma nova forma de δίκη (*diké*, justiça), baseada no fortalecimento da participação de todos, a δημοκρατία. Portanto, a ideia que se vai tornando hegemônica nasce como consequência de transformações que se davam na base de um sistema que, *contraditoriamente, em seu processo de autorreposição, construía sua própria dissolução.*

O crescimento da importância do papel do estado no debate político-filosófico é a maior prova do enfraquecimento e da contradição que se punha entre a demo-

---

[68] Ver M. Finley, *Democracia: antiga e moderna* (Rio de Janeiro, Graal, 1988), p. 67 e seguintes.

[69] Como vemos em Aristóteles: "Péricles foi o primeiro a conceder uma indenização para a participação nos tribunais, rivalizando em popularidade com a riqueza de Címon. Címon, rico como um soberano, em primeiro lugar absolvia magnificamente nas liturgias, sustentando também muita gente de seu demo: a cada um dos *Lachiades* era permitido dirigir-se a ele e obter o que lhe ocorresse. Além disto, nenhuma das suas propriedades estava fechada, para quem desejasse colher os frutos" (*La costituzione degli ateniesi*, cit., XXVII – 3).

cracia direta exercida pelos cidadãos e a necessidade de se criar um centro político mais influente, não somente no que se refere à vida da pólis propriamente dita, mas a todo um império, o que significa, também, a emergência de uma nova *Weltentstehung*, mais afinada com uma realidade em que passa a prevalecer uma sociedade baseada não mais no homem subsumido à comunidade, mas, ao contrário, *estrutura-se no homem privado*, que nasce como produto das rápidas transformações da pólis desencadeadas já no período da Guerra do Peloponeso, que tinha nos sofistas sua expressão filosófica. Não por acaso, esse será o aspecto mais combatido por Platão, o maior ideólogo da *pólis igualitária*, em sua luta contra os sofistas. De modo que a influência dos sofistas na vida intelectual da pólis ateniense não se constitui num mero produto da "luta de ideias", mas resulta de uma *necessidade política e prática posta por um novo e dramático momento da vida social ateniense*, em que o apogeu da forma societal da pólis grega clássica é, ao mesmo tempo, o elemento nuclear de sua destruição. Daí nos discursos de Péricles (e no próprio Tucídides, que os reproduz) a clara presença de elementos filosóficos sofísticos[70]. Assim, dentro dessa processualidade, podemos compreender a Guerra do Peloponeso como uma cisão política e econômica que determinará a decadência do mundo grego, enquanto decorrência estrutural da expansão ateniense e da recorrente disputa de interesses, inclusive de concepção ideológico-antagônica, entre Atenas e Esparta. Mas a guerra de per si não explica a decadência. Juntam-se a ela outros fatores. Como resultado imediato de sua derrota, Atenas perde influência nos importantes mercados da Itália e da Sicília. Outras zonas como as cidades gregas do mar Negro e os territórios da Trácia e da Ilíria, antes dependentes dos produtos manufaturados atenienses, passam a desenvolver seus próprios artesanatos, imitando os produtos outrora fabricados em Atenas[71].

---

[70] Jaeger ressalta esse novo momento: "As ideias dos sofistas penetraram na realidade política e conquistaram o estado. Não é possível interpretar de outro modo estes fatos. Péricles e Tucídides estão profundamente impregnados do espírito dos sofistas. Neste ponto, não foram criadores mas sim devedores. Suas concepções de educação de estado alcançaram uma nova importância desde o momento em que Tucídides a combinou com a nova concepção: a de que pertencia ao estado moderno a luta pelo poder". *Paideia – los ideales de la cultura griega*, cit., p. 293. Voltaremos à essa discussão no próximo item.

[71] Ver Pekáry, *Storia economica del mondo ântico*, cit., p. 62 e seguintes. Mas, como lembra Pekáry: "Se Atenas, apesar da perda da guerra e dos tributos, que antes chegavam na cidade pelos estados membros da liga naval, e apesar da gradual contração das possibilidades de comércio dos produtos industriais, não foi completamente à ruína, o deve em certa medida à sua moeda. Os dracmas de prata atenienses continuavam sendo ainda uma 'divisa-guia' aceita no comércio internacional e bem recebida em todo lugar [...]". Idem.

Outro elemento fundamental para a crise ateniense é a progressiva redução de segmentos médios da população, com maior poder aquisitivo, em consequência da crise econômica provocada pelo conflito, o que reflete diretamente sobre as atividades artesanais, ou melhor dizendo, sobre os *peris tàs téchnas* – os que *vivem-do--artesanato* –, como define Aristóteles[72], determinando a gradual perda de funções econômicas, por parte dos trabalhadores livres urbanos, com a retração das oficinas artesanais. Também vemos ampliar-se a concentração de terras, que traz, como consequência direta, a crescente pauperização dos camponeses, fato que se intensificará no decorrer do século IV a.C.[73] Essa crise em espiral acaba determinando a migração de camponeses e de artesãos para outras atividades, principalmente as de mercenários fora de Atenas.

A pólis clássica, em sua característica *epecífico-particular ateniense*, que chega a ganhar contornos de uma *particularidade dilatada*, no período imperialista, viveu permanentemente uma *contradição estrutural* dada pelo *ser-precisamente-assim* de sua forma societal. Sua expansão e desenvolvimento criaram as condições básicas para a desagregação da *forma política* clássica, a δημοκρατία. Primeiramente, da ἀρετεή constitutiva do fundamento da *pólis igualitária,* que praticamente *subsume-se à forma política da* δημοκρατία, na medida em que, juntamente com a ampliação dos espaços de participação, *aprofundam-se as desigualdades* entre os πολῖτοι ισοι. Posteriormente, a própria forma política δημοκρατία entra em crise, transformando-se num arremedo do que fora no período áureo. Mas a ruína de Atenas foi, também, a ruína de todo o mundo grego. Esparta, que herda o espólio ateniense, entra em crise e perde influência na Ásia Menor, após os novos confrontos militares com os persas, a partir de 400 a.C. Posteriormente, numa outra guerra civil, agora contra Tebas, Esparta viu desintegrar-se sua estrutura social, com a derrota para o general tebano Epaminondas. Finalmente, a debilidade progressiva das póleis gregas, provocada pelas contínuas lutas intestinas entre os helenos, possibilita a Filipe II da Macedônia conquistar o mundo grego, inaugurando um novo e duradouro período na Antiguidade clássica. Mas isso já é outra história.

---

[72] Aristóteles, *Politica*, cit., IV – 1291b, 22-25.
[73] Ver Musti, *L'economia in Grecia*, cit., p. 126-127.

Parte II
Processualidade e objetivação da consciência político-mediativa

Blackbird singing in the dead of night
Take these broken wings to learn to fly
All your life
You were only waiting for this moment to arise.

Blackbird singing in the dead of night
Take these sunken eyes to learn to see
All your life
You were only waiting for this moment to be free.

Blackbird fly, Blackbird fly
Into the light of the dark black night.

J. Lennon e P. McCartney

A CONSCIÊNCIA DA CRISE DA PÓLIS

A sociedade grega que aflora entre os séculos VI e V a.C. – como vimos, resultado de um período de objetivação de *longue durée* –, traz consigo, em seu processo de construção sociometabólica, uma importante e fundamental inovação. No confronto com as grandes formas societais que a precederam, os helenos deram um passo avante no que se refere ao alargamento das possibilidades de compreensão de sua própria processualidade, isto é, da *consciência de si*. Não que inexistisse, nas formas de sociabilidade pré-helênicas, determinada "noção de história". Mas ali prevalecia a história mítica[1], um tempo mítico sempre reatualizado pelo ritual religioso, portanto, uma *proto-história* de caráter sagrado, que identificava na vida comuntária dos homens a eterna repetição do mito, inserido num espaço determinativo posto pelo *Tempo Primordial*, dado ou revelado pelos deuses[2]. A *noção do tempo* insere-se na cotidianidade das formas societais enquanto uma ideação

---

[1] Ver, por exemplo, a epopeia babilônica de Gilgamesh. *L'epopea di Gilgamesh* (Milão, Fabri Editori, 1986, IV), p. 123 e seguintes, e ainda a história de Sanehet, da XII dinastia do Antigo Egito. Ver também o interessante estudo de C. Flamarion Cardoso, "Ideologia e Literatura no Antigo Egito: o Conto de Senehet", em *Sete olhares sobre a Antiguidade* (Brasília, Editora Unb, 1998), p. 121 e seguintes, além da própria *Ilíada*, cit.

[2] M. Eliade acentua: "O homem religioso vive assim em duas espécies de Tempo, das quais a mais importante, o Tempo sagrado, se apresenta sob o aspecto paradoxal de um tempo circular, reversível e recuperável, espécie de eterno presente mítico que o homem reintegra periodicamente pela linguagem dos ritos [...] conhece intervalos que são 'sagrados', que não participam da duração temporal que os precede, que tem uma estrutura totalmente diferente e uma outra 'origem', pois se trata de um tempo primordial, santificado pelos deuses e suscetível de tornar-se presente pela festa". *O sagrado e o profano* (São Paulo, Martins Fontes, 2001), p. 65. Ver também, do mesmo autor, *Imagens e símbolos – ensaios sobre o simbolismo mágico-religioso* (São Paulo, Martins Fontes,

correspondente à uma *ação social* que é articulada na *materialização* de um tipo determinado de *práxis histórica*, como resultado de uma intervenção produzida por uma teleologia imanente a essa ação, que por sua vez constrói um modo de agir que traz em seu conteúdo intrínseco determinada *forma histórica de apreensão da realidade objetiva pela consciência humana*.

Essa *práxis histórica* – resultante da *metabolização social* criada no processo de reprodução material da vida – corresponde às necessidades colocadas pelo grau de complexidade societal e, consequentemente, vincula-se *indissoluvelmente* às formas de reprodução da consciência. Isso significa também situar nesse escopo a noção de tempo e de "história" ou, melhor dizendo, as muitas noções de tempo e de espaço construídas dentro das diversas formas históricas de sociabilidade. Mas é necessário dizer que, mesmo situando-se no âmbito de uma ideação mítica, a noção de tempo *sempre esteve acoplada às necessidades organizativas das formas sociometabólicas e a seus reflexos imaginários*. Daí nossa concordância com a definição de Eliade para quem o tempo era, pelo menos até o medievo, antes de tudo um meio para orientação do mundo social e para a regulação da convivência humana, isto é, os fenômenos naturais, elaborados e normalizados pelos homens encontraram aplicação, como meios para determinar a posição ou a duração das atividades humanas no fluxo dos acontecimentos cotidianos[3]. Essas atividades humanas materializam-se nas *respostas* dadas pelo *ser social* às suas *necessidades*, naturais ou sociais, que resultam dos processos de objetivação dos complexos societais. De modo que a reprodução material da vida – que responde às necessidades socialmente colocadas e que, por consequência, incidem na reprodução da consciência – constitui um complexo articulado à uma *forma-práxis* (enquanto *Arbeit*), que, ao realizar a metabolização entre o homem e a natureza, o faz dentro de um espectro teleológico, também ele determinado por condicionantes histórico-temporais.

Como acentuamos na introdução deste trabalho, as relações estabelecidas na cotidianidade aparecem remontadas à *imediaticidade*, mesmo que no centro desse mundo cotidiano estejam presentes vínculos – também eles *imediatos* – entre teoria e prática, ainda que nesses objetos da atividade cotidiana esteja intrinsecamente presente um complexo de mediações, posto pelo desenvolvimento social. Faz parte integrante da vida cotidiana recorrer-se permanentemente ao funcionamento

---

1996), p. 23 e seguintes; Frankfort et al., *El pensamiento prefilosofico – Egipto y Mesopotamia* (México, FCE, 1988), p. 13 e seguintes.

[3] Ver N. Elias, *Sobre el tiempo* (México, FCE, 1997), p. 13.

prático das coisas em detrimento da essência dos fenômenos[4]. É nesse sentido que Lukács, ao referir-se à representação mimética, afirma que esta nunca aparece – em sua intenção – como algo fora do mundo, mesmo quando seu conteúdo aponta para o fantástico, pois o que é criado sob o signo da mimese já se apresenta com a pretensão de ser realidade ou refiguração do mundo, quer dizer, uma forma de aproximação do real que tende a ser a mais concreta possível, pelo menos, enquanto um ponto de partida que deve estar estreitamente conectada com a realidade[5]. Mas, se os reflexos ideo-imaginários não se constituem meras reproduções mecânicas da realidade, dado o próprio caráter dialético que se estabelece na relação *imediaticidade/mediaticidade*, no contexto da vida cotidiana, eles, por outro lado, *trazem em si elementos componentes do real*, ainda que fragmentados, que irão compor a representação imaginária da realidade refletindo, assim, o *modo* e a *morfologia* da interação metabólica de uma forma societal com seu corpo inorgânico. Marx e Engels chamam atenção para esse aspecto *ôntico* ao ressaltar que as diferentes conformações da vida material dependem – em cada caso, naturalmente – das necessidades já desenvolvidas, e tanto a criação como a satisfação dessas necessidades são, de per si, um processo histórico[6]. Daí a imediaticidade não se constituir *mera singularidade* "micro-histórica" – a não ser como falsa essencialidade de um real apreendido em fragmentos, como antítese estranhada da concretude. A imediaticidade de per si já é o resultado de uma articulação e de uma interação dialética em que o *particular* realiza a *mediação* entre a *singularidade* e a *universalidade*, como *determinação ontológica da objetivação do ser social*.

Não por acaso, Heller, ao categorizar a noção de necessidade (*Bedürfniss*), ressalta – referindo-se aos *Manuscritos econômico-filosóficos de 1844*, de Marx – que o mundo em sua totalidade constitui um mundo objetivo, onde toda relação social e todo produto social aparecem como *objetivações do homem*, como resultado do processo de *hominização da natureza*, entendido nessa contextualidade como o *ser genérico que distingue, em sua relação metabólica com seu corpo inorgânico, a relação imediata com sua atividade vital*[7]. O homem – enquanto ser *numenal* – faz de sua mesma atividade vital o objeto de sua vontade e de sua consciência;

---

[4] Cf. A. C. Mazzeo, *Sinfonia inacabada – a política dos comunistas no Brasil* (São Paulo, Boitempo/Unesp, 1999, Questões Preliminares), p. 5-6.
[5] Cf. Lukács, *Estetica* (Barcelona, Grijalbo, 1966, v. II), p. 36-40.
[6] Cf. K. Marx, F. Engels, *La ideologia alemana* (Montevideu, Grijalbo/Pueblos Unidos, 1970), p. 83.
[7] A. Heller, *La teoria de las necesidades en Marx* (Barcelona, Península, 1978), p. 44 e seguintes.

desenvolve uma atividade vital consciente e essa mesma atividade vital realizada teleologicamente distingue o homem das atividades dos outros animais. É exatamente *esse o elemento que faz dele um ser genérico*. Assim, a presença da teleologia mediadora entre fenomênico e substancialidade faz da atividade humana uma atividade essencialmente livre e criadora[8], que em determinados momentos pode aparecer como uma reprodução da própria realidade *imediata* ou, ainda, como uma sistematização de imagens recriadas dos fenômenos da realidade, que expressam determinados sentimentos ou aspirações resultantes das relações dialético-interativas que se processam no interior do *ser social*. No entanto, não podemos deixar de considerar que na vida cotidiana inserem-se indissoluvelmente as ações, as formas de comunicação etc., que nos processos representativos do real convertem-se em centros e em princípios organizadores do conjunto da estrutura ideo-imaginária. Quer dizer, todo esse *complexo articulado* resulta do movimento da *forma de ser* da sociabilidade – a que dá concretude ao *ser social*. Como adverte Lukács, o modo de comportamento do homem depende essencialmente do grau de objetivação de sua atividade. Quando essas atividades alcançam o grau mais alto de objetividade, o que somente pode ocorrer com o desenvolvimento da ciência e da arte, suas dinâmicas imanentes determinam o comportamento humano em relação às conformações produzidas nessa processualidade[9].

No caso da Grécia Antiga, sua forma processual *histórico-particular* de objetivação societal, como pudemos verificar, proporcionou condições e situações específicas – *fundamentalmente, o advento da pólis igualitária, com a desagregação do oikos, enquanto forma produtiva, e, posteriormente, a expansão e sedimentação da forma trabalho-escravo e o estabelecimento da democracia nas póleis* – que permitiram o desenvolvimento de uma *forma pensamento-teórico* de apreensão do real, que progressivamente foi se distanciando da consciência mítica como representação do mundo, ainda que as primeiras manifestações de uma forma de pensamento *laicizante*, que possibilitou um gradual distanciamento da imediaticidade cotidiana,

---

[8] Ver K. Marx, "Manuscritos económico-filosoficos de 1844", em *Escritos económicos varios* (México, Grijalbo, 1966), p. 66 e seguintes.

[9] Ver Lukács, *Estetica*, cit., v. II, p. 74 e seguintes. "A ação das objetivações produzidas e desenvolvidas, como na ciência e na arte, se manifesta, sobre tudo, no fato de que nelas os critérios de seleção, agrupação, intensidade etc., das atividades subjetivas postas em ato estão muito mais delimitados e determinados que nas demais manifestações da vida. Como é natural, estão aqui transições muito matizadas, especialmente no trabalho, o qual, objetivamente, apresenta ao longo da história, muitas transições para a ciência e a arte". Idem.

tiveram como ponto de partida exatamente a própria *construção de uma teologia eminentemente helênica*[10].

Essa é uma tendência já presente na *Odisseia*, em que, contrariamente às formas épicas das socialidades do período do Bronze ou do Tardo Bronze – como por exemplo a saga dos hebreus, originária no Tardo Bronze, em que a narrativa está determinada pelos desígnios de Yahvé e, portanto, a ação dos homens direcionada por uma "teleologia" de cunho escatológico –, encontramos presente a ação humana processada concomitantemente com a intervenção divina, como atestam os escritores anteriores a Aristóteles, que já haviam mencionado a existência de vínculos entre algumas ideias dos filósofos da natureza e dos antigos poetas das póleis. No âmbito das reflexões filosóficas, Aristóteles, referindo-se aos que "primeiro filosofaram sobre as causas dos seres", indica-nos que a teoria de Tales – de que a água é a origem, a ἀρχή (princípio) de tudo – fundamenta-se em concepções antiquíssimas, exatamente nas formulações daqueles que trataram dos deuses, que tiveram a mesma concepção da realidade natural[11]. Como ressalta Jaeger, essa "antecipação" da noção da água como princípio da vida encontra-se exatamente nas poesias de Homero – que, no dizer do jovem Lukács, encontra a resposta antes que a "marcha do espírito na história" permitisse formular a pergunta[12] – e de Hesíodo[13].

Como sabemos, entre finais do século VII e início do século VI a.C., estruturam-se as bases para o surgimento da filosofia, nas cidades jônicas. Devemos lembrar também que esse é o período em que se potencializam os elementos culturais, técnicos e científicos absorvidos por meio dos contatos e das relações com as regiões orientais – no longo processo de *mediterranização do Oriente* –, reprocessados no âmbito ideo-imaginário, como desdobramento dos parâmetros societais gestados na dinamicidade específica da objetivação da pólis, enquanto surgimento de uma nova κοσμογονία (*Weltentstehung*). Esse *reprocessar* os conhecimentos advindos

---

[10] Ver W. Jaeger, *La teologia de los primeros filósofos griegos* (México, FCE, 1998), p. 14 e seguintes. Ver, também, U. Bianchi, *Problemi di storia delle religioni* (Roma, Studium, 1988), p. 34 e seguintes.

[11] Como podemos ver em Aristóteles: "Existem, também, os que acreditam que os antiquíssimos que trataram dos deuses, muito antes da presente geração, tenham tido esta mesma concepção da realidade natural. De fato, puseram *Oceanus* e *Tétis* como autores da geração das coisas, e disseram que aquilo sobre os quais os deuses juram é a água, que eles chamam de *Estige*. Pois, aquilo que é mais antigo é também o que é mais digno de respeito, e aquilo sobre o que se jura, é o que é digno de respeito". *Metafísica* – ΤΑ ΜΕΤΑ ΤΑ ΦΥΣΙΚΑ (Milão, Bompiani, 2000), 984-a.

[12] Ver *A teoria do romance* (São Paulo, Duas Cidades, 2000), p. 27.

[13] Ver W. Jaeger, *La teologia de los primeros filósofos griegos*, cit., p. 15.

do Oriente, como evidenciou Hegel, não significou uma simples apreensão ou, ainda, uma repetição de conceitos ou das técnicas desenvolvidas no Levante[14]. Essa é uma processualidade que tem na construção da *morphosys* helênica sua *objetivação complexiva*, como fica claro em Platão, ao demonstrar que o espírito especulativo entre os gregos é *produto da própria pólis* e, exatamente por isso, diferencia-se das caraterísticas presentes em outras localidades, como "avidez pelo ganho" encontrado entre os egípcios e os fenícios[15]. Independentemente de estar presente nessa visão certo etnocentrismo e uma intrínseca noção de "superioridade" dos gregos em relação a outros povos, que tem a *pólis ateniense como modelo civilizatório*, essa passagem da *Politeia* (*República*) nos revela precisamente o elemento de *diferenciação* entre uma apreensão mítica do mundo e a noção resultante de uma intervenção com *certo grau de mediação*, mesmo levando-se em conta (*et pour cause*) que em Platão, como veremos mais adiante, temos a ideia de um saber "revelado", portanto religioso – na transcendência da alma, que conhece as ideias do universo antes mesmo de seu nascimento, de modo que o conhecimento efetivo da realidade não é mais que uma reminiscência do que a alma já havia visto anteriormente. Mas no caso, Platão aprende a classificação hipocrática, a da determinação do clima sobre o caráter dos povos, acrescida da ideia socrática de que a virtude concreta tem um fundo histórico[16].

Essa *diferenciação* denota exatamente, como nos referimos anteriormente, o *surgimento das formas mediativas* que na Grécia atingem altos níveis de complexidade. Como nos demonstrou Aristóteles, o pensamento filosófico tem seu início

---

[14] Como define Hegel: "[...] É certo que tomaram os rudimentos substanciais de sua religião, de sua cultura, de sua convivência social, em maior ou menor medida, da Ásia, da Síria e do Egito; mas souberam anular de tal modo o que havia de estranho em suas origens, o transformaram, o elaboraram e o inverteram, fazendo dele algo distinto do que era [...] De fato, seu desenvolvimento espiritual utiliza somente o recebido, o estranho, a maneira de matéria e de impulso; os gregos jamais perdem a consciência de atuar nele, como homens livres".G. W. F. Hegel, *Lecciones sobre la historia de la filosofia* (México, FCE, 1995, v. I), p. 139-140.

[15] Como podemos ver em Platão: "[...] Não somos talvez obrigados a reconhecer [...] que cada um de nós apresente as mesmas caracteristicas e as mesmas atitudes presentes na cidade? Elas não chegaram aqui de outro lugar. Seria ridículo pensar que a animosidade não seja transmitida aos estados pelos indivíduos que têm esta fama, como os habitantes da Trácia, da Escócia e em geral dos países do Norte; o mesmo discurso vale para o desejo de aprender, que se pode atribuir sobretudo à nossa terra, ou pela avidez de ganhos, que podemos dizer não é pouco presente entre os Fenícios e os Egípcios". "Repubblica", em *Platone, tutte le opere* (Roma, Newton & Compton, 1997, v. IV), IV – 435e – 436a.

[16] Ver Jaeger, *Paideia – los ideales de la cultura griega* (México, FCE, 1987), p. 594 e seguintes.

com os filósofos jônicos da natureza[17], e Jaeger ressaltou, precisamente, compreendendo o aspecto relevante da evolução do pensamento jônico, que ali se cumpria o papel fundamental para o Ocidente de liberar as forças individuais diante das concepções dominantes no mundo, isto é, da *Weltanschauung* imperante naquele momento, o que demonstra, também, um crescente desenvolvimento da individualidade, em que o pensamento racional atua como elemento de transformação radical – ou seja, somente é verdadeiro aquilo que "eu" posso explicar por razões conclusivas. O desenvolvimento de uma teoria mediativa do real impacta, imediatamente, a forma literária helênica, quer dizer, redimensiona a epopeia, num primeiro momento e, posteriormente, gera as condições de sua superação positiva. Nesse sentido, vemos, também, o desencadear de uma profunda transformação estética. Como evidencia Jaeger, a poesia gerada após o período homérico – mesmo que oriunda da epopeia – traz consigo um crescente desenvolvimento de enfoques racionalizantes, seja na forma de exigências normativas para a comunidade, seja como expressão pessoal do indivíduo, o que implica objetivamente um desligamento do mito constituinte da forma da épica homérica. Na definição de Jaeger, a "[...] poesia pós-homérica se converte cada vez mais na vigorosa expressão da vida espiritual presente na ordem social e individual. E isso só foi possível mediante o abandono da tradição heroica que constituía de modo originário, juntamente com os hinos e os deuses, o único objeto da poesia"[18]. Obviamente, esse novo κόσμος objetiva-se num *campo operativo histórico-concreto* resultante de bases materiais sócio-objetivas que possibilitaram o desenvolvimento de uma forma de pensamento que progressivamente vai adquirindo conteúdos que se diferenciam da teologia.

No contexto da processualidade que dará origem às póleis do período clássico, vemos também o desenvolvimento das cidades jônicas que resultam do processo de objetivação da pólis enquanto forma societal eminentemente grega. E é precisamente nesse *elemento específico* que encontramos os nexos explicativos do surgimento da filosofia da natureza jônica, isto é, no próprio escopo morfo-societal das colônias gregas, onde se desenvolvem formas ideo--societais que se destacam das que vigiam no âmbito ideo-cultural helênico, até então. Essas cidades, por sua condição peculiar de estarem situadas ao longo das rotas comerciais da Antiguidade, onde se entrecruzavam o Oriente e o Ocidente, adquirem aspectos *particulares* e *singulares* na contextualidade

---

[17] Aristóteles, *Metafísica*, cit., livro I – 983b. Ver, também, W. Jaeger, *La teología de los primeros filósofos griegos*, cit., p. 11 e passim.

[18] Jaeger, *Paideia – los ideales de la cultura griega*,,cit., p. 227.

da formação do mundo grego[19]. Ali, diferentemente das póleis peninsulares, sobretudo de Atenas, há uma predominância dos extratos sociais mercantis – já a partir do século VIII a.C., ainda no período arcaico –, em que também se destaca a forma trabalho-escravo, com a implementação da vinicultura e da pecuária. Também os homens livres vinculam-se, direta ou indiretamente, a essas atividades. Isso significa dizer que os interesses da aristocracia e dos comerciantes acabam convergindo, facilitando o rápido e precoce desenvolvimento da *morfologia política de caráter escravista*, isto é, *da* δημοκρατία.

Essas características sociais estruturam-se diversamente da ateniense. Como vimos, o desenvolvimento econômico passa por distintas "fases", inclusive por um momento em que a artesania possui um papel fundamental, o que leva os filósofos atenienses a dar grande importância às atividades dos homens livres e, justamente por isso, permite relevar o conceito de τέχνη, no qual se situa o núcleo de uma *embrionária teleologia do trabalho*. Na Jônia, por sua vez, a insignificância do trabalhador livre no âmbito de uma estrutura produtiva escravista impossibilita que problemas dessa natureza sejam postos em consideração, porque ali o conceito de trabalho vincula-se à βαναυσία (*Banausia*), noção essa decorrente da hegemonia da forma trabalho-escravo. Além disso, os que podiam praticar a filosofia pertenciam às camadas sociais que dispunham de tempo livre e, como acentua Heller, é natural que o primeiro pensamento jônico não esteja nem possa estar caracterizando-se por análises da estrutura social interna à pólis, tampouco esteja questionando suas formas jurídicas. Os que constituem a classe dos πολίτοι ισοι consideram as relações sociais existentes dadas pela natureza, quer dizer, justas por si mesmas, porque naturais. Essa é uma das razões que a análise da τέχνη e da ἐνέργεια nunca aparecem no centro dos interesses de uma filosofia que não está preocupada com os problemas sociais[20].

---

[19] Musti destaca esse elemento de singularidade jônica: "poderíamos dizer, aliás, que as sociedades jônicas tenham percorrido as outras sociedades presentes no mundo grego em todas as expressões culturais as quais, mesmo devendo passar (como de fato passaram) através do filtro da sociedade e da experiência da cidade, não atêm todavia às funções fundamentais da *pólis*, representando, pelo menos a partir do tardo arcaismo, reflexões e posições críticas para com as concepções tradicionais, refletindo posições individualistas, desenvolvendo funções não imediatamente conexas à cultura da comunidade cidadã [...] na Jônia nasceu grande parte daquilo que, ainda que surgindo no quadro da *pólis,* destaca-se da cultura corrente da comunidade. Com certeza, o juízo deveria ser correto, se por mundo jônico se entendesse uma realidade jônico-egeia, compreensiva também – como na tradição antiga – da Ática: é evidente que, neste sentido, a Jônia revelaria-se como a área decisamente propulsiva do tardo arcaismo". *Storia Greca* (Bari, Laterza, 2000), p. 249.

[20] Cf. Heller, *Aristóteles y el mundo antiguo* (Barcelona, Península, 1983), p. 148 e seguintes.

Destacamos ainda que – diferentemente da Ática, onde em seu período arcaico vemos a predominância da *stasis*, a luta permanente entre a aristocracia e a "plebe" – na Jônia verificam-se formas de relações sociais, nas quais desenvolvem-se *estranhadas* "identidades de interesses", entre os diversos estratos de cidadãos livres, de tal modo que a luta de classes, precoce e progressivamente, acabou subsumida aos jogos manipulatórios proporcionados pela *isonomia formal*, própria da δημοκρατία – *a* democracia direta de caráter escravista –, que mais adiante permeará, também, a pólis ateniense. Na Jônia do século VI, juntamente com as atividades agro-pecuárias, baseadas na escravidão, encontramos o capital comercial em posição de destaque. Exatamente essa *mediação* realizada pelo capital comercial ganha papel fundamental na desarticulação da comunidade. Nesse contexto, o indivíduo, em que pese pertencer à comunidade e a vislumbrar esse vínculo, não vivencia essa identidade de modo tão profundo e orgânico como os membros da pólis ateniense. O desenvolvimento da *forma política* δημοκρατία, enquanto *reguladora da desigualdade* – como ocorrerá mais tarde em Atenas – constituirá o *elemento político-nuclear* para a estruturação e manutenção de uma pólis organizada sobre frágeis vínculos comunitários. Essa pólis *menos compacta* possibilita um campo mais largo para a ação da individualidade e, nesse tipo societal, a esfera da vida pública ocupa um espaço pouco relevante na vida do cidadão. Já as atividades desenvolvidas na vida privada, as iniciativas e as particularidades individuais alcançam uma amplitude que não existirá, em nenhum momento na vida ateniense[21]. Nesse sentido, as relações societais que se desenvolvem na Jônia conformarão um *modo-de-ser* propício para o florescer de uma estrutura de pensamento direcionada à φύσις (*physis*), porque precisamente ligada à reflexão do *fundamento eterno de todas as coisas dadas pela natureza*, em que o homem constitui apenas uma parte integrante, na medida em que *os mesmos princípios que explicam a constituição do mundo físico explicam também a essencialidade humana*. Essa formulação vincula-

---

[21] Como ressalta Heller: "O indivíduo, ainda que aceite a comunidade e a exercer, em certos casos, determinadas funções, não permite que sua existência se identifique de todo com a da comunidade, como fazem os atenienses. O cidadão livre da pólis jônica emprega grande parte de sua vida em viagens, como por exemplo, Tales ou Demócrito, que segundo testemunho próprio, visitaram todos os países. Mesmo que exaltem a democracia da pólis enquanto base de existência, distam de tê-la como objetivo vital. Este é o outro motivo, não menos importante que o anterior, do pequeno papel que teve no pensamento jônico a análise da *energeia* e da atividade social. Em Atenas, homens tão extravagantes como Tales teriam sido inconcebíveis. Protágoras foi condenado ao ostracismo por originalidades de conduta bastante modestas. A forma mais difusa da democracia jônica pode tolerar as extravagâncias do individualismo típicas da vida do homem privado". Idem, p. 149.

se estreitamente ao κόσμος que se constitui na sociabilidade jônica, quer dizer, no *ser-precisamente-assim* de uma forma ideo-societal em as *coisas* aparecem como dadas e pertencentes a uma *natureza* que *em si* é um *mundo*, quer dizer, é a única substância que constitui o ser e a única lei que regula seu devir.

Assim, a quase "volatilidade" da organização política da pólis jônica – resultante da conformação política de uma pólis *menos compacta,*indicando, portanto, a forte presença de uma morfologia organizativa, posta pela dinamicidade da δημοκρατία – constitui-se na *referência material* da construção de uma forma de pensamento que vê na natureza a presença de um perene processo de transformação, na compleição da substancia (οὐσία), entendida como ὕλη (matéria), da qual todas as coisas são compostas. Também é na matéria que reside a força explicativa de sua própria composição, seu nascimento, sua morte e seu permanente movimento. É justamente desse conceito que deriva o elemento dinâmico e ativo da φύσις, a substância constitutiva da ação e da inteligibilidade de tudo que é múltiplo e de tudo que é devir. Esse materialismo que vê como pertencendo à φύσις a sociedade humana – e definido por Hegel como a "unidade natural do espírito e da natureza"[22] –, insere-se na visão jônica do κόσμος, na qual justamente a existência de uma dinamicidade natural garante a perenidade de uma ordem cósmica, em que incluída a estrutura societal escravista.

Portanto, a tipicidade de uma pólis desenvolvida na multiplicidade cultural de uma colonização composta por populações advindas de diferentes localidades gregas, prática usual no período da colonização – a Πανελλήνων δῖζύς, a "canalha pan-helênica", como chamou a seus companheiros de viagem Arquíloco –, que juntamente com a presença mediadora do capital comercial determinam a debilidade dos laços comunitários, que aparecia no genérico "amálgama" cultural helênico da Jônia, constitui os determinantes para o desenvolvimento de uma filosofia da natureza e para o surgimento de uma poesia lírica subjetivista, como principal atividade literária, em que estão presentes temas como o amor, a amizade e as doenças da senilidade, sentimentos que só encontrarão expressão em Atenas na época da crise. Daí as questões éticas estarem presentes muito mais na poesia, sendo raramente tratadas pelos filósofos[23].

---

[22] Ver Hegel, *Lecciones sobre la historia de la filosofía*, cit., p. 141.

[23] Ver Heller, *Aristóteles y el mundo antiguo*, cit., p. 149-150. Sobre essa questão, conclui Heller: "Isto não significa, no entanto – como queria Jaeger – que a ética, na Jônia, estivesse tão intensamente desenvolvida como em Atenas, utilizando somente um gênero literário como veículo expressivo. Os poemas morais jônicos não possuem nada em comum com a ética filosófica. São, em grande parte, descrições da prática moral e também em parte, opiniões convencionais, recomendações, conselhos etc, sobre o modo de vida [....]".*Aristóteles y el mundo antiguo*, p. 150-151.

Na Grécia Antiga o cidadão ideal deveria ser culto, múltiplo em suas habilidades e pouco especializado. Nesse sentido, o saber deveria estar baseado no conhecimento universal. Daí a reflexão especulativa ser considerada superior a qualquer conhecimento vinculado estreitamente à realidade empírica. Mas, na *particularidade* histórico-processual das póleis jônicas do arquipélago, a necessidade de responder a desafios imediatos, como à guerra e à exigência de ampliação da circulação de mercadorias, altera rapidamente esse elemento componente do imaginário ideo-societal grego, mudando, assim as rígidas exigências da καλοκἀγαθία – *probidade virtuosa* –, constitutiva do conceito de ἀρετεή, originário da velha aristocracia dominante nas póleis helênicas. De modo que, entre os jônios, o saber "aplicado" ganha respeitabilidade, ainda que continue predominante a relação do trabalho com a noção de *Banausia*. Mesmo assim, podemos dizer que a "terrenização" do pensamento especulativo da natureza, na Jônia, vem atender de forma indireta a própria reprodução da vida material.

O que, inicialmente, pode parecer um contrassenso, já que a reprodução da vida da pólis jônica baseava-se no comércio e na forma trabalho-escravo, e, portanto, garantia a sobrevivência dos πολίτοι ισοι, encontra nexo explicativo exatamente nas respostas que a *particularidade histórica jônica* – enquanto *ser social* – desenvolve para superar o elemento de maior dificuldade para a sobrevivência da pólis, que eram as agressões estrangeiras. O pensamento jônico, desse modo, *reflete* seu próprio quadro de desenvolvimento geral, tanto em sua relação com as póleis peninsulares, como no âmbito das formas desiguais de objetivação do pensamento. Inicialmente, o desenvolvimento das forças produtivas verificado na Jônia propicia uma desconexão dessas formas mediativas com o processo produtivo, numa fragmentação determinada por uma dinâmica posta pelas relações sociais de produção vigentes. Ao objetivar-se, *particularizando-se nas respostas às necessidades que surgem de sua própria dinâmica societal*, esse pensamento supera alguns de seus elementos de fragmentação e estranhamento, justamente quando consegue atingir uma objetivação que vai além das formas abstratas de um pensamento filosófico *em si*. Podemos definir esse, na direção de Marx e de Lukács, como um momento em que a *consciência-práxis* produz um pensar que se supera no próprio pensar[24].

---

[24] Sobre essa questão, diz Marx: a "[...] exteriorização da consciência não tem somente um significado negativo, ela possui também um significado positivo e [...] este significado positivo não é somente *para nós* ou em si, mas para ela mesma, para a consciência [...] Para ela, o negativo do objeto ou o seu superar-se a si mesmo tem um significado *positivo* ou, em outras palavras, ela conhece esta nadidade do mesmo porque ela própria se aliena, pois nesta alienação ela se conhece como objeto ou conhece o objeto como si mesma, graças à inseparável unidade do ser-para-si. [...] Por

O maior mérito dos primeiros filósofos da jônia é o de ter conseguido *definir um problema específico e determinado*, quer dizer, sair de uma concepção caótica de problemas que até então apareciam entrelaçados com as formulações míticas dos poetas e dos profetas antigos. Na definição de Jaeger, esse é o momento em que há uma mudança profunda na atitude do homem diante do mito. Essa nova postura reflete-se no "novo olhar" que os filósofos lançam sobre a natureza, quer dizer, as ideias que se colocam antiteticamente diante daquelas de cunho mítico[25]. Efetivamente, os filósofos jônicos lançaram as bases para a compreensão da natureza, exatamente *ao reduzi-la à objetividade*, sem dúvida, uma *conditio sine qua non* para qualquer consideração científica da natureza. Portanto, esse "novo olhar" aparece como *resultado de uma práxis cotidiana do ser social e da mediação construída por esta em sua relação com o mundo natural*. Como ressalta Lukács, a práxis, todavia, postula, de per si, necessariamente, uma imagem do mundo com a qual possa harmonizar-se e a partir da qual o complexo das atividades da vida possa ser organizado num contexto provido de sentido. Nesse âmbito, a ciência e a filosofia são chamadas, em primeiro lugar, a dar uma resposta adequada e objetiva – enquanto partes ativas, não somente funcionais – de toda a realidade social e não podem ignorar tais solicitações, provenientes da vida cotidiana[26]. Mas é necessário lembrar, também, que a própria filosofia jônica sofre modificações e influências relacionadas aos processos histórico-objetivos de cada pólis colonial. Na Eleia, na Magna Grécia, a filosofia jônica será introjetada pelos elementos místicos do orfismo, enquanto na Ásia Menor vemos uma aproximação da filosofia com as ciências exatas.

Heller define o que chama de "três zonas distintas", início da experimentação científica no pensamento jônico, que devem ser conectadas às necessidades que se desdobram do desenvolvimento societal das póleis jônicas: as matemáticas, indispensáveis à navegação comercial; a engenharia militar, vinculada às atividades advindas da guerra, e a medicina, para o tratamento dos feridos nas guerras[27]. O progresso lento, mas permanente, de algumas ciências será responsável por uma revolução na metodologia do pensamento jônico. Como anteriormente, o pensa-

---

outro lado, está aqui presente simultaneamente o outro momento: ela superou e retomou a si igualmente esta alienação e objetividade, e, portanto, está em seu *ser-outro enquanto tal junto a si*". *Manuscritos econômico-filosóficos de 1844*, cit., p. 117-118. Ver, também, G. Lukács, *Ontologia dell'essere sociale* (Roma, Riuniti, 1976, v. II), p. 559 e seguintes.

[25] Cf. Jaeger, *La teologia de los primeros filósofos griegos*, cit., p. 25 e seguintes.
[26] Cf. G. Lukács, *Ontologia dell'essere sociale*, cit., v. I, p. 9.
[27] Cf. Heller, *Aristóteles y el mundo antiguo*, cit., p. 151-153.

mento estará direcionado às questões da natureza, mas agora dirigido à coleta e à classificação de dados. Os filósofos empiristas classificam os fenômenos da realidade segundo tipos e categorias denominadas *eidos*. Mais tarde, a categoria dos *eidos* será recolocada pelo pensamento platônico, e essa nova tendência do pensamento irá influenciar o pensamento de Aristóteles.

Desse modo, desenvolve-se uma sistematização particularizada do material observado. Essa será a tendência dominante nas ciências naturais da Jônia, especialmente na medicina. Como observa Jaeger, a medicina grega converteu-se numa arte consciente e metódica sob a ação da filosofia jônica da natureza, isto é, a medicina jamais teria se tornado uma ciência sem as indagações dos primeiros filósofos jônicos da natureza que buscavam uma explicação "natural" de todos os fenômenos[28], quer dizer, a perspectiva de conectar todo efeito a uma causa e uma permanente tentativa de descobrir, na relação causa–efeito, a existência de uma ordem geral e necessária. Um dos elementos componentes da doutrina da filosofia da natureza é a definição de que todo sucesso natural representa uma espécie de compensação, como podemos verificar na medicina, o conceito da "indenização" ou "reparação" de um transtorno. Para Jaeger, há uma conexão estreita com essa noção no conceito grego de *isomoira*: a ideia da proporcionalidade entre os elementos fundantes do organismo ou da natureza em seu conjunto com o estado de sanidade ou de normalidade[29]. Vemos essa tendência expandir-se para diversas áreas do pensamento grego, influenciando homens como Sólon, Hipócrates e Tucídides. Especialmente Hipócrates, que consegue unir e aplicar os conhecimentos da filosofia da natureza à prática *imediata* da medicina. Essa lógica empirista será decisiva para o futuro da filosofia grega e, como lembra Heller, se não é verdade, como afirmam alguns historiadores da filosofia, que o pensamento de Aristóteles seja oriundo direto da filosofia jônica, é certo, porém, que o *órganon* aristotélico tem na filosofia da natureza um elemento fundamental, a partir da influência exercida por seu pai, médico adepto da nova ciência jônica, que, naquele momento, encontrava-se sob total predomínio das ideias hipocráticas[30].

O fato de a medicina ser o núcleo científico mais desenvolvido e sistematizado não é meramente um produto do acaso. Como pudemos verificar, a estrutura societal jônica acabou desenvolvendo uma noção jurídica que possibilitou a destruição do antigo direito de classe aristocrático – sedimentando a δημοκρατία – e o surgimento da liberdade cidadã que conferiu ao indivíduo o âmbito necessário

---

[28] Cf. Jaeger, *Paideia*, cit. p. 785.
[29] Ibidem, p. 786-787.
[30] Cf. Heller, *Aristóteles y el mundo antiguo*, cit., p. 153-4.

para seu pleno desenvolvimento pessoal, gerando também uma tal amplitude para a expressão do humano que impediu o desenvolver de forças capazes de unir essas atividades nascentes da individualidade em um desígnio mais alto para a estruturação da comunidade. Apesar da existência de uma importante atividade comercial, o fundamento que baseava a sociedade jônica, no contexto de seu elemento sociometabólico, era a forma trabalho-escravo, justamente o predomínio dessa forma de trabalho – em seu aspecto tendencial histórico – que não incentivou a aplicação dos conhecimentos sobre a natureza nas forças produtivas. Diferentemente, manteve a forma produtiva em um quadro de desenvolvimento medíocre, no que se refere à possibilidade de impulsionamento qualitativo das forças produtivas inerentes ao modo de produção escravista[31]. De modo que a decorrência ideo-societal de tal *morphosys* era a desconsideração tanto da ideia de τέχνη como da ideia de ἐνέργεια. A ênfase imperante no âmbito ideo-imaginário daquela forma societal era o indivíduo. Daí a medicina ser um dos aspectos centrais na estruturação do conhecimento, aquela voltada basicamente à essencialidade da φύσις τοῦ ἀνθρώπου (natureza do homem), enquanto componente intrínseco-substancial da φύσις τοῦ[32].

No que se refere à *especificidade ateniense*, os conteúdos filosóficos adquirem, em seu fundamento, um escopo diferenciado, *determinado pela forma societal*

---

[31] Sobre o aspecto estagnizante do modo de produção escravista, Perry Anderson ressalta com propriedade: "As relações esclavagistas de produção determinaram certos limites insuperáveis às antigas forças de produção, na época clássica. Acima de tudo, tenderam finalmente a paralisar a produtividade tanto na agricultura como na indústria. Registram-se, naturalmente, certos aperfeiçoamentos técnicos na economia da Antiguidade clássica. Nenhum modo de produção é isento de progresso material na sua fase ascendente, e ó modo de produção esclavagista nos seus primórdios registrou certos avanços importantes no aparelho econômico desenvolvido no quadro da sua nova divisão social do trabalho. Entre eles, poderá contar-se a difusão das culturas mais rentáveis do vinho e do azeite; a introdução de moinhos rotativos de cereais e uma melhoria da qualidade do pão. Foram criadas as prensas de parafusos, desenvolvida a assopragem do vidro e afinados os sistemas de produção de calor; a combinação de culturas, os conhecimentos botânicos e a drenagem dos campos provavelmente também progrediram. Não houve portanto uma simples paragem técnica no mundo clássico. Mas, ao mesmo tempo, não ocorreu nenhuma constelação de inovações que impulsionasse a economia antiga em direção a forças de produção qualitativamente novas". *Passagens da Antiguidade ao feudalismo*, cit., p. 25-26.

[32] No dizer de F. M. Cornford: "[...] não havia absolutamente nada a ligar a arquitectura, a tecelagem, a agricultura, a cerâmica e as outras artes às especulações dos filósofos sobre a origem do mundo e os constituintes últimos da matéria.[...] Os Iónicos não tinham qualquer intenção de descobrir as 'leis da natureza' com vista a aproveitar as forças naturais para mover máquinas e assim elevar o nível de vida do homem". *Principium sapientiae – as origens do pensamento filosófico grego* (Lisboa, Fundação Calouste Gulbenkian, 1989), p. 68-69.

histórico-particular de sua pólis, estruturado a partir de elementos próprios e que poderíamos dizer "incomuns" à maioria das póleis gregas. Nesse sentido, por sua vigorosa coesão comunitária, desenvolve-se na Ática a possibilidade de um *equilíbrio entre o impulso criador da individualidade e o da energia unificadora da comunidade, que subordinava a ela todas as formas de manifestações espirituais e intelectuais*[33], determinado pela existência de uma forte produção artesanal exercida por artesãos livres, ao menos até início do século V a.C. Justamente esse aspecto da vida socioeconômica ateniense *constitui o elemento que permite essa unidade entre a atividade prática e a teórica,* e esse elemento de unidade desenvolve-se no período que definimos como *pólis igualitária* – aquela que marca a *passagem* da pólis arcaica para a pólis clássica, baseada na δημοκρατία –, em que prevalece hegemonicamente uma *forma de trabalho* assentada no campesinato e na artesania livre. Dessa maneira, essa base material amplia a importância dos conceitos de τέχνη *e de* ἐνέργεια.

Como vimos, durante o período arcaico, principalmente em sua segunda centúria, acirram-se as lutas entre a aristocracia (*agathos*) e os "plebeus" (*kakos*). O aumento da tensão social e o aprofundamento da *stasis* – provocado pelas alterações nas formas produtivas, intensificam o empobrecimento dos camponeses, abrindo ainda mais o fosso de desigualdade entre ricos e pobres. Podemos dizer que a tentativa de frear as manifestações contra a aristocracia e os conflitos sociais decorrentes geraram a necessidade de se elaborar uma legislação que buscasse amenizar a pressão sob a ordem aristocrática vigente. Essa, provavelmente, tenha sido a intenção das leis *eunômicas* emanadas em cidades como Atenas e Esparta arcaicas. No entanto, como lembra Musti, a *eunomia* não terá tanta abrangência político-ideológica como o dúctil conceito de isonomia, também este produto das regulações político-legais para os conflitos sociais nas póleis arcaicas[34]. De qual-

---

[33] Como explica-nos Jaeger: "Apesar do íntimo parentesco com os jônios, aos quais tanto deve a Ática desde o ponto de vista espiritual e desde o ponto de vista político, resulta claramente compreensível esta diferença fundamental entre o movimento centrífugo de liberdade dos jônios e a força centrípeda e construtiva dos áticos. Assim, explica-se que as estruturas decisivas no reino da educação e da cultura gregas encontrem-se desenvolvidas em terras áticas. Os monumentos clássicos da cultura política grega, desde Sólon até Platão, Tucídides e Demóstenes, são, em sua totalidade, criação da estirpe ática. Somente foi possível que surgissem onde um poderoso sentido das exigências da vida e da comunidade fosse subordinada a elas [...]". *Paideia,* cit., p. 138.

[34] Ver D. Musti, *L'economia in Grecia,* cit. p. 54 e seguintes. E como ressalta Musti: "Todavia, se for verdade o fato de que a estas ideias referem-se também aos significados econômicos, seu legado e sua eficácia confrontam-se pois sobre o terreno, que lhe é próprio, da ideologia política; e sobretudo, nada demonstra que sua afirmação e difusão (com certeza mais ampla do que o limitado número de casos históricos nos quais aparecem inteira e como proverbialmente realizadas)

quer modo, a isonomia resultante da reação aristocrática às lutas sociais reflete a concepção ideo-societal que expressava a forma política do mundo arcaico, isto é, *a concepção de um igualitarismo restrito à classe dominante*. Mas essa forma política revela-se insuficiente para ajustar e coibir os conflitos sociais. A crise aumenta tendencialmente, com a progressiva introdução da forma trabalho-escravo na estrutura produtiva da pólis, alterando, também, as formas das relações sociais e intensificando a presença da individualidade, já que agora surge o homem livre que vive do trabalho do δοῦλος (escravo) e passa a ter um papel preponderante numa sociedade em que a escravidão adquire expressiva importância. Obviamente, essa situação altera também a noção de ἀρετεή, que se redimensiona, e, não perdendo sua raiz aristocrática, como acentuou Aristóteles, alarga-se.

A crise que se estabelece na pólis ateniense – incluindo-se aí, sua própria processualidade de objetivação, em seu aspecto morfo-estrutural configurado já a partir do século VIII a.C. –, encontra em seus diversos momentos diferentes respostas em consonância com sua dinâmica histórico-processual. No âmbito ideo-societal, como vimos anteriormente, os poemas homéricos realizam as primeiras elaborações que reprocessam ideologicamente o antigo mundo micênico, adequando-o ao contexto político-social do arcaísmo. Esse aspecto, que se evidencia principalmente na estrutura interna da *Odisseia*, traz em si o desenvolvimento de uma ἀρετεή m*ais* adequada a uma realidade em que estão presentes heróis hominizados que lutam por ampliar a presença humana no contexto mítico do complexo imaginário constitutivo da pólis arcaica. Na direção do que Jaeger define como tradição pedagógica ática, a política passa a ter uma gradual importância na formação e sustentação de uma nova visão de mundo; outro κόσμος que, além das instituições consuetudinárias, constrói um arcabouço legal para usá-lo como força educadora. Numa tendência já evidenciada no poema homérico do século VII a.C., mais uma vez constitui-se o mito para subsidiar o mundo dos homens, subordinando-o aos desígnios dos mortais. No caso de Atenas, o mito vem *legitimar* não somente a metamorfose que se processava no conceito de δίκη, como resultado das alterações ocorridas na forma de poder da pólis, mas também – e como consequência – a própria metamorfose que se processava na ideia de ἀρετεή. Teseu, o introdutor mítico da isonomia em Atenas, é o símbolo desse novo momento. A tradição ateniense considera que ele cumpriu sua promessa de estabelecer um governo sem rei e, abdicando à realeza (Teseu, segundo a lenda,

---

implique numa prática (ou, mais simplesmente ainda, em um projeto) de absoluta fixidez das relações econômicas ou de radical igualdade, ainda que somente dentro das classes dominantes". Ibidem, p. 56.

era o décimo rei de Atenas), fez com que o povo se tornasse senhor de sua vida política e, nesse sentido, o mito ratifica o humano. O significado do herói mítico é imenso e representa o exato momento em que, no contexto da *stasis* do arcaísmo, a aristocracia se vê obrigada a ceder seu poder a outros segmentos sociais da pólis[35]. Aí nascem as bases da superação da rígida ideia de *igualdade de classe da nobreza* que, naquele escopo, alarga-se e passa a abranger a noção *eunômica* de uma justiça para todos, ainda que sob a hegemonia da δίκη aristocrática.

Esse momento convulsionado, que marca a crise do mundo arcaico ou, melhor dizendo, o *processo de objetivação da pólis clássica* – a transição do século VI para o século V a.C. –, verá também uma firme reação ao pensamento revolucionário construído pela filosofia jônica da natureza, consubstanciada nos poemas de Píndaro de Tebas e de Teognis de Megara que, na contextualidade contraditória gerada por um momento de afirmação do novo, expressam a consciência de uma classe em relação a si mesma e, ao mesmo tempo, a clareza da decadência dos valores do homem agonal da aristocracia e a ameaça do fim da ordem hegemônica aristocrática[36]. Especialmente Teognis de Megara reflete a relação antagônica existente entre os estratos sociais componentes da pólis (*agathos* e *kakos*). Sua preocupação central será a exaltação dos valores do *agathos*, isto é, da ἀρετή arcaica restrita ao privilégio de nascimento e de *génos*. Na poesia de Teognis aparece constantemente o confronto do *agathos* (o bom, o nobre) com o *kakos* (o mau, o não nobre), em que são responsabilizados os segmentos sociais que não pertencem à aristocracia pela situação de crise vigente na pólis, dentro de uma perspectiva que ressalta seu ódio de classe e seu desprezo ressentido para com a maioria do povo, evidenciando que a doutrina da nobreza de Teognis surge exatamente de sua "luta espiritual" contra a revolução social. Esse aspecto demonstra que o alargamento e o redimensionamento da configuração aristocrática da ἀρετή acontece num profundo contexto de crise,

---

[35] O mito de Teseu é emblemático. Após combater Cecíon, o bandoleiro dotado de uma extraordinária força que assolava a Ática, mais adiante, ajuda seu pai Egeu a expulsar a feiticeira Medeia que influenciava, com suas magias, o governo de Atenas. Liberta os atenienses dos tributos ao minotauro, em Creta e, finalmente, consegue reunir os então dispersos habitantes da Ática, construindo as bases do *sinoykismo* e, ao mesmo tempo, instituindo um governo isonômico em Atenas.

[36] Como acentua Jaeger: "Os dois principais representantes deste movimento de oposição, na passagem do VI ao V século, Píndaro de Tebas e Teognis de Megara, estão penetrados por uma profunda consciência de classe. Direcionavam seus escritos em apoio aos senhores cerradamente hostis às inovações políticas dos jônios. Mas esta aristocracia de Píndaro e de Teognis já não dorme numa paz imperturbável". *Paideia*, cit., p. 181.

estreitamente vinculado à raiz de uma revolução político-econômica, na qual o comércio e a moeda ganham uma dimensão significativa, parte da nobreza está empobrecida e uma nova classe de "plebeus" enriquecida começa a influenciar a vida política da pólis. Não por acaso, Sólon define a justiça – entendida na visão da *eunomia* – como a mais alta virtude política de seu governo, ressaltando que além da riqueza e do dinheiro, existia outra, a "alegria do bem viver", agudamente dimensionada por Jaeger como uma embrionária noção de liberdade interior[37].

Mas se encontramos no contexto sociopolítico da tirania os elementos constitutivos de uma *morphosys* que dará as condições modernizadoras para o salto ao século V a.C., inclusive – e como consequência – no próprio escopo de uma nova construção ideo-cultural, é com Clístenes que vemos aflorar uma sociedade isonômica, sob a base de uma economia em mutação, na qual são fortalecidas as atividades econômicas baseadas no trabalho artesanal, que, por sua característica, acaba por ampliar a presença de setores não nobres da população nas áreas centrais da pólis, antes quase que exclusivas da aristocracia. Efetivamente, Clístenes expressa o novo momento da forma organizativa da pólis, principalmente se levarmos em conta que é nesse quadro socioeconômico que *a política* adquire sua forma clássica na vida ateniense. Essas inovações e reformas clisteneanas (508–507 a.C.) situam-se num plano estrutural mais amplo, quer dizer, no escopo daquelas que se processam a partir das experiências das póleis jônicas e acabam irradiando-se para o continente, e passam a constituir-se nas novas referências organizativas das sociedades helênicas do período. Esse é o momento em que o pensamento jônico alcança a universalidade, rompendo com seu particularismo e criando as condições para um salto qualitativo de grandes dimensões.

Ao conceber a própria sociabilidade como resultante da ἀρχή, da qual a φύσις é componente, o pensamento jônico deu à pólis uma dimensão de centro e de equilíbrio geométrico, do mesmo modo – *et pour cause* – que vemos esse equilíbrio presente em todo o universo. Nucleando essa formulação temos o pensamento de Anaximandro, para quem a "substância única" não está na água nem no ar, mas no ἄπειον (*apeion*, infinito), quer dizer, na qualidade infinita da matéria, da qual todas as coisas são originárias e na qual tudo se dissolve, quando finda o ciclo estabelecido por uma lei necessária. Tal princípio infinito, que envolve e governa todas as coisas, é imortal e indestrutível. Nesse sentido, essa formulação representa um desenvolvimento qualitativo em relação à visão cosmológica de Tales. Vernant ressalta esse como o elemento basilar do

---

[37] Ver ibidem, p. 194.

pensamento de Anaximandro, que dimensionava a terra na contextualidade do universo[38]. Para o filósofo milésio, a terra situava-se no centro de um universo perfeitamente circular e, desse modo, poderia permanecer imóvel em razão de sua igualdade de distância, sem estar submetido à dominação de qualquer coisa. Em Anaximandro, a ἀρχή é animada por um eterno movimento – definido por Jaeger como teleológico, em que o universo possui um sentido racional[39] –, no qual ocorre a separação dos contrários, isto é, o quente e o frio, o seco e o molhado etc. Por meio dessa separação geram-se os "mundos infinitos", que se sucedem segundo um ciclo eterno. Para cada mundo, o tempo (do nascimento, da duração e do fim) é assinalado. Para esse filósofo, conterrâneo de seu amigo e mestre Tales, nascido por volta de 610 a.C., todos os seres deveriam, segundo a ordem do universo, espiar a culpa, uns dos outros, de suas injustiças[40].

Essa formulação já estará presente na concepção de justiça que Sólon entendia ser dominante no universo, isto é, a lei que punia a prevaricação e a prepotência possuía uma dimensão cósmica – a lei que regula o nascimento e a morte dos mundos. A elaboração soloniana nos permite articular os pressupostos analíticos do pensamento naturalista jônico com o mundo dos homens, pois apresenta-se como *reflexo* do desenvolvimento e da complexização societal como uma construção teórico-abstrata que tem por *base real* a vida terrena, principalmente as tentativas de *respostas sociais* às fundas alterações que se processavam nas póleis gregas. A genialidade de Aristóteles havia percebido esse nexo, chamando-nos atenção sobre esse aspecto central na filosofia milésia e realçando que os homens filosofaram para libertar-se da ignorância e só puderam fazê-lo quando haviam alcançado a condição de *atender às necessidades* para o bem-estar e o bem viver. Para o estagirita, somente a partir daí criaram-se as condições para o desenvolvimento das pesquisas e do conhecimento[41].

---

[38] Cf. Vernant, *As origens do pensamento grego*, cit., p. 97.

[39] Ver Jaeger, *La teologia de los primeros filósofos griegos*, cit., p. 29.

[40] Conforme vemos no fragmento de Anaximandro recuperado por Simplício – Fis., 24, 13. "Pois donde a geração é para os seres, é para onde também a corrupção se gera segundo o necessário; pois concedem eles mesmos justiça e deferência uns aos outros pela injustiça, segundo a ordenação do tempo". Apud em *La teologia de los primeros filósofos griegos*, cit., p. 40; também G. Legrand, *Os pré-socráticos* (Rio de Janeiro, Jorge Zahar, 1997), p. 34; e J. Cavalcante de Souza (org.), *Os pré-socráticos – vida e obra* (São Paulo, Nova Cultural, 1999), p. 50.

[41] Como vemos em Aristóteles: "Desta forma, se os homens filosofaram para livrar-se da ignorância, fica evidente que eles procuram o conhecer apenas para saber, e não para conseguir alguma utilidade prática. É o modo mesmo em que os fatos se desenvolveram o demonstra: quando existia quase

Isso significa dizer que a construção do conceito de *lei universal* advém da própria necessidade de estabelecer um novo ordenamento que deveria reger os conflitos e as contradições de uma forma societal em movimento[42]. Como agudamente acentua Mondolfo:

> [...] realiza-se uma projeção da pólis no universo, uma transferência ao acontecer natural, de toda uma família de conceitos tomados de empréstimo à vida jurídica: a causa (*aitia*), que já anteriormente significava 'imputação'; a justiça (*diké*), primeira forma de afirmação de uma lei natural, que é ainda uma lei jurídica com o seu caráter imperativo e normativo e com o elemento da sanção para os transgressores"[43].

De modo que a revolução intelectual realizada pelos jônios insere-se decisivamente na construção da nova ordem organizativa das póleis. A concepção de um κόσμος ordenado e geometrizado permite que se compreenda o universo e nele a Terra, dentro de uma harmonia lógico-matemática, distanciado de explicações não apenas fundadas puramente no mito, mas também daquelas interpretações que ainda apresentavam claras analogias mitológicas, como as teorias de Tales e de Anaxímenes. Daí a possibilidade de se desenvolver uma teoria do equilíbrio para a pólis. Nesse sentido, o entendimento conceitual de Anaximandro tem um papel central, na medida em que, no contexto dos "equilíbrios harmônicos", nenhum elemento singular, nenhuma parte do mundo poderia dominar as outras. A igualdade e a simetria dos diversos poderes constituintes do cosmos conformam a nova ordem da natureza. E como acentua Vernant, a supremacia pertence exclusivamente a uma lei de equilíbrio e de constante reciprocidade[44].

---

tudo o que era preciso para viver, para o conforto e o bem-estar, então iniciou-se a procurar esta forma de conhecimento. [...] De outra parte, a posse desta ciência deve colocar-nos em um estado contrário ao que estávamos no começo das pesquisas". *Metafísica*, cit., 982b – 20 e 983 – 13.

[42] Nesse sentido, Jaeger observa: "Em nenhuma outra parte da história da cultura grega vemos de modo tão claro o choque violento e inevitável entre a antiga cultura aristocrática e os homens da nova filosofia que lutam, pela primeira vez, para conquistar seu lugar na sociedade e no estado, e irrompem com um ideal de formação humana que exige o reconhecimento universal". *Paideia*, cit., p. 170.

[43] R. Mondolfo, *O pensamento antigo* (São Paulo, Mestre Jou, 1971), p. 33. Ver também Jaeger, *Paideia*, cit., p. 172 e seguintes.

[44] Cf. Vernant, *As origens do pensamento grego*, cit., p. 97. Em conclusão, ressalta Vernant: "A ordem não é mais hierárquica; consiste na manutenção de um equilíbrio entre potências doravente iguais, sem que nenhuma delas deva obter sobre as outras um domínio definitivo que ocasionaria a ruína do cosmos. Se o *ápeiron* possui a *arché* e governa todas as coisas, é precisamente porque seu reino exclui a possibilidade para um elemento de apoderar-se da *dynasteia*. A primazia do *ápeiron* garante a permanência de uma ordem igualitária fundada na reciprocidade das relações e que, superior a todos os elementos, impõe-lhes uma lei comum". Ibidem, p. 98.

Essa formulação que situa a terra num contexto de igualdade, em relação aos outros componentes da ἀρχή, incide, também na construção analítica da pólis, *o centro da vida dos homens*. Assim, se existe um universo em que o equilíbrio iguala todas as manifestações da ἀρχή, tal igualdade abarca e dá dimensão à própria sociedade, plasmando, também, outra forma de conceber as relações conflituosas existentes no interior das póleis, isto é, a *política em sua forma clássica*.

ENTRE O LAICO E O RELIGIOSO

O governo do alcmeônida Clístenes vem dar continuidade e aprofundamento às primeiras iniciativas reformistas implementadas por Sólon. Melhor seria dizer que as inovações clisteneanas impulsionam e radicalizam as modificações iniciadas por Sólon e por Pisístrato, ainda que a natureza dos conflitos e dos problemas na pólis ateniense, no período de Clístenes, apresente-se com outros conteúdos e outras complexidades. Após a morte de Pisístrato e das crises que se sucedem[1], a presença política da maioria dos membros do *demos*, a "plebe", é marcante, e a nobreza já não possui a mesma força para construir um campo hegemônico próprio. Dentro desse quadro conturbado, e premido pela necessidade de recompor o tecido social ateniense, Clístenes redesenhará a organização política da pólis, dando ênfase a uma nova concepção cívica, em que o elemento de identidade e de ligação do *demos* não esteja vinculado às velhas e míticas formas de coesão social, baseadas nas antigas estruturas de poder da aristocracia. A ação radical clisteneana implica uma intervenção que atinge não somente a noção de γένος (génos), mas também a própria distribuição espacial da pólis, que não se constitui apenas numa distribuição simbológica do poder, mas aparece fundamentalmente como a materialização da forma organizativo-política da hegemonia aristocrática.

---

[1] Pisístrato morre em 507 a.C., sendo substituído por seus filhos Hiparco e Hípias, que deram continuidade às políticas implementadas pelo pai. Hiparco, em particular, é o que apresentava maiores identidades com Pisístrato para prosseguir as reformas e também o que possuía as condições necessárias para se tornar um líder, mas é assassinado em 524 a.C. Hípias assume o poder e constitui um governo despótico e truculento. A família dos Alcmeônidas, juntamente com os Eupátridas, articulam com Esparta a derrubada do governo Hípias. Em 510 a.C., a Liga Peloponésica, liderada por Esparta, invade Atenas e entrega o poder à família dos Alcmeônidas.

Efetivamente há um rearranjo político que implica uma nova distribuição populacional no espaço urbano, em moldes isonômicos. Na estrutura aristocrática, a distribuição espacial e de ocupação da pólis baseava-se nas fratrias, que monopolizavam e legitimavam, em torno de si, o controle político da cidade. Clístenes, ao reorganizar a disposição político-espacial da pólis, dissolve a velha ordem aristocrática, sob a palavra de ordem *mesclar*, como enfatiza Musti, o que torna impossível ou inútil a busca das origens familiares[2]. Agora, não serão mais as fratrias a *céllula mater* da sociedade, mas as pequenas vilas. Na reorganização urbano-política da pólis, o território é subdividido em unidades básicas chamadas *demos* que, por sua vez, eram distribuídas em três grupos, segundo suas disposições geográficas em relação à Ática. Em seu conjunto, como nos informa Aristóteles, Clístenes dividiu o território ático em trinta *demos*, dez da cidade (*Ásty*), dez da costa (*Parália*) e dez do interior (*Mesógia*). Além do mais, dividiu ainda a estrutura tribal ateniense em dez, substituindo as antigas quatro que dominavam a pólis[3]. Desse modo, evidencia-se que o elemento imperante nas reformas clisteneanas é o da *prevalência da territorialidade* sobre o princípio mítico-gentílico. No contexto desse processo de mutação, aparece nitidamente a relação com o caráter geométrico presente na concepção de ciência e de κόσμος da filosofia da natureza, que expressa, justamente, a necessidade de se atribuir homogeneidade e simetria à pólis, no sentido do "igualitarismo natural" imperante no pensamento jônico. No escopo das reformas clisteneanas *constrói-se, também, outra concepção de poder e de legitimação*. Os cidadãos, enquanto membros das tribos, indicam seus representantes, em número de cinquenta cada uma, no órgão institucional que passa a legitimar a nova Atenas, o Conselho (βουλή, *Boulé*), que representa diretamente a sociedade e que se mantém em permanente contato com a Assembleia dos Cidadãos, a *Ekklesia*, objetivando garantir a coesão comunitária da pólis. Essas mudanças trazem, também, profundos significados político-simbológicos[4]. Nesse âmbito, o antigo referencial religioso de aglutinação comunitária, a *lareira sagrada*, cujo símbolo era Héstia, a antiquíssima deusa da lareira, antes restrita ao lar, transforma-se num

---

[2] Ver Musti, *Storia Greca* (Bari, Laterza, 2000), p. 270.

[3] Ver Aristóteles, *La costituzione degli ateniese* (Milão, Mondadori, 1991), XXI – 4-6.

[4] Como salienta J. P. Vernant: "Em face das antigas representações espaciais, temporais, numéricas, carregadas de valores religiosos, elaboram-se novos quadros da experiência, correspondendo às necessidades de organização do mundo da cidade, este mundo propriamente humano em que os próprios cidadãos deliberam e decidem seus negócios comuns". *Mito e pensamento entre os gregos* (Rio de Janeiro, Paz e Terra, 2002), p. 288.

símbolo político ampliado, isto é, a *Boulé* passa a representar a "lareira comum da cidade", a *Héstia Koiné*, que, apesar de reter a lembrança da lareira familiar – o altar doméstico fixado no solo e que diferencia cada *oikos* em sua peculiaridade religiosa e define o grupo familiar coesionado em torno de si –, *redimensiona o elemento ideo-coesivo-central*, passando da família nuclear para todas as casas que constituem a pólis[5]. Desse modo, a reorganização do espaço e a introdução da *Héstia Koiné* acentua a consolidação e a materialização do principio de uma pólis *centrada na isonomia*, quer dizer, numa *pólis igualitária, com fortes traços comunitários*.

A análise dessa processualidade, por historiadores contemporâneos, suscitou um debate importante sobre o *novo caráter* do centro coesivo da pólis. Polemizando com Lévêque e Vidal-Naquet[6] – que afirmam ser a reforma clisteneana profundamente laica –, Vernant recoloca o problema da laicização da vida social a partir de Clístenes. Segundo este historiador, a questão da possibilidade de uma sociedade laica no século VI esbarra na dificuldade de se adequar a relação entre o político e o religioso na Grécia Antiga. Mas ainda assim, na visão de Vernant, podemos dizer que a noção de centro, tal como aparece no simbolismo político da lareira comum, ganha um caráter abstrato e positivo bastante acentuado[7]. Se de um lado esse caráter abstrato dá as condições para a perda do elemento mitológico no centro daquela forma de legitimação, já que o centro de poder, a *Héstia Koiné*, pode, agora, ser posto em qualquer lugar do território da pólis, por outro lado, e na direção das conclusões de Vernat, esse deslocamento do poder legitimador para um centro coletivo – ampliado – gera uma nova forma de religião, uma *religião política*[8]. Esse elemento religioso aparece reequacionando a própria forma religiosa anterior, colocando o novo centro que tem por referência uma ética baseada justamente numa ἀρετεή que realça os valores coletivos. Daí estabelecerem-se, nessa nova δίκη, conteúdos que possuem, ao mesmo tempo, *elementos religiosos e laicos*. Mas ressaltemos, porém, que o elemento laico, aqui, *subsume-se ao religioso*, na medida em que essa *forma-religião*, estritamente vinculada à nova dinâmica da comunidade – adquirindo a *morphosys* de uma *religião*

---

[5] Ver ibidem, p. 289. Nessa direção, acentua Vernant: "O centro traduz no espaço os aspectos de homogeneidade e de igualdade, não mais os de diferenciação e de hierarquia. Acrescentemos que por seu contato com as realidades políticas que ele agora tem o encargo de exprimir, o símbolo do centro desprende-se das representações religiosas às quais estava antes associado".

[6] Ver P. Lévêque e P. Vidal-Naquet, "Clisthène l'Athénien", *Annales Littéraires de L'Université de Besançon* (Paris, Les Belles Lettres, 1964, v.1).

[7] Cf. Vernant, *Mito e pensamento entre os gregos*, cit., p. 289 e seguintes.

[8] Ibidem, p. 289-290.

cívica, como a definiu Vernant⁹ –, *redimensiona a noção de moralidade*. A *Héstia Koiné* introduz nas relações sociais que se estabelecem no contexto da pólis a *moralidade coletiva* que regula e subalterniza a individual e aquela de classe, exclusiva da aristocracia. E essa nova concepção de moralidade coletiva e reguladora encarna-se num *daimón*, também ele redimensionado, que passa a ser o espírito que acompanha o indivíduo e o faz lembrar de seus deveres para com a coletividade, mesmo quando está só, que constitui, no plano simbólico-místico, o elo de ligação entre a pólis e o indivíduo. De modo que, se de um lado sacraliza-se uma *virtù* coletiva que passa a reger o centro legitimador da pólis e tem por fundamento uma *ética politeia*, de outro, introduz-se *a política como elemento legitimador e de mediação*, que, mesmo subsumido à religião, adquire *alto teor de laicidade* e se consubstancia como o lado secular da religião cívica da pólis.

A tendência dual, de divinização do coletivo e de institucionalização por meio da secularização das relações sociais e, consequentemente, da regulação da vida comum a partir de uma nova noção de δίκη, projeta-se fortemente já no período anterior a Clístenes. Podemos dizer que o início dessa processualidade encontra-se justamente no contexto do Arcaísmo, em que são estabelecidos os contornos histórico-morfológicos das póleis, por volta do século VIII a.C. A constituição de cidades ligadas a territórios específicos cria a necessidade da proteção de deuses próprios, e essas divindades políades consolidam o corpo comunal num mesmo espaço físico e cívico. Também a edificação de templos, fora das residências e do palácio, legitima a cidade como local de moradia do deus e o espaço sagrado dentro da pólis¹⁰. A construção de uma *forma-religião* com alto teor de civismo e de secularização encontra condições históricas para um impulso formidável exatamente no período em que se processa a viragem ideológica que projeta a pólis como centro do universo: é no período de Sólon que o desenvolvimento de uma forma de mediação da vida social centrada no direito comunitário ganha força. Nesse sentido, vemos a tragédia grega, surgida em finais do século VI, construindo as primeiras *formas de reflexão mediativa* sobre

---

[9] Ver J. P. Vernant, *Mito e religião na Grécia Antiga* (Campinas, Papirus, 1992), p. 49 e seguintes.

[10] Como acentua Vernant: "Pela mediação de seus deuses políades instalados nos seus templos, a comunidade estabelece entre homens e terras uma espécie de simbiose, como se os cidadãos fossem filhos de uma terra da qual teriam surgido na origem na forma de autóctones e que, por esse laço íntimo com os que a habitam, acha-se ela própria promovida ao nível de 'terra de cidade' [...] A ocupação do santuário, sua vinculação cultural ao centro urbano têm o valor de possessão legítima. Quando funda seus templos, a pólis, para assegurar um fundamento inquebrantável à sua base territorial, implanta suas raízes até no mundo divino" (ibidem, p. 51).

a crise da pólis e, de certo modo – ainda que no âmbito intuitivo e estranhado, por meio da catarse –, as conexões iniciais entre a vida genérica da pólis e seus impactos na vida cotidiana, juntamente com a política, que se estrutura como *forma de ação e de compreensão imediata* da crise, enquanto parte "secular" da estrutura cívico-religiosa da pólis e precedendo a própria filosofia social que se desenvolverá a partir de Sócrates e Platão, como sistematização mediativo-reflexiva do processo de ascensão e de crise da forma política da δημοκρατία.

Esse se constitui um momento especial da pólis ateniense. A situação de crise possibilita a reformulação e a recolocação de questões relativas aos conteúdos da atividade social, principalmente os relacionados à ética e à moralidade, o que implica, também, a construção de outras formas de relações sociais que indicam, tendencial e contraditoriamente, a aceleração do processo de desenvolvimento da individualidade, numa base social em que, cada vez mais, cresce o protagonismo dos homens na luta contra as "fatalidades do destino". Assim, as condições histórico-objetivas que engendram as leis de ordenamento da pólis, suas relações jurídico-políticas com seus componentes secularizados, favorecem também, antiteticamente, de um lado, o estreitamento de uma identidade consciente – superando aquela que aparecia como atavicamente dada – entre indivíduo e comunidade, e, de outro, a geração das condições subjetivas para a emergência do homem individual. No entanto, essa individualidade em processo de formação – diferentemente do que sucederá algumas décadas adiante –, determinada, ainda, pela permanência de uma profunda ligação do indivíduo à comunidade, aparece subordinada aos interesses e às aspirações de uma pólis soldada numa dialética e num *ethos* comunitário. Num contexto ideo-societal antropomorfizado, mesmo que já permeado por uma teoria explicativa universalizante, que potencialmente aponta para possibilidades desantropomorfizadoras da realidade, como a teoria do universo igualitário dos filósofos da natureza, a dualidade imperante na concepção cosmológica – se levarmos em conta o ponto material de radicalidade onde se estabelece o conflito na sociedade – consubstancia-se como *reflexo social* da situação de *stasis*, a luta entre a aristocracia e a maioria dos membros componentes da pólis, no processo de objetivação de uma nova δίκη que põe no centro da vida a comunidade. De modo que é na base da religião cívica que teremos as condições subjetivas para que se desenvolvam formas de mediação como tentativas de respostas à situação de crise.

A estrutura religiosa, em geral, como acentuou Lukács, é sempre composta por uma interação entre teoria e prática[11]. No caso da religião cívica ateniense,

---

[11] Ver *Estetica* (Barcelona, Grijalbo, 1966, v. I), p. 124 e seguintes.

essa interatividade consubstancia-se, de um lado, na *política*, o elemento da ação prático-objetiva – radicada na filosofia da natureza que ao especular sobre o desconhecido não se coloca limites, ainda que tenha dentro de si claros componentes teológicos – e, de outro, na *tragédia*, como um elemento de reflexão sobre a vida prático-cotidiana da pólis, realizada por meio da catarse. Mesmo sendo o ponto em que o aspecto secular encontra-se mais fluido, é na tragédia que encontramos, contraditoriamente, de forma evidente, a presença de elementos constitutivos do espírito especulativo da filosofia da natureza, quer dizer, o questionamento do que é posto pelo universo divino, mesmo que verifiquemos em sua estrutura uma teodiceia[12]. Ainda que haja, contraditoriamente, uma constante subsunção à transcendência posta pelo elemento religioso – que se manifesta também na política –, por meio da presença dos desígnios divinos que estão acima dos desejos humanos e situam-se, dessa forma, na sublimação de uma ética determinada pelos ordenamentos de inspiração divina, vemos a possibilidade, por intermédio da tragédia, de colocar questionamentos sobre os desejos dos deuses e, também, de manifestar as aspirações de liberdade humana, como expressa a tragédia de Prometeu, na qual, apesar da advertência das ninfas, filhas de Oceano (o coro), para não afrontar Zeus, o herói acorrentado responde que o deus não possui nenhuma consideração para com os homens e o quer punir por haver dado o fogo a eles[13]. Estabelece-se, nesse âmbito, o escopo das articulações antitéticas dos "complexos de complexos" que invoca Lukács, isto é, quando no plano ideológico configura-se a possibilidade de apreender os respectivos momentos e as complexidades de

---

[12] Sobre esse aspecto fundamental, observa agudamente Lukács: "A elaboração explicita das categorias e dos métodos específicos da ciência significou inevitavelmente uma luta cada vez mais determinada, contra todo tipo de personificação e, portanto, contra os mitos nos quais se objetivava a religiosidade grega. (A situação histórica que indicamos nos obriga a concluir que a arte, especialmente a poesia, alcançou um papel de importância sem precedentes, através do desenvolvimento e da interpretação desses mitos; a partir dos quais podemos explicar a expressiva hostilidade entre filosofia e poesia, um dos elementos característicos da evolução cultural grega)". *Estetica*, cit., v. I, p. 151.

[13] A partir da firmeza de Prometeu ao desafiar a Zeus, Ésquilo realça o aferramento do gênero humano a um campo ético que reforça a hominidade frente às forças hostis ao desenvolvimento humano e, ao mesmo tempo, expõe o trágico no contexto da solidão humana ao confrontar o poder divino. Ao acorrentá-lo na inacessível rocha situada nos extremos confins do universo, Éfesto fala a Prometeu: "Recusar obediência a um Pai, é grave [...] Quem te dará paz não nasceu. Tu amaste os homens, e este é o fruto. Oh Deus que não te curve à ira dos Deuses, honraste os homens como Deuses, contra a lei". Ésquilo, "Prometeo Incatenato", em Ésquilo, *Tutte le tragedie* (Roma, Newton & Compton, 2000), p. 108.

que se compõe a crise, assim como de apontar alguns contornos intelectivos que possibilitem sua superação, de modo que, mesmo no patamar da imediaticidade, essa percepção direciona-se para elementos de universalidade[14]. Assim, vemos surgir, concomitantemente, duas formas mediativas no âmbito das respostas sociais para a situação de *stasis*.

De uma parte, a *mediação pragmática operada por meio da política*, que vem preencher a *necessidade imediata* de arbitrar a crise, não somente como elemento de consolidação ideológico-religiosa da unidade comunitária, mas, principalmente, como regulação temporal e prática de relações sociais conflituosas, cujas raízes se encontravam nas fundas mudanças que se processavam na base material da pólis. Mas isso não significa dizer que a normatização realizada na pólis ateniense do final do século VI apresentava-se dominantemente dentro de um espectro de igualdade efetiva, como fica evidente com a própria institucionalização da política, enquanto *forma pragmática de regulação e mediação* das lutas sociais. Assim, o *elemento igualitário manifestava-se no âmbito ideológico*, por meio da religião cívica que funcionava como um *regulador coercitivo* baseado numa *forma particular* de "religião de estado". Essa regulação jurídico-política "igualizava" cidadãos diferenciados *em sua inserção objetiva na base material da sociedade*. Como vimos, mesmo tendo intrínsecos componentes religiosos em seu núcleo constitutivo, a estrutura ideo-jurídico-política, em seu aspecto operacional, possuía altos elementos de secularização que *expressavam e dimensionavam a desigualdade existente na base real da sociedade*. Basta que recordemos as medidas de Sólon, ao instituir o que Finley define como uma "hierarquia formal de posição social", cujo critério básico era a riqueza, consubstanciada no *quantum* da produção agrícola: os cargos mais altos eram consignados a homens cujas terras produzissem quinhentas medidas de secos ou líquidos[15]. Esse é o escopo em que se efetiva a separação da propriedade comunal/estatal, enquanto *ager publicus*, da propriedade privada. No entanto, se não podemos deixar de dizer, como evidenciou Marx, que uma parte do *plus-trabalho* do pequeno proprietário revertia-se para a comunidade[16], é igualmente correto dizer que outros membros da comunidade possuíam condições materiais de vida

---

[14] Ver G. Lukács, *Ontologia dell'essere sociale*, v. II, cit., p. 535 e seguintes.

[15] Finley, *Grécia primitiva: Idade do Bronze e Idade Arcaica* (São Paulo, Martins Fontes, 1990), p. 133.

[16] Ver Marx, *Elementos fundamentales para la crítica de la economia política (Grundrisse) – 1857-1858* (México, Siglo XXI, 1986, v. I), p. 439 e seguintes.

que iam para além da relação com a comunidade que se estabelecia entre a maioria dos habitantes da pólis e se constituíam os *self-sustaining paesents*[17].

Objetivamente, este constitui o real contexto que determinará a inserção da massa desses camponeses à cidadania. Os escravos passam a ser uma força crescente de trabalho que, além de exercer atividades na agricultura, atuam nas oficinas artesanais, que produzem mercadorias para um importante e ativo mercado interno – e, principalmente, externo –, dando os elementos objetivos para o desenvolvimento de uma hegemonia ideo-societal, de caráter escravista. O campesinato no passado compôs o *fundamento da economia agrícola ateniense* e, por esse motivo, *determinou historicamente o caráter morfológico da forma societal de uma pólis que, agora, sofria alterações estruturais de fundo*. Sua emergência na vida política da pólis num convulsionado momento de crise socioeconômica – como resultado da absorção de um segmento social subalterno que pressionava e desestabilizava a ordem política vigente – consolidará uma presença institucional, mesmo levando-se em conta a *subsunção funcional* desses camponeses – determinada pelas *condições* de vida e de sobrevivência – aos grandes proprietários e aos ricos comerciantes, também eles πολίτοι ισοι de Atenas.

Se é justo afirmar que o surgimento de leis isonômicas favoreceram a inclusão dos pequenos camponeses na vida social da pólis por meio da religião cívica, transformando-os em cidadãos, como enfatiza Wood[18], não podemos deixar, porém, de ressaltar que esta constitui-se *na primeira forma de regulação da desigualdade*, por meio de mecanismos formais e secularizados de governo, pois não se trata somente

---

[17] Lembremos que, juntamente com a produção escravista ateniense, havia um grande número de camponeses que exerciam atividades importantes para a vida comunitária, além da autossubsistência, como evidencia-se na utilização positiva do conceito de τέχνη em Atenas. Observarmos no item anterior: a especificidade da economia ateniense, ainda que baseada fundamentalmente na agricultura, possuía uma grande diversificação produtiva, basicamente a partir do desenvolvimento de uma artesania urbana, implementada por trabalhadores livres e também por escravos, que produziam e favoreciam uma ampla circulação de mercadorias. Isto sem contar, ainda, na grande atividade de extração de prata, baseada exclusivamente no trabalho escravo, nas minas atenienses e de outras localidades, onde atenienses ricos, como Pisístrato, eram proprietários. Destaque-se ainda que, mesmo prevalecendo a pequena propriedade como forma geral de produção, a própria aristocracia não possuía grandes extensões de terras, o que tornava comum que os aristocratas fossem proprietários de várias possessões ao mesmo tempo, em diversos locais da Ática, onde aparecia como dominante, *enquanto estrutura produtiva*, a forma trabalho-escravo.

[18] E. M. Wood, *Democracia contra o capitalismo – a renovação do materialismo histórico* (São Paulo, Boitempo, 2003), p. 178 e seguintes.

de um "consenso normativo", na definição de Gehlen[19], mas também de um *consenso estranhado* e onto-negativo[20], na medida em que legitimado pelo mito que fundamenta a isonomia – basta que lembremos do mito de Teseu – que se estruturava na *construção de uma hegemonia* que tinha por base a nova classe de possuidores de riquezas e que, por isso mesmo, necessitava de uma ἀρετεή reformulada e ampliada, assim como uma δίκη adequada à nova realidade da pólis. Interessa-nos, aqui, ressaltar o caráter mistificador da ideia de uma ampla democracia na pólis ateniense – que supostamente existiria já, desde o período de Clístenes –, muito comum nas análises de historiadores e cientistas sociais contemporâneos, como podemos ver também nas interpretações de Mann, em seu *The Sources of Social Power*, que, mesmo relevando a democracia escravista como resultado da expansão imperialista de Atenas, afirma que a democracia ateniense foi a "mais genuína democracia participativa entre uma extensiva população cidadã" – ressaltando, porém a exclusão de "minorias" como as mulheres, escravos e estrangeiros[21]. No entanto, essa "minoria", que para Mann parece ser de pouca importância, constituía um número populacional bastante considerável. Nos períodos de maior densidade populacional, Atenas chegou a possuir um total de escravos que variava entre 60 mil e 80 mil, entre uma população de homens livres, em torno de 150 mil pessoas, incluindo-se aí as crianças, as mulheres e os *metecos*, sendo estes dois últimos "grupos" sem

---

[19] A. Gehlen, *Der Mensch* (Bonn, Athaenaeum Verlag), 1950.

[20] Incorporamos o conceito de *onto-negatividade da política* cunhado por J. Chasin para definir a questão central marxiana da *emancipação humana* contraposta à noção *formal e politicista* de "emancipação política". No caso do Mundo Antigo, dado o alto grau de idealismo presente em sua cosmologia e, por isso mesmo, com grande teor de *autoconsciência*, podemos nuclear a onto-negatividade exatamente no *fundamento mesmo da política* como produto da religião cívica e do igualitarismo mítico-formal da democracia escravista – a δημοκρατία. Sobre essa questão, ver J. Chasin, *Marx: estatuto ontológico e resolução metodológica* (São Paulo, Boitempo, 2009), p. 85 e seguintes.

[21] Como afirma M. Mann: "Atenas conheceu provavelmente a mais genuína forma de participação democratica entre as comunidades cidadãs (ainda que envolvendo apenas uma minoria da população – pois mulheres, escravos e residentes estrangeiros estavam excluídos). A participação na Assembleia envolvia regularmente mais de 6000 pessoas. O principal corpo executivo, o conselho, era regulado por um ágil sistema de rodízio e escolhido pela maioria. [...] *isegoria* significava livre discurso, não no nosso moderno sentido negativo de liberdade da censura, mas no sentido ativo do direito e do dever de fala nas assembleias dos cidadãos". *The Sources of Social Power – a history of power from the beginning to A. D. 1760* (Cambridge, Cambridge University Press, 1986, v. I), p. 210.

direitos de cidadania²². Mann, como já havia observado Anderson²³, superestima a democracia clássica grega, em seus aspectos formais, isto é, a participação dos cidadãos na Assembleia e na liberdade de palavra, *desconsiderando exatamente todo o complexo de manipulação determinado pelo poder econômico dos grupos hegemônicos na sociedade ateniense e, fundamentalmente, a relação de subalternidade dos camponeses no que se refere à sua situação real em relação à base material da sociedade*. De modo que já no período de objetivação das condições históricas que possibilitam o *vir a ser* da δημοκρατία – a constituição da pólis igualitária – cria-se entre os πολίτοι ισοι uma situação de desigualdade, regida por uma *igualdade idearia*, isto é, *fora do que constituía a esfera real de inserção na propriedade e fundamentalmente na produção* já que, na direção da concepção marxiana, a "igualdade de direitos" – inclusive a da distribuição dos meios de consumo – é, em todo momento, um corolário da distribuição das próprias condições de produção²⁴.

Mas se a política tem por objetivo regular o conflito, por meio de uma ação pragmática, de outra parte, a tragédia apresenta-se como uma forma de "teoria intuitiva" que busca refletir a práxis de uma socialidade que fundamenta-se e renova-se por meio do πόλεμος (*pólemos*, conflito). De modo que a tragédia desenvolve-se dentro de uma situação de crise, em que o πόλεμος revela-se em todos os campos da práxis que permeia a pólis. A crítica reflexiva posta pela filosofia da natureza aparece, então, como o núcleo ideológico que fará o contraponto da condição de crise, exatamente porque põe em dúvida verdades consagradas. Obviamente, não será a filosofia da natureza jônica a responsável pela crise que se estabelece na Grécia do período arcaico, mas serão suas colocações críticas que irão materializar o questionamento de um "universo instituído". No entanto, essa liberdade de automovimento conseguida pela ciência implicou, por outro lado, uma evolução extremamente conflituosa do conhecimento. Se, de uma parte, essa liberdade possibilita a formulação clara da contraposição – não somente de conteúdo, mas também metodológica entre religião e ciência –, de outra, sua reverberação nas concepções engendradas pelo pensamento cotidiano aparecerão dispersas e arremetidas ao *âmbito da vida imediata*, porque, como frisamos anteriormente, nas relações sociais engendradas pela cotidianidade desenvolve-se um vínculo entre teoria e prática limitado ao

---

[22] Ver Finley, *Economia e sociedade na Grécia Antiga* (São Paulo, Martins Fontes, 1989), p. 108, e Wood, *Democracia contra o capitalismo*, cit. p. 160.

[23] Ver P. Anderson, *Afinidades seletivas* (São Paulo, Boitempo, 2002), p. 165.

[24] Ver K. Marx, *Crítica del programa de Gotha* (Moscou, Progresso, s/d), p. 14 e seguintes.

pragmatismo imediatista[25]. Assim, tanto a política, pelo seu pragmatismo, como a tragédia, pela sua ênfase catártico-imediata, apreenderam perifericamente o complexo de problemas levantados pela filosofia da natureza jônica. Exatamente por isso, a política e a tragédia serão mais permeadas pelo pensamento religioso, justamente por comporem formas de apreensão que se constituíram em *mediações altamente relativizadas da imediaticidade cotidiana* da vida da pólis.

Em seu elemento de crítica intuitiva, a tragédia transcende apenas em parte a visão cotidiano-imediata da crise, estritamente por seu aspecto catártico. Se, por um lado, apresenta elementos de dissenso em relação aos desígnios divinos, por outro, finda por legitimar esses mesmos desígnios, ainda que dentro de um "conformismo relutante". Justamente por isso é que a tragédia constitui-se numa *Aufhebung* (transcendência) *incompleta* que, objetivamente, não consegue elevar-se por inteira da imediaticidade e de uma visão dual e antropomórfica do mundo, mesmo que coloque, também, a existência de uma ambiguidade universal e nas relações dos homens com os deuses, como o próprio significado da palavra grega denota – τραγῳδία (*tragōidía*, controverso). Desse modo, a tragédia terá como base a relação conflituosa entre o humano e o divino, o passageiro e o duradouro, o banal e o elevado[26]. Em seu talentoso ensaio sobre a tragédia grega[27], Vernant acentua que o âmbito da tragédia é constituído justamente pelos elementos centrais da vida da pólis, quer dizer, o direito, a religião, a política e a ética, mas no sentido de criar um cenário para

---

[25] Na definição de Lukács: "O conhecimento derivado da práxis, no curso do desenvolvimento do homem, seguiu dois caminhos, que várias vezes cruzaram-se: por um lado, os resultados da práxis, corretamente generalizados, foram coordenados pela totalidade do saber alcançado naquele momento, de modo que tornavam-se força motriz determinante do progresso científico conduzindo à retificação, a uma adequação à verdade, da imagem humana do mundo; por outro lado, parou-se na utilização direta daquilo que tinha sido adquirido de fato pela práxis imediata, isto é, contentou-se de poder, com seu auxílio – usando uma expressão moderna – manipular determinados complexos objetuais. Estas duas tendências compareceram no passado simultaneamente, muitas vezes entrelaçadas entre elas, e quanto menos a ciência era evoluída, tanto mais, ainda que faltando o intento da manipulação, os conhecimentos que no imediato funcionavam corretamente acabavam por serem enquadrados em teorias gerais falsas". *Ontologia dell'essere sociale*, cit., v. I, p. 36 – 37.

[26] Na definição de Kosik, "[...] Se o humano suprime o divino, o passageiro elimina o duradouro e o banal acaba com o elevado, a comunidade se desintegra, a pólis desaparece e com ela desaparece também a tragédia. Tal como os atenienses a criaram, a pólis é parte de seu modo de manter e renovar a comunidade deles. A tragédia, então, não nasceu da *Poética*, mas da política, da pólis". Karel Kosik, "O século de Grete Samsa: sobre a possibilidade ou a impossibilidade do trágico no nosso tempo" em *Revista Matraga*, Rio de Janeiro, Instituto de Letras, UFRJ, n. 9, 2003, p. 2.

[27] "Tensões e ambiguidades na tragédia grega", em *Mito e tragédia na Grécia Antiga* (São Paulo, Perspectiva, 1999, v. I), p. 7-24.

poder por em discussão seus próprios fundamentos, como é o caso da predileção dos trágicos pelos temas de competência jurídica – como os crimes de sangue, que compõem um espaço cênico para o desencadeamento de uma dramatização da vida e dos valores que a regem[28]. Daí a cidade constituir o espaço fundamental para o desenvolvimento dessa modalidade poética, em que se manifesta, como acentua Jaeger, uma força educadora, moral, religiosa e humana, que expressa uma inquebrantável confiança na ordem cósmico-divina – mesmo que se apresente contraditória e conflituosamente – que rege e dimensiona os ordenamentos da pólis e os próprios conteúdos de sua poesia[29]. Não por acaso, Aristóteles considerava que as personagens da tragédia antiga falavam politicamente e, como assinalou o estagirita, as personagens trágicas quando pensam e falam estão não somente demonstrando suas posições definidas, mas, sobretudo, manifestando decisões[30]. Assim, podemos considerar a tragédia como o momento em que, decisivamente, os cidadãos – os que possuíam a τέχνη – entram em cena na vida cultural da pólis. Jaeger enfatiza, em sua análise, que a tragédia outorga novamente à poesia grega a capacidade de abraçar a unidade de tudo o que é humano e, nesse sentido, somente pode ser comparada à epopeia homérica, justamente no que se refere à sua força estruturadora e à sua amplitude criativa[31].

---

[28] Nesse sentido, Vernant ressalta: "Nenhuma tragédia, com efeito, é um debate jurídico, nem o direito comporta em si mesmo algo de trágico. As palavras, as noções, os esquemas de pensamento são utilizados pelos poetas de forma bem diferente da utilizada no tribunal ou pelos oradores. Fora de seu contexto técnico, de certa forma eles mudam e, na obra dos trágicos, misturados e opostos a outros, vieram a ser elementos de uma confrontação geral de valores, de um questionamento de todas as normas, em vista de uma pesquisa que nada mais tem a ver com o direito e tem sua base no próprio homem: que ser é esse que a tragédia qualifica de *deinós*, monstro incompreensível e desnorteante, agente e paciente ao mesmo tempo, culpado e inocente, lúcido e cego, senhor de toda a natureza através de seu espírito industrioso, mas incapaz de governar-se a si mesmo? Quais são as relações desse homem com os atos sobre os quais o vemos deliberar em cena, cuja iniciativa e responsabilidade ele assume, mas cujo sentido verdadeiro o ultrapassa e a ele escapa, de tal sorte que não é tanto o agente que explica o ato, quanto o ato que revelando imediatamente sua significação autêntica, volta-se contra o agente, descobre que ele é o que ele realmente fez sem o saber? Qual é, enfim, o lugar desse homem num universo social, natural, divino, ambíguo, dilacerado por contradições, onde nenhuma regra aparece como definitivamente estabelecida, onde um deus luta contra um deus, um direito contra um direito, onde a justiça, no próprio decorrer da ação se desloca, gira sobre si mesma e se transforma em seu contrário?". Ibidem, p. 9-10.

[29] *Paideia*, cit., p. 225.

[30] Ver "Poética", em *Aristóteles* (São Paulo, Abril Cultural, 1973, col. Os Pensadores, vol. IV), VI – 1450 a.

[31] *Paideia*, cit., p. 226.

Essa definição de Jaeger centra a questão em seu escopo real, na medida em que situa essa nova modalidade poética no contexto das grandes alterações que se processavam na *Weltanschauung* da pólis ateniense. De certo modo, essa também é a definição de Vernant ao nuclear o surgimento da tragédia no contexto da passagem do período Arcaico para o Clássico, ressaltando, ainda, o elemento da *determinação material*, propiciando o surgimento da tragédia como modalidade estética e, nesse sentido, para esse autor, a consciência trágica nasce e desenvolve-se com a própria tragédia, isto é, com o próprio questionamento que ela exerce sobre a sociedade[32]. Há, ainda, outra convergência entre Vernant e Jaeger, quando os dois autores afirmam ser o processo de construção da tragédia uma dinâmica sociocultural que inicia a encarar o mito com o olhar do cidadão, exatamente por submeter a questionamentos os valores citadinos. No escopo ideológico que a tragédia expressa, há um duplo movimento em relação ao mito. De um lado, ele sofrerá um processo de dissolução – no que se refere à sua forma tradicional, posto pela epopeia homérica. Por outro, há uma recomposição do mito, quando são atribuídos a ele fortes conteúdos de hominidade, estabelecendo, assim, um debate entre o passado e o presente[33]. Como agudamente salienta Jaeger, ao separar-se da epopeia, a tragédia expressa os novos conteúdos do pensamento, seja na forma de uma exigência normativa para a comunidade, seja como expressão pessoal da individualidade[34]. Desse modo, a tragédia, como forma poética nova que se separa definitivamente da epopeia, recompõe o mito, inserindo-o no âmbito da vida dos homens, transformando-o em parenética ou em reflexões próximas à uma "filosofia intuitiva" que situa e contextualiza os heróis míticos como *personas* viventes.

A tragédia, como construção intuitivo-interpretativa da vida social da pólis surge, assim, resultante de uma comoção determinada pela crise da antiga ordem

---

[32] Ver J. P. Vernant e P. Vidal-Naquet, *Mito e tragédia na Grécia Antiga* (São Paulo, Perspectiva, 1999), p. 9-10.

[33] Na definição de Jaeger: "A representação do mito na tragédia não tem um sentido meramente sensível, mas sim radical. Ele não se limita somente à dramatização exterior, que converte a narração numa ação dividida, mas penetra no espiritual, no mais profundo da persona. As lendas tradicionais são concebidas desde o ponto de vista das mais intimas convicções da atualidade. Os sucessores de Ésquilo, e especialmente Eurípedes, foram mais além, até *converter finalmente a tragédia mítica numa representação da vida cotidiana*. O germe desta evolução encontra-se já no começo, quando Ésquilo nos apresenta as figuras dos cantos heroicos que, frequentemente, não eram mais do que puros nobres destacados por suas ações sobre um fundo vazio, de acordo com a opinião vigente sobre eles". *La teología de los primeros filósofos griegos*, cit., p. 235 (grifos nossos).

[34] Ver ibidem, p. 227 e seguintes.

e das formas religiosas anteriores e pela aparição de novas forças espirituais. Como lembram Jaeger e Vernant, a tragédia é representada na pólis com um grande sentido de respeitabilidade, como instituição social recebida solenemente pelos órgãos mais importantes da cidade, o que significa que sua *crítica catártica da vida cotidiana* possuía um forte enraizamento na sociedade, evidenciando que os poetas trágicos viam seu trabalho como "responsabilidade do espírito da comunidade". Nesse sentido, estamos de acordo com a definição de Jaeger, que entende esses poetas não somente como criadores de um novo momento espiritual, mas, principalmente, como expressões representantes daquele espírito[35]. Portanto, nesse processo ocorre não somente um *aggiornamento* do mito, mas, fundamentalmente, sua *historicização*, e, como no início do Arcaísmo, com a epopeia, redimensiona ideologicamente esse mito, no sentido de responder à *stasis* e à nova ordem que se constitui com a tirania. O trazer o mito para a esfera material da vida dos homens implica, ainda, conceber uma essencialidade humana ambígua, composta pelo controverso, pelo bem e pelo mal, também eles elementos constituintes e conformadores do próprio direito que passa a reger a cidade e que constroem um equilíbrio que se realiza sob tensões. Mas essa postura de absorção da ambiguidade na essência humana – e de atribuir, inclusive, dignificação ao φόβος (temor) – não pode ser restringida apenas à existência de um movimento espiritual como, ao limite, quer Jaeger, mas *encontra seus nexos na conflituada vida material dos tempos da tirania*. Eram tempos em que a vida oscilava entre o φόβος e o respeito à legalidade, quer dizer, da construção de uma nova δίκη – no contexto de um novo κόσμος –, e precisamente a edificação de uma nova ordem ideo-societal criava toda uma situação de tensão e insegurança, materializada na constante presença do πόλεμος. Mas tanto o mal como o bem estavam dignificados pela religião cívica, que em sua essencialidade *refletia* tanto o temor como a paixão e a esperança no futuro, elementos imanentes de um momento de funda transição societal. De forma que, nessa processualidade, engendrava-se *outra unidade da essência humana*, que agora contemplava em si o controverso. A tensão permanente que existe e que é percebida conscientemente, entre indivíduo e o *ager públicus* – o tênue equilíbrio entre respeito e temor –, possibilita a conceitualização de que o mal não paira sobre a essencialidade humana, mas, ao contrário, *é parte integrante dela*. Assim, a noção de um universo isonômico, posta pela filosofia jônica da natureza, que igualitariza todos os componentes da ὕλη, como parte imanente da ἀρχή, constituir-se-á a nova concepção que irá permear a cosmologia que se engendra no Tardo Arcaísmo grego.

---

[35] Ibidem, p. 231.

Lembremos que essa tendência igualitarizante delineou-se no próprio contexto de objetivação histórica do Arcaísmo, resultante das contradições sociais presentes naquele período e das consequentes alterações que se processam no interior do conceito aristocrático de ἀρετεή. Uma alteração de tal magnitude na *Weltanschauung* da Grécia homérica não poderia deixar de atingir outros elementos essenciais de uma *Weltentstehung*, também ela, em movimento. Retomando alguns aspectos componentes da cosmogonia presente no Homero da *Ilíada*, mesmo que em largos traços podemos verificar as mudanças que se processaram no imaginário daquela sociabilidade. Não que a cosmogonia homérica, principalmente aquela da *Ilíada*, se apresentasse como um conjunto ideo-cultural estático. Ao contrário, como fica evidente, a forte presença micênica no imaginário homérico aparece em reprocessamento, como já observamos. Mas é também clara a relação de um cosmos vinculado à concepção ideo-societal aristocrática. Há, como evidenciaram Finley e Vidal-Naquet[36], um expressivo vínculo do Olimpo com uma pólis aristocrática que inicia a viver a crise de hegemonia de sua classe dominante, basta que comparemos a *stasis* presente no Olimpo e que obriga a Zeus intervir permanentemente – para que os deuses não tomem partido dos mortais –, com a *stasis* presente no mundo dos homens.

Nesse período, que pode ser definido como o da construção de uma teogonia propriamente "étnica dos gregos"[37], a noção de Zeus como substância – que será delineada nos poemas de Hesíodo e, principalmente, na concepção de cosmos dos poetas trágicos, reverberando as formulações da filosofia jônica da natureza – não é claramente definida. Os deuses são ainda entendidos como potências e evidencia-se a permanência de uma disputa com outras entidades deíficas sobre o domínio do mundo divino – no âmbito de um imaginário religioso em formação e em luta por hegemonia –, perceptível em muitas passagens da *Ilíada* como, por exemplo, quando vemos Posêidon rebelar-se contra uma ordem de Zeus[38], mesmo que, em

---

[36] Ver Finley, *El mundo de Odiseo* (México, FCE, 1996, capítulos I e II), e Vidal-Naquet, *O mundo de Homero* (São Paulo, Companhia das Letras, 2002), p. 66 e seguintes.

[37] Aqui, no sentido da definição de Ugo Bianchi, *Problemi di storia delle religioni* (Roma, Studium, 1988, capítulo I).

[38] Como vemos na *Ilíada*:
"Ch'ei sia possente il so; ma sue parole
Sono superbe, se forzar pretende
Me suo pari in onor. Figli a Saturno
Tre germani siam noi da Rea produtti,
Primo Giove, io secondo, e terzo il sire

outras passagens, como ressalta Vidal-Naquet[39], a soberania de Zeus seja reafirmada[40]. No que se refere à individualidade, como destaca Snell, esta aparece, no poema homérico do final do século IX ou do início do século VIII a.C., bastante dissolvida na comunidade[41], como fica manifesto no escasso livre arbítrio dos homens perante os desejos dos deuses e na imprecisa noção de alma[42], magistralmente analisada por Jaeger, ao demonstrar que a morte era entendida como degradação

---

> Dell'inferno Pluton. Tutte divise
> Fur le cose in tre parti, a ciascheduno
> Il suo regno sortì. Diedi la sorte
> L'imperio a me dal mar, dell'ombre a Pluto,
> Del cielo a Giove negli aerei campi
> Soggiorno delle nubi.Olimpo e Terra
> Ne rimaser comuni, e il sono ancora". Homero, *Iliade* (Roma, Newton&Compton, 1999), XV – 220 – 229.

[39] Vidal-Naquet, *O mundo de Homero*, cit., p. 67.

[40] De Sanctis salienta que, no período do que chamou de "religião homérica", já se antevia uma hierarquização na figura de um deus do céu, superior a todos os outros. Por outro lado, o historiador italiano ressalta que, apesar disso, essa entidade superior – no caso, Zeus – "[...] podia ficar virtual e latente quando de fato o mais venerado entre os deuses em uma cidade era um outro pelo qual acreditava-se ter recebido as provas diretas e tangíveis de potência. Assim, em Atenas Zeus era substituído por Atenas, em Argos por Hera, em Esparta por Castor", *Storia dei greci*, cit., v. I, p. 252. B. Snell também assinala, na *Ilíada*, a questão de uma ordem cosmogônica em formação: "São numerosos em Homero os vestígios de uma fé primitiva. Vários dos sonoros epítetos, ostentados pelos nomes dos deuses em Homero, certamente serviram, já em tempos anteriores, para a evocação mágica do nume; vários deles designaram o deus numa função especial, o que não mais condiz com sua essência purificada, como por exemplo, o 'longínquo e dardejante Apolo', ' Zeus reunidor de nimbos'; outros mais existem que também recordam a primitiva forma animalesca do deus: 'Atena dos olhos de coruja', 'Hera dos olhos bovinos' [...]". *A cultura grega e as origens do pensamento europeu* (São Paulo, Perspectiva, 2001), p. 34. Ver, ainda, Jaeger, *La teologia de los primeros filósofos griegos*, cit., especialmente capítulo V; Finley, *El mundo de Odiseo*, cit., capítulos I e II, Vidal-Naquet, *O mundo de Homero*, cit., capítulo V, e J. P. Vernant, *Mito e sociedade na Grécia Antiga*, cit., capítulo VI.

[41] Evidenciando a dissolução da individualidade num *ethos* coletivo e mitificado, e a impossibilidade do homem homérico como promotor da própria decisão, Snell ressalta: "Em Homero, não existe a consciência da espontaneidade do espírito humano, isto é, a consciência de que as determinações da vontade e, em geral, dos movimentos do ânimo e dos sentimentos tenham origem no próprio homem. O que vale para os acontecimentos da epopeia vale também para o sentimento, o pensamento e a vontade: cada um deles tem sua origem nos deuses". *A cultura grega e as origens do pensamento europeu*, cit., p. 30.

[42] Ver o excelente artigo de J. P. Vernant, "Psykhé: duplo ou reflexo do divino?", em *Entre mito e política* (São Paulo, Edusp, 2001), p. 428-436.

da vida, e o homem lançado ao Hades transformava-se numa ψυχή (*Psyché*, aqui no sentido de sombra) sem existência consciente. Assim, Jaeger conclui que, com uma concepção de morte como essa, não há alma que possa sobreviver[43]. A outra ἀρχή que vai se conformando torna-se perceptível na *Odisseia*, poema épico que nos possibilita dimensionar as alterações processadas no κόσμος, a partir do século VII a.C. Cornford e Jaeger nos demonstraram, na senda das análises de Aristóteles, uma forte conexão entre a teogonia de Hesíodo e os inícios do pensamento jônico, mais precisamente com Anaximandro, ainda que o primeiro falasse em gerações divinas e o segundo, em processos naturais. Assim, a teogonia hesiódica, que *já denota a existência de uma teologia eminentemente grega*, por seus conteúdos e, principalmente, por ter se constituído como uma primeira classificação e sistematização dos mitos, irá abrir caminho para um radical – e, também ele, grego *par excellance* – pensamento que, a partir de sua forma classificatória, finda a questionar o próprio mundo mítico e as "coisas existentes".

Essa ligação nos permite encontrar os nexos para o entendimento da possibilidade do surgimento de uma filosofia vinculada ao problema cosmológico, como a jônica. Mas é justamente o reconhecimento da existência de uma οὐσία, compreendida como ὕλη, que rege toda a natureza e da qual todos são produto, que propiciará a mudança das concepções sobre a "substância da natureza". Assim, no escopo dessa concepção, encontramos o nexo lógico da frase de Ésquilo, "Zeus é

---

[43] Como vemos em Jaeger: "Apesar da importância da descoberta de Homero sobre o papel da *psyché* como sombra da pessoa morta no mundo inferior, este sentido da palavra ψυχή resulta, não obstante, derivado e secundário [...] As sombras dos mortos que entraram, no Hades não gozam nele de nenhuma existência consciente e, nas várias vezes em que Homero usa a expressão 'o homem mesmo' em oposição à sombra, está pensando nas relíquias corporais em si, como resquícios de uma vida que já abandonou o corpo. Assim, já nos primeiros versos da *Ilíada* lemos que as almas (ψυχαί) dos heróis, isto é, suas sombras, foram precipitadas no Hades, enquanto 'eles próprios' (αὐτοί) tornaram-se pasto dos cachorros e das aves de rapina". *La teologia de los primeros filofósos griegos*, cit., p. 78. Também A. E. Taylor acentua essa noção imprecisa de alma, no período homérico: "Em Homero, a *psyché* significa literalmente fantasma. É algo que está presente no homem durante toda sua vida e que o abandona na morte. É, de fato, o 'fantasma' que o homem entrega ao morrer. Mas não é o *eu*; para Homero o 'herói mesmo' como algo distinto de sua *psyché*, é seu corpo. Mesmo que um homem não possa viver quando sua *psyché* o tenha abandonado, jamais pode ser pensado que esta tenha algo haver com a 'vida intelectual', como dizemos hoje; esta se realiza, segundo Homero, no *kear*, o coração, ou no *phrenes*, o diafragma, ambos órgãos corporais. E a *psyché* que abandonou o corpo não tem consciência de nenhum tipo, como não a tem a sombra de um homem ou seu reflexo numa poça d'água; tudo o que a *psyché* que partiu pode fazer é deixar-se ver de tempos em tempos, nos sonhos dos vivos". *El pensamiento de Socrates* (México, FCE, 1993), p. 111-2.

o todo", porque nela está a síntese de um novo κόσμος que identifica no deus a οὐσία, em que as forças dos elementos equilibram-se, opõem-se e combinam-se. Alteram-se, desse modo, os princípios fundamentais que regiam a pólis arcaica até então. Daí estar presente, no espírito humano – agora, a ψυχή ganha os contornos de uma alma que entra no homem em seu nascimento, pelo sopro de vida –, o bem e o mal como elementos contraditórios, intrínsecos à οὐσία. A homologia entre a ordem do universo e a ordem politeia, de caráter teológica, conforma, então, essa identidade composta pelo controverso que, no âmbito simbólico-religioso, pode ser definida como a oposição entre o apolíneo e o dionisíaco e aparece explicitamente na tragédia – como podemos verificar tanto nas *Eumênidas* de Ésquilo como nas *Bacantes* de Eurípedes –; o primeiro reflete o lado luminoso do homem e a presença ordenadora do *logos* na vida humana, que orienta o pensamento para a claridade e para um agir ético; e o segundo refere-se ao lado obscuro, *ctônico*, em que imperam as forças do *eros* e da paixão.

Daí a tragédia encarnar o drama de uma pólis dilacerada pelos diversos conflitos que se dão em sua base material e em seu conjunto ideo-societal. Sua arte questiona a angústia de se vivenciar e de se pautar as relações sociais por uma situação de crise profunda. Dessa forma, além de pôr na ordem do dia a necessidade de se afrontar uma sociedade fragmentada pela crise, a tragédia constitui-se, objetivamente, *no reflexo de uma dramaticidade existente na realidade social da pólis*. Somente nesse sentido é que podemos situar concretamente a questão do reprocessamento do mito e de sua historicização. Há na própria forma da tragédia um debate vivo com o passado, consubstanciado pela tensão entre os dois elementos que ocupam a cena: o coro e o ator. Como nos aponta Vernant, o coro representa a personagem coletiva e anônima, os cidadãos, "cujo papel é exprimir em seus temores, em suas esperanças, em suas interrogações e julgamentos, os sentimentos dos espectadores que compõem a comunidade cívica". De outro lado, temos o ator profissional, "[...] a personagem individualizada cuja ação constitui o centro do drama e que tem a figura de um herói de uma outra época, sempre mais ou menos estranho à condição comum do cidadão"[44]. Justamente essa dualidade presente na estrutura da tragédia coloca-se como a tensão entre os novos e os antigos valores societais, mediados pelo mito, enquanto uma linha divisória posta abstratamente entre o novo e o velho. Assim, *é no contexto do vínculo que se estabelece entre o coro e o ator que representa o personagem mítico que se realiza a dramatização das relações pragmáticas exercida pela política*. Não que a tragédia apresente-se, no quadro ideo-cultural da

---

[44] J. P. Vernant e P. Vidal-Naquet, *Mito e tragédia na Grécia Antiga* (1999), cit., p. 12.

pólis, enquanto continuidade de ação imediata, mas, ao contrário, sua ligação com o político materializa-se exatamente em sua tentativa de ligar-se *mediativamente* com esse mundo pragmático. Como agudamente destaca Vernant, o desenrolar da cena num tempo humano inexato, construído por sucessivos e limitados presentes, conectado a um tempo divino, cria um confronto permanente entre o tempo dos homens e o dos deuses, de modo que "[...] o drama traz a revelação fulgurante do divino no próprio decurso das ações humanas"[45].

Esse aspecto dimensionado por Vernant, no âmbito da reflexão catártica posta pela tragédia, permite-nos realçar que a presença humana, representada pelo coro, não é meramente a de um espectador, como quer Vidal-Naquet[46], mas constitui-se num participante enquanto sujeito ativo que interfere na dinâmica do drama[47]. Em seu conjunto e como modalidade estética, a tragédia evolui, no contexto da própria dinâmica da pólis, do pensar a coletividade – principalmente no teatro de Ésquilo e de Sófocles –, para uma reflexão que põe no centro do drama o homem *privado*, com Eurípides, e, como acentua Snell, a preocupação desse poeta trágico será a de captar a ideia, o motivo e a ação dos homens, transparecendo um senso exasperado de uma diversidade que transita entre substância e aparência[48]. Contraditoriamente, a tragédia contribui, de modo decisivo, para dissolução do mito, enquanto elemento vinculado diretamente aos dramas humanos. O movimento que permitirá o trânsito da tragédia para a filosofia, que estará preocupada em conhecer as essencialidades do homem, será quase "natural", já que o tipo de mediação realizada pela tragédia encontra limites que se colocam justamente em sua impossibilidade de transcender seu caráter de *mediação intuitiva e catártica* entre os indivíduos e a sociedade. O dístico de

---

[45] Ibidem, p. 21.

[46] Ver Vidal-Naquet, "Ésquilo, o passado e o presente", em *Mito e tragédia na Grécia Antiga*, cit., v. II, p. 97 e seguintes.

[47] Comentando sobre o coro como sujeito, na tragédia, Jaeger ressalta: "Assim, o vemos na peça mais antiga de Ésquilo, *As Suplicantes*, na qual o coro das danaídes é todavia o único verdadeiro ator. Nela se vê por que era necessário incorporar no coro um locutor. Sua função consistia em revelar, mediante suas explicações e sua conduta, as mudanças da situação e os movimentos de ascenso e descenso da emoção dramática que motivava o coro". *Paideia*, cit., p. 233.

[48] Ver B. Snell, *A cultura grega e as origens do pensamento europeu*, cit., p. 113. Sobre as novas e exasperadas questões presentes na tragédia euripideana, diz Heller: "Dado que suas obras maiores, escritas no período que decorre entre os últimos anos da era de Péricles e o final da Guerra do Peloponeso, já não eram capazes de refletir ou expressar corretamente as relações harmônicas e orgânicas em sua contraditoriedade mesma, da cidade com o indivíduo". *Aristoteles y el mundo antiguo* (Barcelona, Península, 1983), p. 52.

Apolo sobre o autoconhecimento – *gnôthi sautón* (conhece-te a ti mesmo) – não se realizaria com a tragédia, mas com a filosofia. As razões desse *rien ne va plus* da tragédia, para usarmos a feliz expressão de Heller, acham-se exatamente no fim da pólis igualitária, que se dissolve na consolidação de uma Atenas imperialista e hegemonicamente escravista, agora organizada plenamente sob a forma política da δημοκρατία. A perda do caráter público-igualitário resulta da própria decadência do comunitarismo desagregado por uma forma societal que destacava o homem individual e privado, consubstanciando a democracia cidadã ateniense. A essa decadência, segue-se o alçar do voo de Minerva.

SÓCRATES E PLATÃO: A POLÍTICA COMO OBJETIVAÇÃO DA MEDIAÇÃO FILOSÓFICA

O contexto da passagem do século VI para o século V a.C., como já evidenciamos, é o da consolidação de uma forma econômica altamente diversificada daquela que vigia anteriormente. De modo que veremos, ao longo desse processo, a dissolução da *morphosys* societal conformadora da *pólis igualitária*. Para que se construísse uma divisão social do trabalho mais complexa e uma superestrutura urbana – pressupostos para a emergência da pólis ateniense do século V e da δημοκρατία –, foi necessária *a generalização do trabalho excedente escravo para emancipar o extrato dirigente* e, ao mesmo tempo, possibilitar o erguimento de um novo mundo cívico e intelectual. Isso significa dizer que *a nova ordem estabelecida, quando Atenas se transforma numa talassocracia imperialista é a da* δημοκρατία, em que vemos, também, a intensificação da participação dos πολίτοι ισοι na vida política da pólis. A desagregação da pólis igualitária impulsiona uma gradual fragmentação da própria estrutura da religião cívica, que atuava como mediação entre o público e o privado, evidenciando a definitiva *emergência da individualidade*. Essas alterações de fundo que aparecem exatamente como desdobramentos antitéticos da processualidade posta pela pólis igualitária desagregam, ainda, toda a estrutura morfológica politeia existente, assim como suas formas de relações sociais e suas manifestações estéticas, como o teatro clássico. A política passa a ser apenas um meio para a realização de interesses pessoais e de grupos.

Daí a necessidade de uma formação cultural adaptada aos novos tempos e à educação política das classes dirigentes. Nesse contexto, surgem os sofistas, pedagogos ambulantes que ensinavam os filhos das abastadas famílias – as que, efetivamente, dirigiam a vida política da pólis. Via de regra, esses professores "errantes" não tinham origem em Atenas, eram estrangeiros provenientes de diversas póleis. Eles chegam a Atenas atraídos por sua intensa vida cultural e por sua riqueza. Estavam distantes das formas ideo-societais que haviam estruturado a sociabilidade ateniense do período igualitário. Por outro lado, os jovens que passam a aprender os conhecimentos científicos e políticos com esses mestres acabam tendo reforçado o distanciamento das velhas tradições. Como acentua Heller, na medida em que se afrouxavam os vínculos comunitários entre os cidadãos, com o advento do homem privado, crescia a importância do indivíduo e dos elementos oriundos de outras localidades que não Atenas[1]. De modo que vale ressaltar este *como um processo de construção de uma legitimação, que agora tem por base a plena cidadania na forma da* δημοκρατία *e do homem privado*. A fragmentação do coletivo abre a possibilidade para que surjam as sociedades fechadas, ou os grupos restritos, e, nesse sentido, os sofistas têm um papel importante, na medida em que, em seus "círculos pedagógicos", estabelecem uma nova relação professor-aluno, uma "forma de amizade" não paritária, em que se desenvolvem reflexões sobre moralidade e política.

No contexto dessas discussões, surgiam os questionamentos sobre os valores que regiam a pólis. Justamente por não pertencer à pólis ateniense, os sofistas puderam perceber as contradições e as heterogeneidades presentes nesses valores, além de suas limitações inerentes. Podemos dizer que, no âmbito do pensamento filosófico, essa tendência questionadora aparece já no pensamento de Xenófanes de Colofones, que viveu entre os séculos VI e V a.C., o primeiro a afirmar a unidade do ser e a realizar a crítica contundente ao antropomorfismo religioso – ainda que sua visão de unidade e imutabilidade do universo apareça de forma teológica –, e evidenciar a noção da superioridade do conhecimento filosófico sobre a tradicional concepção grega, expressando uma nova e superior forma de ἀρετή, baseada na educação espiritual. Com Xenófanes abre-se um fundamental capítulo da história da Grécia. Já não é possível encontrar a ἀρετή nos ginásios, nas lutas, nas corridas de cavalo ou a pé, onde, segundo a tradição arcaica, revelava-se a ἀρετή divina do vencedor. Em sua nova formulação o conceito de ἀρετή ganha sua forma clássica, agora englobando não somente o valor, a prudência e a justiça, mas

---

[1] Nesse sentido, Heller enfatiza: "Entre estas relações pessoais em via de desenvolvimento há que se enumerar, além da relação professor-aluno, a amizade, o amor (entre homens), os vínculos estabelecidos no seio das pequenas comunidades e, por último, as relações familiares. Todas estas relações privadas são cada vez mais estreitas e adotam quase a intensidade da paixão, sobre a base, por assim dizer, do fenômeno *pars pro toto*. A progressiva deterioração da vida pública, o domínio das sociedades fechadas e as relações humanas mais restritas acabaram por levar à ruína, entre outras coisas no século IV, a tragédia e a comédia atenienses, que ainda eram florescentes vinte ou trinta anos antes". Ibidem, p. 25.

também a sabedoria – qualidades essas que estarão presentes também na ἀρετεή cidadã platônica. De modo que a filosofia ganha importância para os homens e, consequentemente, para a cidade. Essa visão de Xenófanes demonstra a existência de uma conexão entre a "força espiritual" e a política na noção de ἀρετεή, isto é, a nova *virtù* funda-se no saber. Como enfatiza Jaeger, a necessidade de alargamento de horizontes que transcendessem os elementos aristocráticos que ainda estavam presentes no conceito de ἀρετεή se intensifica exatamente após a vitória sobre os persas, quando Atenas inicia sua emergência como potência comercial[2].

Objetivamente, Atenas adquire a morfologia clássica da δημοκρατία – *a* democracia escravista ateniense –, após as Guerras Médicas (494-477 a.C.). A formação da liga délica, sob liderança ateniense, e as ações militares contra as regiões ainda dominadas pelos persas deram a Atenas as condições de sua supremacia militar e econômica. O antigo conselho de cidades que administrava a liga délica é substituído pela Assembleia de Atenas e por seus cidadãos, que passam a ser os mandatários da aliança. O tesouro, antes administrado pelas póleis aliadas, passa a ser controlado por Atenas, e a marinha torna-se hegemonicamente ateniense; depois de 450 a.C., os cidadãos das póleis componentes da liga são obrigados a jurar fidelidade ao "povo" de Atenas. Juntamente com essas fundas mudanças que vão consolidando o imperialismo ateniense, crescem os poderes dos mais ricos, incluindo-se aí a velha aristocracia que, de fato, nunca ficou fora dos jogos de poder da pólis. Nesse sentido, mais uma vez Atenas recompõe suas formas de representação. As disputas políticas acirram-se com a guerra. O *Areópago* – reduto da aristocracia –, no contexto do conflito, acaba concentrando grandes poderes, mesmo sendo teoricamente subordinado à βουλή. Efialte[3], líder da facção democrática, que se opunha à aristocracia, que buscava fortalecer uma aliança com os espartanos por meio de Címon, inicia uma campanha contra os membros do *Areópago*, acusando vários magistrados de corrupção. Em 461 a.C., a facção democrática efetiva sua vitória, com o ostracismo de Címon. Efialte, juntamente com seu auxiliar Péricles, fez aprovar na Assembleia uma resolução privando formalmente o *Areópago* de todos os poderes não legalmente sancionados por escrito na constituição, os assim chamados "poderes adjuntivos", ainda que preservando a antiquíssima função de jurisprudência, no caso de crimes de sangue. A βουλή e a Ἐκκλησια, Assembleia Popular, passavam agora a ter

---

[2] Ver *Paideia*, cit., p. 266.
[3] Desse líder pouco se sabe; era filho de Sofonide e pertenceia a uma família com poucos recursos. Segundo Aristóteles, tinha fama de justo e de incorruptível. Ver *La costituzione degli ateniesi*, cit., XXV – 1.

essa função. Mas, logo em seguida, Efialte é assassinado, a mando de seus inimigos, e substituído por Péricles, o líder do *génos* dos alcmeônidas, que dará continuidade à política de reformas que adéquem a pólis ateniense à δημοκρατία.

Esse é o pano de fundo histórico-ontológico em que prosperam as ideias propugnadas pelos sofistas, que punham em discussão o que já havia se tornado realidade, ou seja, a velha pólis igualitária estava objetiva e definitivamente sepultada. Mesmo sendo heterogênea havia, na reflexão dos sofistas, uma linha de pensamento que relativizava todas as noções, as regras éticas e os valores humanos. Além de constituírem a expressão da emergência do homem privado e de um profundo momento de mudanças nas forças e nas relações sociais, *os sofistas expressam, também, o momento mais intenso da democracia escravista, de sua consolidação e de sua crise* e, por que não dizer, da própria força que as relações de mercado ganham, no período do imperialismo ateniense, que Platão propositalmente relaciona à nova forma de educar dos sofistas, para reforçar sua crítica, evidenciando, como diz Jaeger, um "sintoma espiritual" da época, como podemos ver no *Protágoras*[4]. Mas, para além dessa comparação maliciosa de Platão, o que fica patente é a existência de duas concepções radicalmente opostas sobre as possibilidades e a inerência da *virtù* do conhecimento nos homens. Para esses grandes "enciclopedistas" da cultura helênica, é possível ensinar a *virtude* e, para os sofistas, o ato de educar contém em si uma τέχνη que possibilita o ensinamento da ἀρετή política, e esta aparece ligada à concepção de educação geral do indivíduo[5]. Na forma da δημοκρατία, a política havia alcançado o maior relevo, exatamente por *constituir o elemento prático-mediativo* da crise social da pólis. Portanto, além de uma ἀρετή,

---

[4] "Pois, oh Hipócrates, o sofista não é talvez uma espécie de mercante que vende por atacado ou um revendedor varejista das mercadorias que alimentam a alma? A mim, parece algo deste gênero. Do que a alma se alimenta, oh Sócrates? De conhecimentos, não há dúvida, respondi. E é preciso ter os olhos bem abertos, amigo meu, que o sofista louvando suas mercadorias não nos engane, como fazem os que vendem a comida do corpo, isto é, o mercador e o lojista" (Platão, "Protagora", em *Tutte le opere*, cit., v. III, 313c).

[5] Jaeger ressalta o "enciclopedismo" como elemento fundamental para o projeto pedagógico dos sofistas: "O decisivo para os sofistas é a ideia consciente da educação como tal. Se olharmos para o caminho que o espírito grego percorreu desde Homero até o período Ático, esta ideia não aparece como algo surpreendente, mas como fruto histórico necessário e maduro de toda uma evolução. É a expressão do esforço constante de toda a poesia e do pensamento gregos para conseguirem uma personificação normativa da forma do homem. Este esforço essencialmente educador deveria conduzir, sobretudo, um povo de consciência filosófica tão animada, à formação da ideia consciente da educação, no sentido alto a que nos referimos. Resulta, assim, naturalíssimo que os sofistas tenham vinculado a ideia de educação, às antigas criações do espírito grego e as considerarem como sendo seu próprio conteúdo. A força educadora da obra dos poetas era para o povo grego algo que se dava como pressuposto". *La teologia de los primeros filósofos griegos*, cit., p. 277.

a política possuía, também uma τέχνη e, nessa conexão inerente, segundo os sofistas, encontrava-se o mais alto grau de civilidade. Esse era o novo confronto que se desencadearia no contexto da necessidade da mediação, isto é, a retórica *versus* a filosofia. Em termos gerais, os sofistas baseavam seus ensinamentos tanto no pensamento jônico quanto no pensamento ático. Quando se ocupavam da filosofia natural, propunham um objetivo prático-direto e, como destaca Heller, negaram o método da percepção e estabeleceram uma viva polêmica, inclusive contra a "especulação pura" dos jônios[6], claramente explicitada na afirmação de Protágoras: "O homem é a medida de todas as coisas; das que são, que elas são, e das que não são, que elas não são", o que definia a orientação filosófica dos sofistas, quer dizer, as coisas possuem valor somente na perspectiva dos homens, e o conhecimento adquire validade se aplicado praticamente à vida humana. Os sofistas – especialmente a primeira geração, Protágoras de Abdera e Górgias de Leontini – trouxeram consigo um debate que expressava a própria crise que se estabelecia no pensamento jônico, particularmente a contraposição entre a noção do "ser", presente nos eleatas, e a do "devir" heraclitiano.

A postura de questionar a *Weltanschauung* imperante reforçava também o desvinculamento da ideia sustentada pela religião-cívica de que a comunidade era o parâmetro da ação dos homens, isto é, os *indivíduos passam a constituir a referência imediata da sociedade*, o que implicava, ainda, o aparecimento de outro enfoque sobre o νόμος (*nómos*), a lei, e sobre a δίκη, *a* justiça. A nova noção de educação propugnada pelos sofistas realiza no campo teórico o que já se dava na imediaticidade do *reflexo ideo-societal* da pólis, isto é, a quebra da identidade entre cultura e religião, justamente porque aí verifica-se também a ruptura da ideia da conexão da comunidade com uma ordem institucional de origem divina e, nesse sentido, os sofistas nada mais fizeram do que desenvolver uma tendência que se origina já no período das tiranias, principalmente durante o governo de Sólon, em que temos o alargamento da noção de uma *natureza humana*. A própria tragédia colocou, antecipando Heráclito de Éfeso, como questão central da existência humana – ainda que no âmbito de uma forma de conhecimento intuitiva – a oposição e a luta dos contrários. A preocupação de uma educação laicizada, portanto, vincula-se a um movimento generalizado que se processa na estrutura da sociedade ateniense, que se direcionava para uma ampla laicização das relações sociais. Mas isso não significa dizer que desaparecem todas as conexões com a divindade. O que temos, nesse novo momento, é um redimensionar dos vínculos entre a comunidade e as forças divinas. Melhor seria dizer que há

---

[6] Heller, *Aristóteles y el mundo antiguo*, cit., p. 27.

uma tendência, também ela, em processo desde o final do século VI a.C., em alocar a divindade nas leis da natureza, deixando o mundo dos homens sob a responsabilidade humana: realiza-se um movimento de secularização e de historicização do ordenamento legal do estado, o que incide diretamente nos fundamentos da justiça – agora considerada obra terrena e passível de ser questionada e modificada, diferentemente da lei, que pertence à natureza, enquanto soma de tudo que é divino. O grande inimigo dos sofistas, Platão, nos dá os elementos necessários para que possamos identificar o núcleo do embate, no escopo ideo-imaginário e político da pólis. Em seu *Protágoras*, faz o sofista explicitar que seus ensinamentos são direcionados, seja para o âmbito da vida privada, como para a ação na vida pública[7], o que demonstra ser esse um entendimento geral do que deve caracterizar um tipo de práxis na vida social[8]. Essa visão, que pressupõe a responsabilidade como *conditio* para a virtude do bom cidadão, retém um conteúdo intrínseco, fundamental para os sofistas, que é a necessidade de educar o homem para intervir na vida social, manifestando um entendimento que enfatiza a necessidade de se responder – tanto prática como intelectualmente – à crise em que estava mergulhada a pólis. Mais do que isso, essa resposta não pode ser resultado de uma hipotética virtude procedente de um *ethos* imanente, mas de uma intervenção objetiva que crie a possibilidade de se ensinar a virtude, centrando-a em seu elemento político, isto é, na virtude desenvolvida e aplicada pelos homens. Assim, essa concepção evidencia a noção da política como uma práxis, que contém virtude e conhecimento e que é decisiva na construção de relações civilizadas entre os homens. Daí aparecer, no texto platônico, um Protágoras comparando o homem em estado de natureza com aquele que adquiriu a civilidade; o sofista conta que a cidade nasce juntamente com a política. O estado de natureza aparece, em Protágoras, como uma condição primordial e longínqua. Mesmo baseando-se numa ontologia impregnada pelos mitos da criação, o sofista descreve o elemento diferenciador do homem em relação aos outros animais, que é a dádiva de Prometeu aos humanos, que roubou dos deuses o fogo e a *arte do saber técnico*. Com esses elementos nasceram as línguas e as crenças. Mas ainda faltava a capacidade de superar o individualismo presente nos homens. Essa qualidade, a *arte da política*, é oferecida pelo próprio Zeus, e a partir desse momento estão criadas as condições para a convivência humana

---

[7] Platão, "Protagora", cit., 318e.
[8] Ver Hegel, *Lecciones sobre la historia de la filosofía* (México, FCE, 1995, v. II), p.14 e seguintes.

pacífica e civilizada. No conto de Protágoras, o *nómos* constitui-se no elemento central e a justiça constitui as normas que regem a convivência⁹. Podemos perceber, desse modo, que a concepção de um estado com grande teor de laicismo que deve atuar na educação consciente do homem aparece, para os sofistas, como resultado "natural" do desenvolvimento e da afirmação da hominidade.

O momento da ascensão dos sofistas na educação ateniense – com uma presença destacada nas camadas mais abastadas – significa uma necessária ampliação das aptidões decisivas nos embates realizados na *Agorá*, o que se constituía num elemento fundamental para o desenvolvimento de uma ἀρετεή política, composta pelos talentos intelectuais e pela oratória, que seriam os "instrumentos" necessários para enfrentar as tensões e as disputas, postas pelas profundas mudanças que se realizam na essência do estado no período do imperialismo ateniense. A ἀρετεή política seria a única possibilidade, na visão dos sofistas, de recolocar a civilidade no contexto de uma pólis em crise, adequando os valores citadinos às grandes alterações que se processavam em todos os elementos constitutivos da vida politeia. De maneira que, diferentemente de Jaeger, entendemos que não são as "ideias dos sofistas que penetram na realidade política e conquistam o estado", mas são exatamente as novas formas de intervenção social, da qual a política é o *elemento de mediação prática e de busca de consenso* – refletindo a materialidade societal configurada na *morphosys* da δημοκρατία –, que penetram e conquistam o pensamento desses legítimos representantes da nova ordem ateniense. Mas os sofistas da primeira geração, mesmo explicitando uma situação de desagregação ético-moral da pólis, acabaram por mitigar seus reais problemas.

Heller ressalta que os sofistas da geração seguinte, desenvolvendo a obra de seus predecessores, não somente expressam essa crise moral como a legitimam¹⁰. Esse será o elemento central do combate de Sócrates e de Platão aos sofistas. Mesmo concordando com essa assertiva devemos considerar, no entanto, que a crise da pólis, agravada

---

⁹ Como vemos no "Protagora", cit., 321 – 322c, as palavras do sofista: "[...] Já era próximo o dia predestinado, quando o homem também precisaria sair da terra para a luz. Prometeu, então, encontrando-se em dificuldade acerca do meio de conservação que pudesse oferecer ao homem, roubou de Efesto e de Atenas sua sabedoria técnica junto com o fogo, porque sem fogo era impossível adquirí-la ou usá-la, e assim a doou ao homem. Graças a ela, o homem possuia a sabedoria necessária para sobreviver, mas lhe faltava ainda a sabedoria política, porque esta estava nas mãos de Zeus [...] Zeus, então, temendo a extinção de nossa espécie, enviou Hermes trazendo aos homens respeito e justiça, para que fossem regras ordenadoras da cidade e laços que unem em amizade [...]".

¹⁰ Ver Heller, *Aristóteles y el mundo antiguo*, cit., p. 30-31.

com a eclosão da Guerra do Peloponeso, abarcará todo o pensamento produzido naquele período, inclusive o de Sócrates e, posteriormente, o de Platão, justamente no terreno das tentativas de respostas às necessidades geradas pela própria crise. Esse, a nosso ver, constitui o escopo em que podemos encontrar os elementos explicativos para uma forma de pensamento que sai rapidamente da tentativa de resposta positiva para, no caso dos sofistas, a justificação da desagregação ético-moral. Se é correto dizer que a sofística tardia realça os elementos de decadência presentes na pólis ateniense, por outro lado devemos considerar que, no contexto da afirmação da decomposição ético-moral politeia, surgem, antiteticamente, *possibilidades* de superar as formas estranhadas de concepção da religião, da legalidade e da moral, postas pelo papel central que a individualidade adquire, mas que acabam por reincorporar-se no mundo estranhado[11], dada à impossibilidade de se ir para além de uma forma societal em desagregação, porque limitadas por seu extremo "particularismo" inerente, como avalia Hegel, que eleva justamente esse aspecto central dos sofistas, isto é, ser o indivíduo "sua própria e última satisfação", sob o preceito: "o que defino como finalidade é o meu prazer, minha vaidade, minha fama, minha honra e minha subjetividade específica"[12]. Com o indivíduo no centro de uma proposta de práxis que desconsidera a coletividade, a relativização do que deve reger a ordem e as relações sociais ganha contornos de extremo cinismo quando um sofista como Trasímaco afirma que "a justiça não é outra coisa que a vantagem do mais forte", ou que "as normas podem ser violadas desde que não haja testemunhas"[13].

---

[11] Como ressalta Heller ao realizar a crítica da teoria desenvolvida por Crítias: "O valor da teoria de Crítias sobre a 'criação dos deuses' não deve ocultar, por suposto, sua gênese, quer dizer, o fato de ter surgido da crise e de ter se apoiado na desagregação da base social necessária para juízo ético seguro. As qualidades de uma teoria não podem mascarar o processo que conduziu, em ritmo acelerado, a relação dos valores morais. Está claro, neste ponto, que os valores tidos até então como sacrossantos já não o são; que se está livre para segui-los ou não, que o considerado bom aos olhos de um pode ser considerado mal aos olhos dos demais. Trata-se de um processo, ao menos teoricamente, ambivalente posto que desenrola-se no curso da dissolução da escala de valores absolutos, onde vemos aparecer, pela primeira vez na história do pensamento humano, categorias como a de interesses de classe ou de grupo social, de relação entre utilidade e moral (quer dizer, a relatividade objetiva da moral no espaço) por um lado e, por outro, a percepção das mudanças no processo histórico, quer dizer, a relatividade da moral no tempo". Ibidem, p. 34-35.

[12] Hegel, *Leciones sobre la historia de la filosofía*, cit., p. 27.

[13] Como podemos ver em Antífon: "A justiça consiste em não transgredir os preceitos legais da cidade em que se é cidadão. Um homem pode conduzir-se de modo irrepreensível em harmonia com a justiça, se ante testemunhas defende suas leis e, quando está só, sem testemunhas, sustem, ao contrário, os ditames da natureza. Em efeito, as disposições da lei são artificiais, mas as da natu-

De qualquer modo, como destaca Lukács,[14] a crise gera também, *hic et nunc*, as primeiras tentativas de respostas positivas, que buscam resgatar os valores de uma comunidade em desagregação, nucleadas no âmbito das questões morais, inicialmente com Sócrates, centrando a filosofia do humano no problema de uma "práxis correta" e, depois, com Platão. Como enfatizou Hegel, Sócrates acha-se unido a seu tempo por determinado nexo de continuidade, isto é, produto de uma época de crise mas que, diferentemente dos sofistas, buscava unir seus ensinamentos com uma forma de vida fundindo, numa postura de alto teor ético, teoria e prática, recolocando a força comunitária do dístico de Apolo "conhece-te a ti mesmo", enquanto busca de uma *epistêmê* acima da mera opinião superficial, em que o conhecer deve transcender o indivíduo e estar conectado, ao mesmo tempo, com a vida privada e com a vida pública do cidadão. Nesse sentido, o conhecimento aparece não somente como práxis, mas como ἀρετεή[15]. Podemos dizer que há, na definição socrática de busca pela verdade, um forte elemento religioso, basta lembrar que a opção de Sócrates pela filosofia é resultado de sua visita ao Oráculo de Delfos, onde ouve a voz de seu *daímon* lhe transmitindo uma mensagem do deus Apolo, que o faz compreender que o saber é a incessante procura do conhecimento, pois se constitui num sábio aquele que reconhece que nada sabe: "sei que nada sei". Daí a filosofia aparecer como compromisso de vida.

Num trabalho em que procuramos estudar a política como resultado da construção de uma consciência e de uma práxis mediativas, não poderemos desenvolver com a devida e necessária extensão a doutrina dos grandes filósofos da pólis, Sócrates

---

reza são necessárias [...] Para dizer a verdade, um homem que infringe a lei fica livre de opróbrio, quando não é observado por aqueles que vigiam as convenções". Apud em Heller, *Aristóteles y el mundo antiguo*, cit., p. 33.

[14] Cf. Lukács, *Ontologia dell'essere sociale*, cit., v. I, p. 11.

[15] Como define Jaeger: "Sócrates é o homem da hora, no sentido absolutamente elementar. Ao seu redor sopra um ar autenticamente histórico [...] A Atenas de Péricles que, como dominadora de um poderoso império, se vê inundada por influencias de toda classe e procedência encontra-se, apesar de seu brilhante domínio em todos os campos da arte e da vida, em risco de perder a terra firme sob seus pés. Todos os valores herdades se esfumam, num abrir e fechar de olhos, ao sopro de uma super-afanosa loquacidade. É nesse contexto que aparece Sócrates, *como o Sólon do mundo moral. Pois é, no campo da moral, de onde nesses momentos, vêm socavados o estado e a sociedade.* Pela segunda vez na história da Grécia, o espírito ático invoca forças centrípetas da alma helênica contra as forças centrífugas, contrapondo ao cosmo físico das forças naturais em luta, criação do espírito investigador jônico, uma ordem dos valores humanos. Sólon havia descoberto as leis naturais da comunidade social e política. *Sócrates adentra na alma mesma para penetrar no cosmo moral*". *Paideia*, cit., p. 404.

e Platão, e, pelas limitações inerentes ao tema tratado, vamos nos ater às questões concernentes à política enquanto práxis ético-moral.

Como afirmamos antes, a crise que envolve a pólis atinge o conjunto de seu complexo ideo-societal, provocando o aparecimento de tentativas de respostas, não somente no âmbito de uma ação permeada pelo imediatismo pragmático, próprio da essencialidade da política que vinha sendo medrada até então, como também no campo da reflexão teórica sobre ela. Justamente o desenvolvimento de uma filosofia nucleada no humano constituirá o elemento de diferenciação, e essa forma de pensamento estruturada sobre a base de uma reflexão que põe o homem no centro das "coisas existentes" abrirá a possibilidade para que se criem as condições de realizar a *mediação* necessária, no sentido de compreender e responder aos problemas postos pela crise. Taylor relevará esse aspecto ao salientar que, por volta da primeira metade do século V a.C., já no período de Péricles, os homens mais notáveis voltavam as costas para o estudo do mundo da física e direcionavam suas preocupações aos problemas da lei, da política e da conduta moral[16]. Nesse "caldeirão" fervilhante de teorias que se negavam e entrelaçavam-se mutuamente, numa Atenas tornada cosmopolita, o jovem Sócrates inicia sua busca de conhecimento, influenciado por uma frenética atmosfera de inquietudes intelectuais, também ele atingido e envolvido pela crise estabelecida na pólis ateniense, no ápice de seu poderio imperialista. Portanto, no escopo dessa determinação material, Sócrates partirá dos mesmos pressupostos que nortearam os sofistas, tomando por base as ideias áticas tradicionais, incluindo em seu corpo filosófico os conceitos de τέχνη e de ἐνέργεια. Mas, diferentemente dos sofistas, Sócrates não se apresenta como sábio ensinante. Ao contrário, coloca-se como um homem que pergunta sobre as coisas.

O que de fato representa o pensamento de Sócrates, no contexto da crise da pólis ateniense? Inicialmente, destacamos sua postura em relação ao ensinar, que é entendida como uma missão e, ao contrário dos sofistas, Sócrates ensina gratuitamente na *Agorá*, não como professor, mas como πολίτοι ἴσοι, numa posição política de reafirmação do *homem coletivo*, em nítida contraposição ao *homem privado*, porque, segundo sua visão, seria inadmissível transformar em mercadoria um dever comunitário[17]. Mas essa postura de colocar-se diametralmente em oposição ao

---

[16] Cf. Taylor, *El pensamiento de Socrates*, cit., p. 47-48.

[17] Como podemos verificar na "fala" de Sócrates, interpretada por Platão: "Mas eu, durante toda minha vida, em público, se alguma vez me ocupei de coisa pública, assim como em privado, demonstrei-me sempre da mesma maneira, não tendo cedido à ninguém, nem a outros, nem a ninguém dos que os meus acusadores chamam de meus alunos. Nunca fui mestre de ninguém. E se alguém, quando eu falo e cumpro as minhas coisas, desejar ouvir-me, jovem ou velho que seja, nunca me subtraí, e não falo apenas quando ganho dinheiro. Eu me ofereço indistintamente

novo estilo sofístico, em relação à educação, não pode ser vista como mera posição pragmática, nos moldes tradicionais das disputas políticas estabelecidas na pólis. Ao contrário, opondo-se ao processo desagregador da pólis, Sócrates transforma a política em um elemento de *transcendência objetiva* que chega à condição de *consciência mediativa* em relação à imediaticidade cotidiana, justamente porque no âmbito desse antagonismo situa-se a *virtude moral*, uma ἀρετεή *universal*, que traz em si um *modelo de pólis* – cujo referencial era o "espírito da comunidade" constitutivo da base ideo-societal inaugurado no período de Sólon. E há, nessa ἀρετεή/ *virtù*, um centro moral e religioso e, seguindo uma tendência que se alarga nesse período, Sócrates subverte o que constituía o núcleo da antiga filosofia da natureza, adotando uma visão antropocêntrica. Como inicialmente fizeram os trágicos e, posteriormente, os sofistas, Sócrates põe no âmago de suas reflexões o homem, assim como sua estrutura orgânico-corpória. Jaeger chama-nos atenção sobre esse aspecto, ressaltando que, mesmo com sua atitude negativa diante da filosofia da natureza, Sócrates acaba absorvendo e adequando as reflexões de Diógenes de Apolônia sobre o conhecimento do homem – justamente no que se refere às suas análises da fisiologia humana, que constituía a única experiência real realizada a partir da observação[18]. Daí Cícero afirmar que Sócrates retira a filosofia dos céus e a traz para o mundo dos homens, colocando-a na pólis.

No escopo da visão socrática de práxis social, articulam-se dois elementos em sua estrutura cognitiva: a *moral* e a *política*. Essa moral conectada à *ação social* (enquanto ação política) tem como ponto de partida a noção de ἀρετεή. Daí sua posição crítica em relação aos sofistas que afirmavam a possibilidade de ensinar a virtude[19]. Como sabemos, para Sócrates a educação política constituía-se numa *prática permanente e de princípio*. Sua contraposição radical à forma

---

ao rico e ao pobre para que eles me interroguem e para aquele que deseja ouvir o que eu digo enquanto estou respondendo [...] e se alguém afirma ter apreendido de mim algo em privado, algo que os outros também, todos, não tenham apreendido ou ouvido de mim, saibam que ele não diz a verdade". *Apologia di Socrate*, cit., v. I, 32e – 33b.

[18] Como destaca Jaeger, "E as observações que faz para contribuir com esse tema foram tomadas da obra de Diógenes, o que é interessante pois esse filósofo da natureza era precisamente um médico famoso. Por isso, igualmente a alguns outros jovens filósofos da natureza – basta recordar o nome de Empédocles – a fisiologia humana ocupa, em seu pensamento, um lugar mais destacado que em nenhuma das antigas teorias pré-socráticas da natureza. Isto responde, naturalmente, ao interesse de Sócrates e a seu modo de colocar o problema. Aqui nos encontramos com o lado positivo de sua atitude frente a 'ciência natural' de seu tempo e que, frequentemente, se desconhece". *La teología de los primeros filósofos griegos*, cit., p. 408-409.

[19] Ver Platão, "Menone", em *Tutte le opere*, cit., v. III, p. 70a e seguintes.

de compreensão dos sofistas residia no fato que a sofística apreendia a "ἀρετεή vulgar", que respeitava uma espécie de "código de conduta" assumido por homens sem convicção pessoal da importância fundamental da alma e que, por isso, era uma imitação ilusória e fragmentada da verdade. Nesse sentido, para Sócrates, a verdadeira ἀρετεή baseava-se nos "reais valores morais". Mas como chegar a esses "verdadeiros valores morais" contidos na ἀρετεή? A própria definição socrática de ἀρετεή baseava-se na *ideia de uma existência inerente* dessa *virtù* na ψυχή (alma) dos homens – o que, logicamente, pressupunha a existência de uma alma que deveria ser conhecida por uma revelação consubstanciada numa práxis posta pela educação e pelo respeito aos valores da ordem politeia. Desse modo chegamos ao nexo socrático da impossibilidade de se ensinar a ἀρετεή, já que esta se articula no contexto de uma ordem universal superior[20]. Assim, Sócrates entende ser possível alcançar a *virtù* somente por meio da razão que, por sua vez, possibilita chegar ao *conhecimento do bem*, que nada mais é que a ἀρετεή *universal – todas as virtudes são, de fato, uma única*.

De modo que esse caminho em direção à ἀρετεή *universal* conecta-se com o conceito socrático de ψυχή. Como não caberia, aqui, entrar na complexa polêmica sobre o conceito de ψυχή em Sócrates[21], de antemão assumimos a definição de Jaeger, que a relaciona com o desenvolvimento histórico do conceito de alma dos gregos[22], cuja base é a poesia e a filosofia grega[23]. Ainda, segundo a definição

---

[20] Sobre esse aspecto, Taylor ressalta: "Existe, por tanto, um simples princípio único detrás de todas as suas diversas manifestações, nas diferentes situações da vida. Um homem que captou este princípio com a plena compreensão do conhecimento já não pode aplicá-lo em algumas situações e não em outras. O conhecimento real do bom para a alma desenvolver-se-á por si mesmo, numa justa atitude em relação a todas as situações da vida e, desse modo, na vida do 'filósofo' desaparecerão as aparentes linhas divisórias entre um e outro tipo de excelência moral. A totalidade de sua conduta exibirá uma única excelência, a segura e constante certeza da verdadeira 'escala da bondade' [...]". *El pensamiento de Socrates*, cit., p. 120.

[21] Entre outros, ver J. Burnet, *O despertar da filosofia grega* (São Paulo, Siciliano, 1994); Hegel, *Lecciones sobre la história de la filosofia*, cit., vol II; Jaeger, *Paideia*, cit.; Mondolfo, *O pensamento antigo*, cit.; A. G. Robledo, *Sócrates y el socratismo* (México, FCE, 1994, v. I); Taylor, *El pensamiento de Sócrates*, cit.; e F. M. Cornford, *Antes e depois de Sócrates* (São Paulo, Martins Fontes, 2001).

[22] Como vimos anteriormente, a alma no período Arcaico, era entendida como uma sombra sem a qual o homem não poderia viver, mas sua vida intelectual e moral radicava-se nos órgãos humanos, como o coração e o diafrágma. Já no orfismo, a alma adquire uma condição de "divindade exilada", quer dizer, habita no homem, mas não é sua essência.

[23] Como define Jaeger: "A evolução religiosa superior do espírito grego se desenvolve fundamentalmente na poesia e na filosofia, não no culto aos deuses, que habitualmente consideramos quase

jaegeriana, a alma de que fala Sócrates é concebida juntamente com o corpo e ambos constituem aspectos distintos da mesma natureza, isto é, o psíquico não aparece contrapondo-se ao físico. *Aggiornando* o antigo conceito da filosofia da natureza grega da φύσις, Sócrates acrescenta nela o espiritual, transformando-a em sua essencialidade já que, agora, a natureza física se espiritualiza e sobre a alma reflui, ao mesmo tempo, algo da existência física. A alma aparece diante dos olhos do espírito em seu próprio ser, como algo plástico que pode conseguir forma e ordenamento e, igualmente ao corpo, faz parte do cosmos, da *essencialidade universal única*. Daí o vínculo estrutural com a noção de ἀρετεή. Como afirma Jaeger, "[...] As *aretai* ou virtudes que a pólis grega associa quase sempre a esta palavra, a valentia, a ponderação, a justiça, a piedade, são excelências da alma no mesmo sentido que a saúde, a força e a beleza são virtudes do corpo, quer dizer, são as forças peculiares das respectivas partes, na forma mais alta de cultura de que o homem é capaz, ao que está destinado por sua natureza"[24]. Desse modo, há também uma reconstrução da ideia de *bem* e *mal*. Se no Tardo Arcaísmo vemos a existência cósmica dessas duas forças atuando articuladamente, conformando, assim, uma noção de universo que contém uma "unidade dos contrários" – como ocorre na tragédia –, na elaboração socrática, essa dualidade aparece distintamente, já que o *bem* se constitui no elemento fundamental da ordem natural do universo e o *mal* reside justamente no distanciar-se dessa ordem. Como define Hegel, para Sócrates o *bem* é algo implícito na natureza do espírito. O conhecimento, portanto, é a chave da eudemonia moral e o caminho para o *bem*. Daí a ética constituir a expressão da natureza humana, porque nela reside o *ethos* e, como acentua Jaeger, a formação da alma para esse *ethos* consiste

---

sempre como o conteúdo principal da história da religião helênica. É certo que a filosofia constitui uma fase relativamente posterior da consciência e que o mito é anterior a ela, mas para quem está acostumado a captar conexões estruturais do espírito, não cabe a menor dúvida de que tão pouco, no caso de Sócrates, nega a filosofia dos gregos a lei histórico-orgânica que preside sua formação. A filosofia não é mais que a expressão racional e consciente da estrutura fundamental interna do homem grego, tal qual podemos segui-la através dos séculos nos supremos representantes deste gênero. A religião dionisíaca e órfica dos gregos e a dos mistérios apresentam, indubitavelmente, certas 'fases preliminares' e certas analogias, mas este fenômeno não pode ser explicado dizendo- -se que as formas socráticas de falar e de conceber derivem de uma seita religiosa que possa ser considerada como alheia aos gregos ou adorada ao modo oriental. Tratando-se de Sócrates, o mais sóbrio dos homens, dar por suposto a existência de uma influência eficaz dessas seitas orgiásticas nos elementos irracionais de sua alma seria uma empresa verdadeiramente descabida". *La teología de los primeros filósofos griegos*, cit., p. 420.

[24] Ibidem, p. 421.

precisamente no caminho natural do homem para uma relação harmoniosa com a natureza do universo, isto é, a harmonia entre a existência moral do homem e a ordem natural universal[25].

Isso nos possibilita dizer que a ossatura da concepção socrática de religião *situa-se rigorosamente no âmbito da tradição da religião cívica politeia*, e, nesse sentido, o elemento ético constitutivo do conjunto ideo-imaginário vigente no período igualitário volta a ser colocado no centro da vida dos homens, o *ethos* comunitário. Esse aspecto aparece como decisivo no pensamento socrático, não como mera nostalgia dos tempos antigos, mas fundamentalmente como um reprocessar de uma forma ideo-societal que propiciaria a estruturação de uma coesão comunitária, que viesse responder a um processo de rápida desagregação de sociabilidade, vista por Sócrates como crise ético-moral. Nesse sentido, *o pensamento socrático recoloca o ético no centro do problema do qual os sofistas o haviam retirado* – uma tendência que surge, como pudemos ver, a partir da necessidade de se oferecer uma formação cultural elevada aos altos extratos governantes da pólis (incluindo-se aí os novos extratos sociais enriquecidos), posta pela dinâmica da nova ordem engendrada pelo desenvolvimento do imperialismo ateniense. Daí o papel central exercido pela πολιτικά (política), também ela *recolocada e transcendendo a mera mediação pragmática* existente tanto no período igualitário do Tardo Arcaísmo como no período áureo do imperialismo ateniense com sua δημοκρατία.

A concepção de política desenvolvida por Sócrates consiste, então, *em introjetar o elemento filosófico na mediação realizada pela política*, e isso significa que nessa concepção temos a *primazia do racional* na condução da vida politeia. A razão, enquanto poder da alma, constitui-se na *conditio* para se chegar à distinção entre opinião e conhecimento real, que possibilita encontrar a essencialidade da verdade, da justiça e do bem. Longe de ser uma nostalgia idealizada do período democrático pericleano, como sustenta Heller[26], entendemos que a construção socrática tem por referência os

---

[25] Sobre esse aspecto, assim conclui Jaeger: "No sentimento profundo da harmonia entre a existência moral do homem e a ordem natural do universo, Sócrates coincide plena e inquebrantavelmente com a ciência grega de todos os tempos anteriores e posteriores a ele. A nota nova que traz Sócrates é a de que o homem não pode alcançar esta harmonia com o ser por meio do desenvolvimento e da satisfação de sua natureza física, por mais que se restrinja mediante vínculos e postulados sociais, mas sim por intermédio do domínio completo sobre si mesmo conforme a lei e que descubra indagando em sua própria alma. O eudemonismo grego de Sócrates deriva desta remissão do homem à alma como seu domínio mais genuíno e peculiar, uma nova força de afirmação de si mesmo frente às crescentes ameaças que a natureza exterior e do destino fazem pesar sobre sua liberdade". Ibidem, p. 422.

[26] Como afirma Heller: "[...] Pensa na sua cidade como se, todavia, fosse uma comunidade da época de Péricles [...] Mas o que Sócrates idealiza é a forma clássica, já desaparecida da democracia".

elementos constitutivos da forma-religião vigente no Tardo Arcaísmo. Obviamente há, no entanto, uma revisitação dessa forma religiosa. Se antes, em sua versão tardo arcaica original, a política mediava e regulava, pragmaticamente, uma δίκη centrada num *ethos* comunitário, composta por elementos de uma ἀρχή divina, constituindo, assim, o aspecto profano do sagrado, na formulação socrática a política *adquire a função de desenvolver a razão* no sentido da ἀρετεή *universal* e, desse modo, a política deixa de ser somente um elo entre o sacro e o profano, adquirindo a forma de um instrumento de mediação reflexiva para viabilizar a ação racional, isto é, da ψυχή, em direção à *virtù suprema*. Nesse sentido – e aí reside o elemento central do que constitui a grande inovação no que se refere ao pensamento ocidental –, o laicismo alcança, também, o livre arbítrio do indivíduo para buscar a verdade. Este constitui o contexto de sua radical crítica à forma-práxis da δημοκρατία, exatamente por sua impossibilidade de sair de sua estrutura pragmático-utilitarista, como fica explícito em seu debate com Cálice, descrito por Platão no *Górgias*[27]. Como acentuou Hegel, com a construção reflexiva socrática, aparecem a subjetividade infinita e a liberdade da autoconsciência, que entram em rota de colisão com o sistema ideo-imaginário vigente, no período imperialista. Para Sócrates, a forma-práxis política da democracia escravista não trazia consigo a razão e o conhecimento, o que impedia o exercício do poder na perspectiva da *virtù*, reforçando a ignorância dos cidadãos. Havia, pois, implícito no discurso socrático uma recusa à forma-democracia da Atenas imperial que se consubstanciava na oposição entre *alétheia* e *dóxa*, a verdade contra a aparência. Platão evidencia essa polarização entre o posicionamento socrático e o hegemônico na pólis da Atenas imperialista, quando, em sua *Apologia*, enfatiza – a partir das

---

Aristóteles y el mundo antiguo, cit., p. 40-41(grifos da autora).

[27] "**Sócrates**: [...] Se afirmarmos que os Atenienses tornaram-se melhores graças a Péricles, ou se, pelo contrário, afirmarmos que foram corrompidos por ele. De fato, o que eu ouço dizer é isto: Péricles fez os atenienses ociosos, vís, falantes e ávidos, instituindo um salário para os cargos públicos. [...] E Péricles não cuidava dos homens? [...] E pois? Não deveriam estes homens, como já dissemos, tornarem-se, sob seus cuidados, mais justos, de mais injustos que eram, se verdadeiramente ele tivesse cuidado deles como um bom político? [...] Mas os que são justos, são dóceis, como Homero diz. E tu, o que dizes? Não é assim? **Callices**: Sim. **Sócrates**: Mas, quando Péricles passou a cuidar deles, os tornou mais selváticos do que eram antes e isto, contra si mesmo, pois isto era a última coisa que ele desejava! **Callices**: Tu queres que eu concorde contigo? **Sócrates**: Apenas se tu pensares que eu diga o verdadeiro. **Callices**: pois, assim seja! **Sócrates**: E se verdadeiramente ele os tornou mais selváticos, não os deixou pois mais injustos e piores? **Callices**: E que seja! **Sócrates**: Pois, Péricles não foi um bom político, segundo este raciocínio. **Callices**: És tu a dizer que ele não o fora! **Sócrates**: Mas, por Zeus, tu também o dizes, segundo o que admitiste! [...]" (Platão, "Gorgia", em *Tutte le opere*, cit., v. III, 515e – 516e).

"próprias palavras" de Sócrates – que aceitar a condição que estava sendo imposta, para não ser condenado à morte, seria abandonar o encargo dado pelo Oráculo de Delfos, pois servir o deus era servir toda a comunidade[28]. A recusa da δημοκρατία é, portanto, a afirmação da necessidade de uma opção individual dos cidadãos para chegar ao conhecimento, à *virtù universal*, na qual o *verdadeiro eu* realiza-se no *espírito coletivo da pólis*. Mas essa opção do indivíduo deve ser orientada pelos homens públicos. Se esses homens não correspondem aos seus deveres, não realizam a verdadeira política, na direção do ético e da moralidade[29]. É nesse contexto que o dístico délfico, *gnôthi sautón*, tradicionalmente utilizado para chamar a atenção aos limites da existência humana, ganha os contornos de um permanente convite para que o homem indague-se sobre as dimensões da alma.

Essa busca da verdade proposta por Sócrates inaugura o método filosófico de investigação que visa à descoberta de conceitos universais. Como acentua Aristóteles, há nessa concepção uma continuidade da tradição grega da "doutrina das ideias"[30], e a pesquisa socrática comporta o raciocínio indutivo – aquele que, partindo da análise de determinado número de casos particulares, alcança uma definição geral que expressa determinado conceito. O conceito exprime a essência ou a *natureza da coisa, o que é* – e a definição de universalidade, ambas atentando para o princípio da ciência, porque releva as definições necessárias (e universais) das coisas

---

[28] Nas "palavras" de Sócrates: "Atenienses, respeito e amo vocês, mas obedecerei ao deus e até quando eu respirar e conseguir fazê-lo, nunca cessarei de filosofar e de exortar-vos e aconselhar-vos, dizendo as coisas que costumo dizer [...] E isto o farei com jovens e velhos, com todos os que encontrar, estrangeiro ou cidadão, e especialmente com os cidadãos, porque sois os meus mais próximos por estirpe. Isto manda o deus, voces o sabem. E eu penso que para vocês, para a cidade, não exista bem maior do que esta minha servidão ao deus [...] A virtude não nasce da riqueza, mas da virtude nascem as riquezas e todos os outros bens para o cidadão e para a comunidade [...]" (Platão, *Apologia di Socrate*, cit., v. I, 29d – 30b).

[29] Como enfatiza Platão, ao colocar na boca de Sócrates as palavras que definem sua concepção de política: "Creio ser um dos poucos Atenienses, para não dizer o único, a tentar a verdadeira arte política, e o único entre os contemporâneos a exercê-la. E como não raciocínio de vez em vez para comprazer às pessoas, mas aspirando o melhor e não o que é mais agradável". "Gorgia", em *Tutte le opere*, cit., 521d. Sobre esses juízos sobre a democracia, atribuidos por Platão a Sócrates, Taylor comenta: "Os juízos sobre a democracia ateniense do século V, postos na boca de Sócrates no *Górgias* e na *República* de Platão são muito mais duros que qualquer coisa que o próprio Platão tenha dito por conta própria, sobre o governo democrático em diálogos posteriores, tais como o *Político* e as *Leis*; me parece provável que a severidade daqueles juízos provém mais de Sócrates que de Platão" (op. cit., p. 125).

[30] Aristóteles, *Metafísica*, cit., I, c. 9.

em sua essencialidade, apreendidas pela razão. Ainda segundo nos informa Aristóteles[31], anteriormente, somente Demócrito ocupou-se da problemática da universalidade – e, mesmo assim, de modo escasso. Primeiramente, os pitagóricos haviam tentado definir alguns elementos reduzindo, porém, as noções a um número determinado, como, por exemplo, buscando definir o que é o conveniente, o justo, a união etc. Em vez disso, Sócrates buscava a essência das coisas e a boa razão. Como afirma Hegel[32], os conceitos socráticos possuem um alto caráter genérico-abstrato e dizem respeito ao *dever-ser* e não à realidade mesma. As questões referentes à definição da substância e da essência foram deixadas para seus sucessores e, desse modo, constituíram-se nos temas principais das reflexões de Platão e de Aristóteles.

Na introdução de sua monumental *Ontologia do ser social*, Lukács chama atenção para o fato de Platão ser o primeiro a tentar responder o "que fazer?", diante de uma pólis em crise de dissolução, a fim de garantir os postulados morais necessários, indispensáveis e *possíveis* para a salvação da pólis[33]. Nessa postura platônica, estava presente a preocupação de recuperar a tentativa do desenvolvimento da ontologia da essencialidade socrática e, ao mesmo tempo, a busca de construir uma projeção ontológica da moralidade, justamente para responder à generalidade socrática da procura da *virtù*, ou, melhor dizendo, superar a *essencialidade* genérica. Constitui-se aí um centro direcionado à construção de uma filosofia que analisasse o estado, enquanto sistema ordenador jurídico-político da pólis. Em Platão, essa busca transforma-se numa *Paideia pedagógica*, em que *a política adquire um sentido objetivo*, isto é, o político não se constitui apenas, como em Sócrates, num elemento de mediação reflexiva, mas ganha a dimensão de *vir a ser* (como *possibilidade*) uma *práxis realizadora*. Sua decepção com as formas institucionais que regiam a pólis, principalmente após o processo que condenou à morte Sócrates, determinaram que ele se dedicasse a pensar alternativas para melhorar as condições da vida política e da constituição do estado. Se não podemos dizer que há uma ruptura platônica em relação à necessidade do resgate do *fundamento* da *virtude cívica*, como nos aclara Jaeger[34], por outro lado conforma-se no pensamento de Platão a certeza da necessidade de ir adiante no sentido de estruturar as condições para alcançar tal objetivo. Desdobrando a noção socrática da educação como elemento para se chegar à ἀρετεή, a construção teórica platônica considerava o conhecimento

---

[31] Ibidem, XIII, IV.20 – 30.
[32] Hegel, *Leciones sobre la historia de la filosofia,* cit., v. II, p. 100 e seguintes.
[33] Lukács, *Ontologia dell'essere sociale,* cit., v. I, p. 11.
[34] Ver Jaeger, *Paideia,* cit., p. 478 e seguintes.

como a base para a preservação da vida da verdadeira comunidade em que seria realizada a suprema virtude humana. De modo que, se Sócrates havia apontado a meta e a norma para chegar à *virtù*, Platão concentrará suas atividades na direção de encontrar o caminho[35] no qual era evidenciada a necessidade da construção de uma πολιτική τέχνη (arte política) que possibilitasse encontrar a ideia de *bem*. Para tanto, a filosofia seria o instrumento para levar os homens a uma convivência baseada na justiça[36]. É justamente aí que se encontra o núcleo da construção da ideia de uma república comandada pelos sábios, que seriam os organizadores da vida politeia, como veremos mais adiante.

Por meio da filosofia, Platão pugna politicamente pela restauração de uma *comunidade orgânica* e por uma *ética comunitária e isonômica*. De modo que trilhando a visão socrática temos, na construção platônica, um referencial histórico que se situa, também ele, no período da *pólis igualitária*. Como já pudemos observar, as condições históricas que geraram a possibilidade da objetivação da forma política da δημοκρατία foram as mesmas que determinaram sua crise. Ao elaborar seu projeto

---

[35] Sobre a trajetória de Platão, para a construção de sua teoria filosófico-política do estado, ver ibidem, p. 467 em diante. Jaeger ressalta que nesse percurso, que compreende "obras menores", como *Apologia, Górgias* e *Críton*, Platão constrói a base de sua filosofia política que aparecerá principalmente em sua *Politeia (República)* e nas *Leis*.

[36] Na conhecida carta enviada por Platão aos familiares e companheiros de Dione, nominada, consagradamente, como *Carta VII*, motivado pelo descrédito no grupo dirigente da pólis, podemos verificar como é construida a conexão da filosofia com a política, sendo a primeira considerada o elemento basilar para o desenvolvimento de uma nova ideia de política, baseada no conhecimento e na coesão de homens em torno de princípios éticos: "[...] Para mim, que avaliava estes fatos, os homens que geriam os negócios da cidade e as leis e os costumes, quanto mais observava e avançava na idade, parecia difícil a reta gestão da coisa pública; parecia-me impossível uma ação política sem amigos e companheiros confiáveis – nem era facil encontrá-los, pois a cidade não se apoiava mais nos hábitos e nos costumes dos pais, e era impossível a procura de outros novos com uma certa facilidade – e a carta das leis e os costumes deterioravam-se, procedendo neste caminho de modo tão extraordinário que eu, primeiramente impulsionado pela ideia de dedicar-me à coisa pública, olhando para estes fatos e observando a desordem geral, acabei nauseado, e se não renunciava a meditar sobre como melhorar esta situação e a estrutura política em seu complexo, todavia esperava sempre o momento oportuno para agir, e cheguei finalmente a pensar, no mérito de todas as cidades atuais, que todas são mal governadas – o sistema legislativo encontra-se pois em uma condição incurável, salvo se acontecer alguma extraordinária preparação unida à sorte – e fui obrigado a dizer, elogiando a correta filosofia, que apenas esta permite ver tudo o que é justo nas coisas públicas e nas privadas. Pois, as gerações humanas nunca teriam se livrado dos males antes que a estirpe dos que praticam correta e verdadeiramente a filosofia chegasse aos cargos políticos, ou antes de a classe dos homens que governarem as cidades começarem, por sorte divina, a pensar segundo princípios realmente filosóficos". "Lettera VII", em *Tutte le opere*, cit., v. V, 325c – 325d – 325e – 326a – 326b.

filosófico de renovação da pólis, Platão percebe e releva essa processualidade, mas, no entanto, a compreende como elemento secundário, dadas as suas próprias limitações, que o impossibilitam a pensar mediante categorias históricas e o impedem de compreender a relação dialética que se estabelece a partir da produção mercantil que, antiteticamente, constitui-se no elemento desencadeador das condições *concretas* para a *morphosys* política da δημοκρατία e, ao mesmo tempo, no impulsionador da desagregação da forma democrático-escravista. Essa impossibilidade de compreender a dinâmica posta pela economia monetária e pelo comércio, enquanto determinação objetiva da pólis clássica, o levam a tentar eliminar no plano teórico todos os fatores em que estão assentados os elementos desagregadores, no dizer de Heller, "[...] a produção mercantil, junto com a economia monetária, no plano econômico; a democracia, no plano político; a individualidade, a atitude do homem privado, no plano ético; a arte do demos e a sofística, enquanto filosofia do homem privado, no plano ideológico"[37]. Esse é o contexto em que se situa a recusa platônica da forma política δημοκρατία, *exatamente por nuclear seu referencial no elemento ideo-político do igualitarismo do Tardo Arcaísmo*.

Esses elementos de crítica ao "estado das coisas" serão os componentes fundamentais de sua primeira tentativa de sistematizar um projeto de pólis *centrada numa ética comunitária*, que tem por base uma religião cívica em moldes de uma *ideologia coesiva de estado*. Ao realizar a análise da democracia, na qual intuitivamente subjaz também a crítica da ordem mercantil, Platão põe de relevo a questão da propriedade privada, enquanto núcleo emanador da desigualdade, mas *sob a ênfase da questão ético-moral*. Daí o *centro de sua crítica ser deslocado para o homem privado*, em vez da estrutura escravista e mercantil e, ao combater os elementos responsáveis pela dissolução da pólis, Platão ataca, inclusive, as conquistas igualitárias da democracia. É passível de análise, porém, a afirmação de Heller que, ao investir contra as instituições gerenciadoras da forma política δημοκρατία, Platão acaba destruindo seus próprios objetivos. Como sabemos, Platão articula seu projeto de pólis a partir de um exame crítico do "estado das coisas" que, segundo seu entendimento, constituem os fundamentos da desintegração politeia. Sabemos,

---

[37] Cf. Heller *Aristóteles y El mundo antiguo,* cit., p. 68. Nesse sentido, conclui Heller, "Platão polemiza apaixonadamente com este conjunto de fenômenos, por demais heterogêneos. Suas veementes discussões, seus princípios, têm aqui uma raiz comum. E este fato torna-se compreensível somente a partir da contradição estrutural da pólis ateniense: o filósofo que compreendeu do todo apenas um aspecto desta contradição, lutando para eliminá-la, polemiza contra todas as condições de existência da pólis, inclusive contra as conquistas comunitárias da democracia. Nesse sentido, Platão destrói seus próprios objetivos".

também, que esses fundamentos são os que conformam a *morphosys* da δημοκρατία, quer dizer, a economia monetária e a forma adquirida pela propriedade privada, a prevalência do homem privado, a manipulação do povo e a sofística. Numa palavra, tudo o que conforma a estrutura da democracia escravista é submetido ao crivo da avaliação crítica platônica. Lembramos, ainda, que seu referencial de pólis, *como ponto de partida*, é aquele que possui maior organicidade, isto é, a forma orgânica politeia desenvolvida a partir das experiências vividas no período da passagem do século VI ao século V a.C. Desse modo, em nosso entendimento, ao realizar a crítica da forma política da δημοκρατία, Platão não está destruindo seus objetivos. Encontramos nesse contexto analítico-crítico os elementos que, segundo o filósofo, devem ser recuperados e desenvolvidos (e expurgados de seus defeitos), enquanto fundamentos constitutivos de sua *pólis arquetípica*.

Em sua Πολιτεία *(Politeia), República*[38], Platão inicia sua anamnese do "estado das coisas", a partir do que se constituía no elemento ideológico hegemônico. Não por acaso, Platão compõe seus diálogos utilizando personagens históricos emblemáticos, que se encontram no Pireu, na casa do idoso e rico meteco Céfalo, pai de Polemarco – condenado à morte pelos Trinta Tiranos, desejosos de apoderar-se de seu rico patrimônio –, onde estão, entre outros, Nicérato (também condenado a beber cicuta), o célebre sofista Trasímaco, os irmãos de Platão, Gláucom e Adimanto, além da "presença" do próprio Sócrates, que discutem num ambiente festivo, provavelmente no ano de 421 a.C., por volta do estabelecimento da Paz de Nícia, ao final da Guerra de Arquidamo, quando ainda o império ateniense era pujante. Ao escrever sua *Politeia* – quando Atenas tenta ser um arremedo de seu passado, após a derrota para Esparta na Guerra do Peloponeso –, Platão faz um convite à reflexão sobre os valores éticos e políticos perdidos, contrapondo os elementos inovadores, postos pelos sofistas à visão ético-moral socrática. Ressaltemos, porém, que essa contraposição, que tem por base referencial a experiência vivida no *período igualitário*, traz consigo a tarefa intrínseca de *repensar globalmente essa experiência, além da própria tradição gerada na pólis do Tardo Arcaísmo*. Mais do que isso, Platão percebe a necessidade de materializar sua teoria – pois, como revela na *Carta VII*, sentia-se envergonhado de parecer um parlapatão incapaz de

---

[38] O livro I foi escrito provavelmente, em data anterior a 390 a.C., sendo que os outros livros restantes, foram escritos quando Platão regressou de sua viagem ao Sul da Itália, onde foi hóspede da corte de Dionísio, o Velho, cerca de 388 a.C., e onde também entrou em contato com comunidades filosóficas pitagóricas. É nesse contexto que delineam-se as reflexões platônicas sobre a relação entre poder e saber e a necessidade de um dirigente autocrata, capacitado para a execução de reformas na sociedade.

fazer implementar suas ideias[39] –, e, para tal, fazia-se mister a criação de um núcleo emanador, organizativo-operativo[40]. Daí podermos afirmar que há um nexo entre a fundação de sua Academia, em 387 a.C., e a elaboração de sua *Politeia*, que alcança um significado de "manifesto de lançamento" de sua "escola" de filosofia.

Ao realizar a crítica da forma-política ateniense, Platão inicia a avaliação da origem da desigualdade por meio de diálogo travado entre Sócrates e Céfalo. Nesse diálogo, repleto de simbologia – Céfalo além de comerciante é proprietário de uma manufatura de escudos de combate –, a questão da justiça e da riqueza aparece como aspecto central. O problema ético do bom uso dos bens e dos incentivos à prevaricação que a riqueza oferece é *realçado*[41]. Na análise do pensamento dominante, Platão faz o ponto de vista de Céfalo expressar o senso comum hegemônico que aceita as "coisas" sem criticidade. Toda a argumentação, posta na boca de Sócrates, busca desmantelar a noção imperante de justiça, expressa por Céfalo. Os pontos significativos da crítica platônica deságuam no estabelecimento de um *vínculo direto* entre riqueza e desigualdade, isto é, a riqueza de alguns e a pobreza de muitos determinam a fratura da sociedade, transformando a pólis num espaço dicotomizado, no qual coexistem "duas cidades": a dos ricos e a dos pobres. Segundo a visão platônica, tanto a pobreza como a riqueza são responsáveis pela desagregação dos valores morais, porque a primeira gera a indolência e a segunda, a baixeza de ânimo e a decadência do trabalho[42], quer dizer, do espírito criativo presente na τέχνη. Platão identifica nessa polarização as raízes da *stasis*, pois aí tiveram origem os golpes de estado e o confronto violento entre os cidadãos[43]. Daí a necessidade de se entender a justiça em seu percurso ontológico, no desenvolver da sua essencialidade. Como havia feito no *Górgias*, Platão refuta a tese dos sofistas

---

[39] Como fica claro na *Carta VII*: "[...] dentro de mim procurei avaliar a situação, estando em dúvida sobre a eventualidade de viajar e dar ou não ouvido aos convites, mas prevaleceu um impulso para com o meu dever neste sentido, porque se era possível tentar uma tradução na prática das minhas teorias sobre as leis e sobre a constituição, agora era o momento de experimentar, pois se tivesse convencido um único homem, teria dado uma organização suficiente boa para tudo. Com tal convencimento e determinação, zarpei da pátria, mas não pelo motivo que alguns supunham, mas pela grandíssima vergonha que sentia de mim mesmo, pensando a mim mesmo como nada mais que um discurso, única e simplesmente, e nunca um homem disposto a empenhar-se em alguma ação [...]". "Lettera VII" em *Tutte le opere*, cit., 328b – 328c.

[40] Cf. Ibidem, 328b e seguintes.

[41] "Repubblica", cit., I – 331b.

[42] Ibidem, IV – 422a.

[43] Ibidem, IV, 422e – 423a.

de uma tendência "natural" dos homens à violência e da ideia da justiça como resultado pragmático de um "pacto de não agressão" entre os homens. Contra uma ontologia da justiça que tem por fundamento a base de uma "história" da guerra permanente entre os homens – inspirada, sem dúvida, na situação real vivida pela pólis –, Platão contrapõe uma ontologia que resgata a noção socrática da ψυχή, afirmando a alma como o fundamento da regra que legitima a justiça, a *dikaiosyne*.

Mas, ao contrário da noção do equilíbrio pelo terror dos sofistas, Platão desenvolve, a partir de uma ontologia do homem em estado de natureza, o conceito da *naturalidade essencial da sociabilidade humana* (em que encontramos *embrionariamente* os rudimentos de uma ontologia e uma teleologia do trabalho), que está determinada pela necessidade de sobrevivência[44]. Portanto, nessa direção, a cidade é consequência de uma agregação que requer outro elemento humano, a τέχνη – que assinala o advento da civilidade –, a arte de fazer o que a comunidade realmente necessita, a partir do que é útil para si, no sentido de atender às exigências materiais da vida, como moradia, alimentação, vestuário etc.[45]. Essa definição conceitual do homem como ser naturalmente gregário coloca também a questão de uma *ética primordial* que estaria orientando o comportamento solidário entre os homens. Aqui há uma identidade com a visão de *Protágoras*, sobre a dádiva prometeica do conhecimento aos homens. Mas, no âmbito da visão platônica, exatamente por ser o elemento básico da civilidade – que demarca uma *differentia* de princípio –, o domínio da τέχνη permite aos seres humanos o desenvolver da moderação e da justiça, imanentes à ética universal e transcendente, mas não como elemento componente da objetividade, já que, como bem ressalta Heller, "Platão é incapaz de conceber uma só porção de realidade no seio da imanência"[46]. Nesse sentido, para Platão, o que deve ser combatido são as razões que levam à decadência da moral e da justiça – que,

---

[44] Ibidem, II – 369b e seguintes.

[45] Ao discorrer sobre a vida coletiva dos homens, que tem por base da civilidade o convívio na cidade, Platão, através das "palavras" de Sócrates realça o papel do trabalho, como elemento de soldagem da comunidade: "[...] construamos teoricamente uma cidade, desde as fundações. A criará, ao que me parece, nossa necessidade [...] Mas a necessidade primária e maior é a procura de nutrimento para continuar a viver [...] a segunda é a de uma habitação, a terceira a de uma veste e de necessidades parecidas [...] como a cidade pode fazer frente à demanda de tantos meios? Um indivíduo deverá ser camponês, outro arquiteto, outro ainda tecelão? Deveríamos acrescentar um sapateiro ou mais alguém que cuide das exigências do corpo? [...] Pois cada um deles deve pôr sua atividade à disposição de todos [...]". Ibidem, II, 369d – 369e.

[46] Heller, *Aristóteles y el mundo antiguo*, cit., p. 83.

segundo sua visão, não estão situadas na materialidade da vida social, mas numa transcendência existente no mundo de uma imanência místico-religiosa.

Está presente nesse enfoque platônico uma *dualidade óbvia*, que tem por base um racionalismo ético que procura compreender dois aspectos fenomênicos, que aparecem articuladamente e refletem essa base dualística estrutural que, de um lado, torna possível entrever a materialidade do mundo real (em particular a teleologia do trabalho) e, de outro, *filtra* essa mesma realidade a partir de uma abordagem teórica realizada por meio de uma razão transcendental, na qual o processo de conhecimento, enquanto *Paideia pedagógica*, como em Sócrates, reaviva a "memória" do que a alma já conhece, em sua anterior vida extracorpórea[47]. Essa dualidade possibilita a Platão correlacionar a economia e a política como fatores da decadência da pólis. Ainda que entendendo a determinação material *subalternizadamente*, em relação ao sistema místico-idealista, Platão não somente condena a produção mercantil, como a propriedade privada, propondo, também, sua total abolição. Nesse contexto, conecta-se sua crítica à democracia, pois há, na visão platônica, uma clara relação entre o advento da democracia e a economia de mercado, mesmo que compreendidas *subordinadamente* à transcendência místico-religiosa. Essa *subordinação ao elemento místico* leva à *redução intelectiva* e à *subsunção* dos aspectos determinantes da decadência da pólis pela *questão da perda do sentido ético-moral*. Mas, para chegarmos ao entendimento do núcleo teórico platônico, que centra na alma seu elemento fundamental, recordemos, de modo sucinto, os aspectos componentes de seu *instrumental analítico* para "encontrar a verdade", ou, melhor dizendo, sua ideia de razão. O μέθοδος (método) utilizado por Platão em sua *Politeia* (livro VI) é por demais conhecido, de modo que nos deteremos, aqui, nos pontos que consideramos fundamentais para a configuração de sua teoria das ideias.

O referencial socrático constitui o ponto inicial do corpo teórico platônico, no qual a noção de conhecimento confunde-se com idealização, isto é, consegue-se apreender um fenômeno quando se atribui a ele uma definição ideal-conceitual, que expressa também a universalidade e a substancialidade do fenômeno. Universalidade e substancialidade, desse modo, são produtos subjetivos do pensamento. Assim, os conceitos são produzidos na consciência e resultam da capacidade humana de conhecer a realidade que, de per si, é transcendente. O conhecimento realiza-se, no método platônico, por meio de níveis que se articulam e permitem que se "al-

---

[47] Para Platão, como sabemos, a alma conhece as ideias no mundo transcendente. O conhecimento da realidade, portanto, não é mais do que uma reminiscência do que a alma conheceu antes de unir-se ao corpo.

cance" a essencialidade dos fenômenos, sendo que nele se encontram as mediações que separam o *sensível* (o *real-imediato*) do *inteligível* (*a razão dedutiva*). O mundo sensível, o *real-imediato* – o *visível* –, é considerado como o primeiro e o menos relevante momento do conhecimento, porque se apresenta como um "reflexo intermediado" pelos órgãos da percepção e pela opinião (*dóxa*) que se tem sobre as coisas, o que possibilita um nível baixo de apreensão fenomênica. Portanto, vemos que o *real-imediato*, em Platão, é desprovido de valor porque não fornece as condições de seu próprio entendimento. Nesse sentido, a positividade reside no procurar alcançar um instrumental que permita a realização de uma mediação e possibilite a apreensão, em sua complexidade, do fenômeno. A mediação inicia-se com a compreensão por meio do pensamento, a *diánoia*, que dá as condições para que se vá além da *dóxa*, a opinião comum sobre as coisas. Esta é uma forma de pensar baseada num raciocínio argumentativo – *hypóthesis* – em direção à fundamentação dedutiva[48].

Nessa "etapa" da construção do conhecimento é que estão a matemática, a música, a astronomia etc., que fazem passar para um tipo de conhecer mais elevado, mais próximo à essencialidade das coisas[49]. Mas, apesar disso, como ainda existe um contato com o real – por meio das demonstrações "materiais", como as linhas geométricas, números etc. – e prevalecem, ainda, conceitos não demonstrados e axiomáticos, como os valores dos números, essa "etapa" estruturada em avaliações hipotéticas constitui-se apenas num adestramento que alerta e prepara a alma para o "verdadeiro conhecimento". Finalmente, chega-se ao "saber verdadeiro", *epistemé*, alcançando o conhecimento pelo intelecto. Este, no método platônico, é o momento mais elevado da apreensão do fenômeno, porque se chega à essencialidade das coisas. É também nesse escopo que a ideia, enquanto alma, participa da natureza do objeto conhecido, porque se compõe dos mesmos elementos da natureza que o estruturam. Daí o conhecimento ser *revelado na alma*, como intuição da ideia (a "centelha", presente na *Carta VII*), isto é, o que conhece e o que é conhecido são compostos pela mesma natureza. O instrumento que possibilita a ida a essa sabedoria elevada é a dialética, entendida como discurso argumentativo (baseado na *Paideia*) que põe em cheque e questiona as hipóteses e atinge o princípio puro do real, que é a ideia[50].

---

[48] Vemos que é exatamente essa "fase" de seu método analítico que possibilita a Platão identificar (e conectar) a democracia-escravista, o comércio e a propriedade privada como as bases da decadência da pólis.

[49] "Reppublica", cit., VI – 510b em diante.

[50] Como define Platão: "[...] Procure então compreender que pela segunda seção do inteligível eu entendo aquilo que a razão mesma atinge através da faculdade dialética, interpretando as hipóteses não

Hegel aponta essa questão no pensamento platônico, destacando ser indiferente que o discutido seja o fenômeno ou o conceito. Segundo seu entendimento, o que se constituía no elemento decisivo era a dialética, que pelo caminho das antinomias produzidas no processo do discurso propunha-se dissolver a imediaticidade (antropomorfizadora), vinculada ao sujeito[51]. Essa postura platônica, presente também no conjunto do idealismo objetivo da Antiguidade, procurava contrapor o fenômeno à sua verdade objetiva – que se impõe, como vimos, somente quando liberada da percepção sensível e dos falseamentos engendrados pela cotidianidade. Lukács lembra-nos da conexão desse problema com a questão do *reflexo*, isto é, com o conhecimento enquanto *reflexo* correto da realidade objetiva. Como acentua o filósofo húngaro, a tentativa de responder a esse problema irresoluto na filosofia grega – desde os pré-socráticos, que buscavam a explicação do *ser-em-si*, colocando a questão do conhecimento da essência do mundo externo sensível – vem de Platão, principalmente em relação ao problema da formação conceitual, isto é, na forma de um *reflexo* mais exato possível da realidade, por meio da construção dos conceitos, quer dizer, na forma de uma iluminação da intuição sensível e da representação[52]. É justamente essa inflexão, na teoria do conhecimento dos gregos, que acentua o idealismo. Como afirma Lukács, a

> "[...] única questão importante aqui consiste que, na duplicação idealista do reflexo (não se trata, agora, de um simples reflexo da realidade, mas do mundo ideal e do mundo empírico), põe-se necessariamente em sério perigo as anteriores conquistas da desantropomorfização do conhecimento [...] Mas a separação entre mundo ideal e a realidade, a realidade autêntica – metafísica – que Platão atribui ao primeiro, *conduz o pensamento humano* como viu e criticou Aristóteles claramente desde o primeiro momento – *ao nível já superado do antropomorfismo*"[53].

---

 como princípios, mas realmente como hipóteses, como se fossem pontos de apoio e de partida para chegar até o princípio de cada coisa, que é isenta de hipóteses; alcançado este princípio, e aguardando as consequências derivadas, a razão desce de novo em direção ao fim, sem usar alguma referência sensível, mas apenas as ideias, e passando de uma para outra encerra nas ideias o inteiro processo". Ibidem, 511b – 511c. Por isso, afirma Heller que os conceitos morais do indivíduo, assim como o universal e substancial que existem e podem ser encontrados na ética, são interpretados na teoria platônica como critérios de reflexos, de simples apreensões das essências conceituais que ocorrem independentemente do mundo humano. Heller, *Aristóteles y el mundo antiguo*, cit., p. 88.

[51] Ver Hegel, *Lecciones sobre la historia de la filosofía*, cit., v. II, p. 135 e seguintes.

[52] Cf. Lukács, *Estetica*, cit., v. I, p. 159 – 160.

[53] Idem. Nessa direção, Lukács conclui: "Como se vê, a antropomorfização do mundo das ideias nasce diretamente do fato da filosofia idealista atribuir à essência uma existência própria junto a – ou

O idealismo objetivo da Antiguidade, ao converter a essencialidade – separada e autonomizada do mundo fenomênico – em elemento fundamental da realidade, não consegue encontrar saídas que não a de conceber essa causalidade de maneira antropomorfizada e mitologizada. Assim, não é por acaso que Platão estrutura a base inicial de argumentação da *Politeia*, retomando a questão da ἀρετεή, enfatizando a necessidade de sua reelaboração. Como vimos, o conceito de ἀρετεή vigente no período do Tardo Arcaísmo, pressupunha uma rigorosa noção de dever em relação à pólis, à qual todos os cidadãos estariam submetidos, e sobre o conceito de ἀρετεή centrava-se a noção de justiça. Assim, na ἀρετεή do Tardo Arcaísmo, a justiça aparecia como *virtù* política por antonomásia, que *resumia todas as demais virtudes*[54].

Platão irá *reatualizar* esse conceito, atribuindo-lhe um sentido mais denso, vinculando-o à *primalidade da* ψυχή (alma), isto é, à uma ideia de justiça como *forma do bem*, que direciona todas as normas elaboradas pelos homens[55]. Nesse sentido, *o justo situa-se no âmbito da* φύσις. Se, como vimos, o conhecimento se dá na transcendência, na ψυχή, antes mesmo de sua chegada ao corpo – como para Sócrates –, este não é mais do que uma reminiscência do que a alma viu antes de nascer e, como destaca Heller, recordar as ideias é evocar o antigo, o que configura o conhecimento enquanto contemplação passiva[56]. Mas analisemos o sentido desse *debruçar-se sobre o antigo*. Se o centro da reflexão platônica situa-se na problemática da ἀρετεή enquanto uma *justiça universal*, ela deve conter em si os elementos que regem a própria universalidade da φύσις, na qual se encontra,

---

melhor dizendo, sobre a – do mundo fenomênico. Esta nova existência própria tem que dotar-se, naturalmente, com direcionamentos próprios, e como esses direcionamentos não são refigurações do mundo material, do vínculo inseparável e, ao mesmo tempo, contraditório da dialética, o que podem ser esses direcionamentos que não extrapolações do ser humano?". Ibidem, p. 161.

[54] Ver *Paideia*, cit., p. 109-110, e Platão, *Leggi*, cit., v. V, II – 660e. Como ressalta Jaeger: "O conceito de justiça, considerada como a forma da *areté* que compreende e cumpre todas as exigências do cidadão perfeito, supera naturalmente todas formas anteriores. No entanto, os graus da *areté* não são suprimidos pela justiça, e sim elevados à uma nova e mais alta forma". Ibidem, p. 109.

[55] Na definição de C. Rowe, para Platão, "[...] o conhecimento moral envolve o conhecimento do significado de nossos melhores interesses. Aqui, sem dúvida, a ideia vai para além do conhecimento moral; a forma do bem rende cognoscibilidade a todas as formas [...] Seja como for, se entende claramente de que maneira a forma do bem relaciona-se com o mundo físico (portanto, com as formas dos objetos físicos e também com suas qualidades). Segundo o *Fédon* (96a e seguintes), o princípio mais importante que devemos dar por estabelecido ao explicar o mundo físico é que *tudo que há nele está direcionado para o ótimo*". *Introducción a la ética griega* (México, FCE, 1993), p. 118-119.

[56] Cf. Heller, *Aristóteles y el mundo antiguo*, cit., p.85-86.

enquanto parte dela, a alma humana. Por isso, a justiça não pode ser um mero jogo de interesses do grupo político que detém o poder, mas o resultado de sua conexão com a δίκη universal. Essa é a razão para que no livro introdutório de sua *Politeia* o princípio da justiça como o *bem universa*l seja enfatizado. Mas, para se chegar à ideia do justo, há que se construir um caminho que leve à luz da sabedoria[57], (representada pelo mito da caverna, livro VII). Esse saber encontra-se presente na alma. Aqui, a busca do antigo nada mais é do que a procura da revelação da ψυχή *universal e transcendente* que rege os homens, quer dizer, a ψυχή *coletiva que rege a pólis*. Como há uma identidade entre o que conhece e o que é conhecido, *a fortiori*, a *justiça reside na alma humana*, como parte de um conjunto articulado, como uma ἀρετεή *universal* e, por isso, de caráter cósmico-divino. Mas aqui, o sentido socrático de ἀρετεή *universal* ganha uma direção mais próxima da doutrina cosmológica dos pitagóricos, isto é, a noção de um principio divino antropomorfizado que conforma a ψυχή *universal*, que governa a matéria inanimada[58].

Percebemos, assim, que no pensamento platônico há uma estreita conexão entre estado e alma do homem, que releva a importância da justiça na ψυχή. Como nos esclarece Jaeger, a justiça deve ser inerente à alma, como uma espécie de saúde espiritual do homem, cuja essência não pode ser posta em dúvida, pois, de outro modo, seria apenas o reflexo das influências exteriores e variáveis do poder. Essa conexão entre alma e estado não se limita à individualidade, que nesse caso, aparece *subsumida à coletividade*. Mas o estado não aparece, em Platão, como um protótipo da alma. Ambos possuem a mesma essência, seja no estado de saúde, seja na degeneração[59]. Essa identidade irá sendo construída onde o princípio da justiça aparece inconscientemente, isto é, pelo *fator da civilidade*, da cooperação

---

[57] "Reppublica", cit., I – 350c em diante.

[58] Como podemos ver no *Fedro*, sua definição: "Cada alma é imortal. Pois o que está sempre em movimento é imortal, enquanto o que move outro e de outro é movido termina sua vida quando terminar seu movimento. Apenas o que move a si mesmo, a partir do momento em que não deixa a si mesmo, nunca cessa de mover-se, mas é fonte e princípio de movimento também para todas as outras coisas dotadas de movimento. O princípio porém não é gerado. Pois é necessário que tudo aquilo que nasce seja gerado por um princípio, mas que este último não tenha origem de alguma coisa, pois se um princípio nascesse de alguma coisa não seria mais um princípio". Em *Tutte le opere*, cit., v. II, 245c – 245d.

[59] Cf. Jaeger, *Paideia* cit., p. 598-599. Nesse sentido, Jaeger destaca: "Platão faz surgir diante de nossos olhos o estado base dos elementos mais simples que o integram, para averiguar em qual dos pontos a justiça se impõe como uma necesidade". Ibidem, 599.

realizada por meio da τέχνη, que organiza a divisão do trabalho e a comunidade em que ganha uma *dimensão demonstrativa*, no contexto de seu método teórico, como ainda nos lembra Jaeger, porque é mais fácil "comprovar" a cooperação dos homens dentro de uma comunidade social do que a cooperação das "partes da alma". No contexto da contradição entre *real* e *idealidade* (o elemento que constitui a dualidade do corpo teórico platônico) podemos perceber, mais claramente, que a possibilidade de construção de uma ontologia humana *subsume-se à transcendência* exatamente porque a essência humana presente na teoria do conhecimento platônico não está nos homens, mas sim num *cosmo divino* ou, na definição de Heller, a humanização do homem não é obra deste, mas um dom procedente do mundo dos deuses-ideia, em que o conhecimento, o trabalho, passam de ação ativa para um processo de passividade, contexto em que o homem deixa de ser o amo do mundo para tornar-se o servo dos deuses-ideia[60].

Assim, recompor a conexão entre alma e estado, em seu sentido mais profundo, é o elemento central que direciona seu projeto não somente de "reformar" a antiga *Paideia*, mas de construção de seu estado arquetípico. Daí, na *Politeia*, a necessidade da recuperação da "processualidade histórica" da justiça, vista aqui por meio de uma *ontologia metafísica*, isto é, do *dever ser*. A ideia de uma organização social como dádiva divina, também presente nos sofistas, é um desdobramento da clássica noção de isonomia que nasce como produto das respostas encontradas para superar a situação de *stasis* e que aparece, em Atenas, com o mito de Teseu. Isso coloca a questão da igualdade e, consequentemente, da justiça no âmbito da tradição ática que se inicia com o processo de objetivação da pólis, na passagem do século VI para o século V a.C. Platão remodela e aprofunda essa concepção, colocando-a em sua teoria do conhecimento como parte de uma natureza antropomorfizada que resulta da ação de um *demiurgo* que a construiu para difundir e multiplicar o *bem*, e essa natureza é semelhante ao mundo do *ser*. Assim, o demiurgo – que rege o universo, a ordem, a razão e a beleza – é entendido como uma divindade que detém a bondade e a τέχνη, repassando-as aos homens sob a forma de dádiva.

Nessa construção teórica, a ideia tardo-arcaica da política como *mediação do conflito* deve ser forçosamente reequacionada, porque inaceitável à concepção platônica, já que a própria noção de conflito como elemento inerente à alma humana é recusada e, por isso, no âmbito dessa concepção, o direito não pode ter uma função meramente de poder e interesses de facções em disputas, e a justiça não deve ser entendida como vantagem do mais forte, mas ambos devem estar sustentados por uma δίκη vinculada

---

[60] Cf. Heller, *Aristóteles y el mundo antiguo*, cit., p. 91-92.

à ψυχή *universal*, de cunho divino. Portanto, esse é o contexto de sua crítica radical à forma política da δημοκρατία – resultante de uma economia pujante, na qual está presente uma diversidade de formas de trabalho e de atividades econômicas, entre elas o comércio, a venda da força de trabalho – na forma de um embrionário "assalariamento" – e a escravidão, isto é, as relações sociais da pólis ateniense em seu período imperialista. O estado arquetípico de Platão busca, antes de mais nada, a harmonização integrativa das relações sociais, em que uma rígida divisão do trabalho deva expressar, em seu fundamento – a sociedade humana como sendo "natural"[61] –, as distintas atribuições divinas das tarefas da civilidade, os diversos níveis de conhecimento com suas respectivas *technay*[62]. Assim, o estado preconizado por Platão não tem por base nenhuma realidade, que não uma *projeção idealizada do passado*, ainda que recomposta em seus conteúdos e naquilo que em seu entendimento encontrava-se distorcido. Marx, n'*O Capital*, chega a referir-se à noção platônica de divisão do trabalho como uma "idealização ateniense do regime egípcio de castas", baseando-se nas análises históricas de sua época e nas conclusões de Isócrates[63]. Como procuramos demonstrar, *a base* da *sociedade igualitária* que se desenvolve no Tardo Arcaísmo ateniense é camponesa, livre do tributarismo a um aparato estatal-religioso rigidamente hierarquizado e burocrático, como aqueles que tiveram seu apogeu no Período do Bronze. *A base igualitária estruturava-se exatamente na materialidade das formas que alcançaram as relações sociais de produção*, a partir de uma economia fundada nos *self-sustaining paesents*, conformadoras de uma *morphosys* ideo-jurídico-política, a partir de um conjunto *cívico-religioso*, que garantia – *ainda que de maneira genérico-formal* – a participação daqueles camponeses, incorporados na estrutura e na vida político-administrativa da cidade-estado como πολίτοι ισοι. Como demonstramos ao longo de nossas argumentações, essa é a base societal que Platão tem como referência histórico-imediata, em seu projeto político-arquetípico, isto é, a *lógica*

---

[61] Como define Lukács, a concepção de trabalho na Antiguidade "[...] tende – e isso tanto mais claramente quanto mais manifestas resultam as contradições da economia escravista – a um desprezo em relação ao trabalho, principalmente do físico. Isso tem a consequência filosófica de impor um caráter hierárquico na relação mitológico-antropomórfica, antes descrita, entre o mundo ideal e a realidade material e, nesta hierarquia, o princípio criador tem que estar, por necessidade entitativa, por cima daquele que produz". *Estetica*, cit., p. 163.

[62] Sobre essa questão, Marx acentua: "Platão explica a divisão do trabalho dentro da comunidade partindo da variedade das necessidades e da limitação da capacidade do indivíduo. Seu ponto de vista principal é que o trabalhador deve submeter-se à obra e não esta ao trabalhador, como seria inevitável se, por sua vez, realizasse distintas artes, o que o obrigaria a considerar algumas delas como ofício acessório [...]". *El capital*, cit., v. I, seção IV, capítulo IV, p. 298, nota 57.

[63] Ibidem, p. 299, inclusive nota 59.

do valor de uso, presente na concepção societal platônica não é a mesma de uma sociedade que tem sua estrutura coesiva baseada num rei-deus, representante e intermediário entre a divindade e os homens, mas sim a do *camponês-cidadão livre*, que porta consigo uma parte da divindade universal que é sua própria alma e, portanto, não necessita mais do que as condições para o autoconhecimento que o possibilite alcançar o divino.

É possível que Platão tenha levado em conta a experiência das formas organizativas do trabalho implementadas no Egito – o que não seria uma novidade na vida cultural grega, pois Ésquilo, em tempos anteriores, n'*Os Persas*, já havia comparado qualitativamente a superioridade do regime isonômico ateniense em relação ao despotismo vigente no Oriente –, como infere Isócrates, um contemporâneo de Platão, ao afirmar que a organização dos ofícios dos egípcios era excelente, porque se mantinha, por meio de suas instituições (numa rígida forma de atribuição de funções), que não permitiam que os trabalhadores pudessem exercer mais do uma atividade especializada, e célebres filósofos a tinham como inspiração[64]. No entanto, o "olhar platônico" estava voltado para experiências como a ática, para as "positividades" encontradas no elemento de coesão proporcionado pelo governo de Sólon – por meio da institucionalização de uma vida *cívico-religiosa* com *alto poder coercitivo* – e, principalmente, para o passado dos espartanos e dos cretenses, quando seus governos ainda baseavam-se na honra e configuravam-se como uma timocracia[65]. Se a experiência egípcia pode ser entendida como uma referência histórica de forma de conexão do estado com as leis – como, aliás, enfatiza Marx –, essa foi apreendida sob a luz ática, quer dizer, remodelada e inserida na própria experiência vivida pela pólis ateniense, na clássica continuidade grega inaugurada pela tradição oral e pelos aedos do Arcaísmo, isto é, de incorporar histórias e estórias ocorridas em outras épocas e até com outros povos, reprocessando-as no âmbito da cultura helênica, *aggiornando* e adequando-as como respostas ideo-políticas. Longe de *idealizar o regime de castas* do Egito, Platão *inspira-se na base comunal igualitária vigente no período do Tardo Arcaísmo grego*.

Uma inspiração, entretanto, insatisfatória. Ainda que encontrasse alguns elementos exemplares nas experiências de cidades como Esparta e Creta, consideradas como as que mais se aproximaram da forma ideal de governo, Platão não encontrará no mundo real nenhuma forma-governo digna de ser considerada modelo. Tanto que toda a teoria política platônica constitui-se numa análise da degeneração das

---

[64] Cf. Isócrates, apud ibidem.
[65] Cf. "Reppublica", cit., 544c.

formas de governo, contrapondo a condição patológica das formas de governo à necessidade terapêutica[66]. Efetivamente, o estado transforma-se, como define Jaeger, numa superfície limpa sobre a qual se projeta a imagem do homem justo, igual a ele em essência. É nesse sentido que, em Platão, a noção de estado ideal transforma-se em *idealização do estado*. Uma idealização que acaba por *suprimir* o estado real, substituindo-o por uma *idealidade transcendente*, com base no mundo de uma ψυχῆς ἀρετεή (personalidade humana), que encerra em si a δίκη divina. A própria concepção de núcleo dirigente é ideal, componente de uma pirâmide social que culmina no estado, não aquele de tipo oriental, mas na direção de um sistema que garanta a coesão comunitária, em que todos os elementos componentes da pólis estejam integrados à ψυχή *universal*, numa conexão identitária do indivíduo com o coletivo. Esse coletivo – *a essencialidade da pólis* – expressa a visão platônica que Jaeger define como "o estado em nós"[67], ao limite, a internalização da justiça divina, que deve ser realizada reciprocamente entre indivíduo e estado: ao limite o *estado ideal é uma idealização inexistente* que se materializa somente na consciência, na ψυχή do indivíduo, como parte integrante de uma ψυχή *coletiva*.

O projeto de estado concebido para proteger a estrutura ético-moral, transformado em idealização, acaba por eliminar qualquer possibilidade de livre arbítrio, por parte do cidadão, que não seja o determinado pela *consuetudine* social. Como realçam Lukács e Heller, essa idealização bloqueia a percepção das possibilidades de solução para os problemas éticos, especialmente a questão da inidividualidade na liberdade e na ação moral, na medida em que a rigidez estabelecida entre indivíduo e coletividade tem por base um estado ideal contraposto a um indivíduo real, porque a relação entre sociedade e indivíduo não alcança o estatuto de uma

---

[66] Como ressalta Jaeger: "A teoria platônica das formas de estado não é primordialmente uma teoria constitucional. É, sobretudo, como sua teoria do estado perfeito, uma teoria do homem. Sobre a base do paralelismo entre estado e o homem que discorre ao largo de toda a obra, Platão distingue, adequando às formas estatais da timocracia, da oligarquia, da democracia e da tirania, um tipo de homem timocrático, oligárquico, democrático e tirânico, estabelecendo entre esses diversos tipos de homens, e igualmente em relação às formas de estado, diferentes graduações de valor, até chegar no tirano, último grau da escala e reverso do homem justo". *Paideia*, cit., p. 726-7.

[67] Na definição de Jaeger: "O homem que Platão chama de justo e que contem a mesma essência do estado verdadeiramente justo, não encontra nenhum ponto de apoio para sua educação no estado real, que não é mais que um reflexo obscurecido da natureza humana. Como o próprio Platão disse em outra passagem, diante da falta de um estado perfeito que possa intervir ativamente, ele dedicar-se-á sobre tudo, a formar-se a si mesmo (ἑαυτὸν πλάττειν). Não obstante, este homem recolhe em sua alma o verdadeiro estado, obra e vive por ele, ainda que não viva dentro dele". *Paideia*, cit., p. 760.

relação dialética, mas reduz-se a um antagonismo irredutível⁶⁸. No contexto de uma relação irresoluta entre o cidadão e o estado, encontra-se o nexo que determina a necessidade de um governante-filósofo, também ele idealizado, pois configura-se como aquele que consegue chegar, por seus conhecimentos, à transcendência da ψυχή *universal* e que pode encarnar seu espírito, emanando leis antigas, inclusive para os que, em última instância, são potencialmente responsáveis pela destruição da ordem tradicional da pólis, isto é, os cidadãos comuns, representados, na *Polieia*, por Gláucon. Esse dirigente-filósofo, como um "demiurgo terreno", expressão do *espírito da pólis*, terá a capacidade de exprimir os anseios da própria coletividade, enquanto *status* presente no inconsciente dos cidadãos, revelando e mediando a ψυχή cósmica com a ψυχή individual dos homens.

Um estado ideal, dirigentes idealizados relacionando-se com um cidadão real que somente pode integrar-se na estrutura social e harmonizar-se com os elementos ético-morais que a regem por meio de uma solução mítico-religiosa. Foi essa a "solução" encontrada por Platão para a crise da pólis, que diante da materialidade do "estado das coisas" revelou-se objetivamente impotente. A fuga de Platão para a total idealidade, confessada nos fins de seus dias, enquanto escrevia sua obra inacabada⁶⁹, indica, no âmbito da crise terminal da experiência vivida pela pólis grega – enquanto *elemento de passagem* –, a impossibilidade de um projeto de restauração do velho, de uma forma societal engendrada pela processualidade histórica que levou o Ocidente à construção de uma forma societal escravista. A condição *sui generis* do processo de objetivação da pólis ateniense em que se verifica a predominância de um urbanismo baseado numa economia rural camponesa, possibilita a construção de uma forte e coesa base comunitária e igualitária. Essa coesão estruturada por meio de mecanismos institucionais cívico-religiosos começa a dissolver-se quando, na senda da tendência que se delineia nas formas sociais do Ocidente Antigo, inicia-se a introdução em escala ampliada da forma trabalho-escravo, *conformando historicamente a figura jurídica do escravo* – diferentemente das "formas impuras" existentes nas formações sociais orientais, de "tipo irrigadio"⁷⁰ – e,

---

⁶⁸ Ver Lukács, *Estetica*, cit., vol I, p. 161 e seguintes; Heller, *Aristóteles y el mundo antiguo*, cit., p. 102.

⁶⁹ Ver *Leggi*, cit., X – 890a e seguintes.

⁷⁰ Como ressalta Anderson: "O modo de produção esclavagista foi uma invenção decisiva do mundo greco-romano que forneceu a base última tanto das suas realizações como de seu eclipse. Deve ser sublinhada a originalidade deste modo de produção. A escravatura propriamente dita existira

no caso *particular* ateniense, a forma-política da δημοκρατία. Como vimos, o que constituiu o zênite daquela socialidade foi também, antiteticamente, a razão de seu poente.

A emergência da forma trabalho-escravo possibilitou as condições objetivas para que se pudesse vislumbrar o surgimento da individualidade – como bem haviam percebido, primeiramente, os jônicos e, depois, os sofistas. Mas a própria especificidade limitativa da forma escravista determina, no âmbito da construção das representações teórico-conceituais, a autonomização da essência em relação ao fenômeno, transformando-a em fundamento "real da realidade", o que direciona a conceber essa causação nos contornos de um mundo antropomorfizado. Na direção de Lukács, ressaltamos que não se trata apenas de uma projeção da abstração do trabalho em geral sobre as reais conexões causais da realidade objetiva, mas da própria *especificidade da concepção antiga do trabalho* – que se agudiza quanto mais aumentam as contradições da economia escravista –, que resulta a um desprezo em relação ao trabalho físico. Essa será a característica predominante na Antiguidade Ocidental, uma tendência que se debate entre a conservação do *status quo*, consubstanciado pela forma trabalho-escravo e pelo novo, as conquistas do conhecimento sobre o mundo natural[71]. Se podemos dizer que em Platão havia, no escopo dessa concepção, um atenuante determinado justamente pela hegemonia do trabalho realizado pelos artesãos e camponeses que acabou conformando a *morphosys societal* do período *igualitário* ateniense, constitutiva da valorização da τέχνη, por outra parte seu pensamento não estava descolado de construções antropomorfizadas, exatamente porque a base idealista

---

sob várias formas através da antiguidade oriental (como viria a existir algures na Ásia); mas fora sempre uma condição jurídica impura – que assumia frequentemente a forma de servidão por dívidas ou de trabalhadores forçados – entre outros tipos mistos de servidão, e formava meramente uma categoria muito baixa num *continuum* amargo de dependência e falta de liberdade que se prolongava bastante para cima na escala social. Nem mesmo era o tipo dominante de apropriação do excedente nessas monarquias pré-helênicas; era um fenômeno residual, marginal em relação à massa de mão de obra rural". *Passagens da Antiguidade ao feudalismo*, cit., p. 20-21.

[71] Cf. Lukács, *Estetica*, cit., p. 163. Sobre essa tendência Lukács afirma: "[...] ela consiste em manter, aproveitar e, em alguns casos, até desenvolver os resultados científicos desagregados e, inclusive, o método praticamente necessário para a investigação científica (incluída a desantropomorfização), truncando ao mesmo tempo, a ponta que esses resultados materiais e de método possuem para a concepção de mundo; dito de outro modo: é uma tendência que tenta transformar, no tratamento das 'questões últimas', a incipiente investigação científica e desantropologizadora em um novo antropomorfismo. A teoria platônica das ideias é um exemplo clássico dessa tendência [...]". Ibidem, p. 164.

própria daquele período atribui à essência a qualidade de "pairar" sobre o mundo fenomênico, configurando a tendência de contraposição entre a captação da totalidade concreta do trabalho, por um lado, e, por outro, a construção de imagens idealizadas do mundo, isto é, a contraposição entre subjetividade (atividade) e matéria. Essa contradição que possibilita a apreensão concreta do trabalho, por meio do conceito de τέχνη, leva também a autonomização das ideias em relação ao fenômeno, subordinando, desse modo, a determinação material à idealidade. Situam-se nesse escopo ideo-imaginário a *mitologização do trabalho e a sua transformação em dádiva divina*. Mas é a degradação daquela forma, com o advento da forma política da δημοκρατία, que fará agudizar essa perspectiva no pensamento de Platão, a ponto de em sua *Politeia* considerar os que trabalham incapazes de dirigir o estado. Nesse sentido, Platão irá reforçar a alternativa desenhada ao longo de sua obra, em seu trabalho da maturidade, *Leis*, propondo que a velha ordem seja reinstalada, a partir da observância de que deve prevalecer a alma antiga, o *espírito da pólis*, que a tudo e a todos guia[72]. O círculo vicioso presente no pensamento platônico encontra nexos explicativos em seu *ser-precisamente-assim*, isto é, em ter sido a expressão ideológica mais acabada da pólis igualitária e o defensor mais empedernido de um mundo já desagregado e relegado à memória, mas que persistia a viver em seu mundo ideal.

No entanto, o fracasso de Platão não será a derrota da filosofia. Novas escolas e novas linhas de pensamento já estão refletindo as experiências vividas e as ideias produzidas anteriormente, como epicuristas e estoicistas, todas internalizando a emergência do homem privado e respondendo aos problemas da decadência moral e da desagregação das póleis, ainda que dentro da tradição da salvação das almas. Aristóteles será aquele que terá as condições históricas para entender o novo mundo que se descortina. O estagirita pôde descobrir as possibilidades objetivas e latentes inseridas no real porque perseguia o efetivo senso das coisas e não seus significados imaginários, e esse sentido real estava constituído na formação do império helenista, como fica demonstrado no plano geral de sua *Política*, que abarca problemas filosóficos não somente da pólis ateniense, mas das cidades helênicas. Não por acaso, como destaca Heller[73], o problema central enfrentado, que até aquele momento se mantinha num segundo plano, é a escravidão – a base da nova socialidade. O filósofo discute as relações senhor-escravo, concernentes ao processo histórico que se consolida com Alexandre Magno, isto

---

[72] *Leggi*, cit., X – 967d.

[73] *Aristóteles y el mundo antiguo*, cit., p. 178.

é, a sociedade escravista antiga. Sua obra tratará de demonstrar as possibilidades desse *novo*, em que a pólis ateniense e o mundo estavam irremediavelmente imersos. Assim, Minerva continua alçando seu voo, seguindo a luz, em meio à noite escura, usando suas asas para ir mais alto e transformando seus olhos tristes em aguda visão rumo à liberdade humana.

BIBLIOGRAFIA

ABBAGNANO, N. *Storia della filosofia* – la filosofia antica (dalle origini al neoplatonismo). Milão, Tea, 1995.

ANDERSON, P. *Les passages de l'Antiquité au feodalisme*. Paris, Maspero, 1977 [ed. bras.: *Passagens da Antiguidade ao feudalismo*. São Paulo, Brasiliense, 2007].

_____. *Afinidades seletivas*. São Paulo, Boitempo, 2002.

ANDRADE, M. M. *A vida comum* – espaço, cotidiano e cidade na Atenas clássica. Rio de Janeiro, Faperj/DP&A, 2002.

ARAÚJO DE OLIVEIRA, M. *Ética e Sociabilidade*, São Paulo, Loyola, 1996.

ARISTÓTELES. *La costituzione degli ateniesi*. Milão, Mondadori, 1991.

_____. *Etica Nicomachea*. Roma-Bari, Laterza, 1999.

_____. *Metafisica*. Milão, Bompiani, 2000.

_____. *Politica*, Roma-Bari, Laterza, 1993.

_____. "*Poética*" In. *Aristóteles*. São Paulo, Abril Cultural, 1973, (Coleção Os pensadores) vol. IV.

_____. *Retorica*. Milão, Mondadori, 1996.

ARMELLA, V. A. *El concepto de técnica, arte y producción en la filosofía de Aristóteles*. México, FCE, 1993.

ASSADOURIAN, C. S. et all. *Modos de producción en America Latina*. Córdoba, Cuadernos de Pasado y Presente, 1973.

AUGÉ, M. (Org.). *A construção do mundo* – religião, representações, ideologia. Lisboa, Edições 70, 1978.

AYMARD, A.; AUBOYER, J. *L'Orient et la Grèce Antique*. Paris, PUF, 1994.

BALANDIER, G. *Anthropologie politique*. Paris, PUF, 1991.

BASTIDE, P. (Org.). *L'idée de légitimité*. Paris, PUF, 1967.

BERENSON, B. *Estética e história*, São Paulo, Perspectiva, 1972.

BERMUDO, J. M. *El concepto de praxis en el joven Marx*. Barcelona, Península, 1975.

BIANCHI, U. *Problemi di storia delle religioni*, Roma, Studium, 1988.

BÍBLIA SAGRADA. São Paulo, Ave Maria, 1998.

BOUZON, E. *As cartas de Hammurabi*. Petrópolis, Vozes, 1986.

BRAUDEL, F. *Escritos sobre historia*. México, FCE, 1991.

_____. *O tempo do mundo*. São Paulo, Martins Fontes, 1996.

BROWN, R. *Estrutura e função na sociedade primitiva*. Petrópólis, Vozes, 1973.

BUBER, M. *Mosè*. Milão, Fabbri, 1997.

BURN, A. R. *The Lyric Age of Greece*. Londres, Arnold, 1960.

_____. *Storia dell'antica Grecia*. Milão, Mondadori, 2000.

BURNET, J. *O despertar da filosofia grega*. São Paulo, Siciliano, 1994.

CANDEIAS SALES, J. *A ideologia real acádia e egípcia* – representações do poder político pré-clássico. Lisboa, Estampa, 1997.

CANFORA, L. *La democrazia:* storia di un'ideologia. Roma-Bari, Laterza, 2004.

CARDOSO, C. F. *Sete olhares sobre a Antiguidade*. Brasília, Editora UnB, 1998.

CARDOSO, C. F.; VAINFAS, R. (Orgs.). *Domínios da história* – ensaios de teoria e metodologia. Rio de Janeiro, Campus, 1997.

CARVALHO, E. A. (Org.). *Antropologia econômica*. São Paulo, Lech, 1978.

CASTORIADIS, C. *Domaines de l'homme* – les carrefours du labyrinthe II. Paris, Seuil, 1986.

CAVALCANTI DE SOUZA, J. (Org.). *Pré-socráticos* – vida e obra. São Paulo, Nova Cultural, 1999.

CAVALLI-SFORZA, L. L. *Genes, povos e línguas*. São Paulo, Companhia das Letras, 2003.

CESAR, J. *La guerra gallica / la guerra civile*. Roma, Newton, 1995.

CHASIN, J. "Marx – Estatuto ontológico e resolução metodológica". In: SOARES TEIXEIRA, F. J. *Pensando com Marx – uma leitura crítico-comentada* de *O Capital*. São Paulo, Ensaio, 1995, posfácio.

CHILDE, G. *Aurora da civilização europeia*. Lisboa, Portugália, 1961.

_____. *O que aconteceu na história*. São Paulo, Círculo do Livro, s/d.

_____. *Man Makes Himself*, Londres, Watts & Co., 1965.

CIPOLLA, Carlo M. *Storia economica dell'Europa pre-Industriale*. Bologna, Il Mulino, 1990.

COLOGNESI, L. C. *Max Weber e le economie del mondo antico*. Roma-Bari, Laterza, 2000.

COMMELIN, P. *Mitologia grega e romana*. São Paulo, Martins Fontes, 1997.

CORNFORD, F. M. *Principum sapientiae – as origens do pensamento filosófico grego*. Lisboa, Fundação C. Gulbenkian, 1989.

_____. *Antes e depois de Sócrates*. São Paulo, Martins Fontes, 2001.

COULANGES, F. *La Ciudad Antigua*. Barcelona, Iberia, 1983.

DE MARTINO, E. *Il mondo magico* – Prolegomeni a una Storia del Magicismo. Turin, Boringhieri, 1986.

DE ROMILLY, J. *História e razão em Tucídides*. Brasília, Ed. Unb, 1998.

DE SANCTIS, G. *Storia dei Greci:* dalle origini alla fine del secolo V. Florença, La Nuova Italia, 1960.

DIEL, P. *Los simbolos de la Biblia - la universalidad del leguaje simbólico y su significación psicológica*. México, FCE, 1994.

DUBY, G; PERROT, M. (Orgs.). *Storia delle donne in Occidente* – L'Antichità. Bari, Laterza, 1990.

DURKHEIM, E. *As formas elementares da vida religiosa*. São Paulo, Martins Fontes, 1996.

_____. *De la division del trabajo social*. Buenos Aires, Shapire, 1972.

ELIADE, M. *O sagrado e o profano*. São Paulo, Martins Fontes, 2001.

_____. *Tratado de história das religiões*. São Paulo, Martins Fontes, 1998.

_____. *Imagens e Símbolos* – Ensaio sobre o simbolismo mágico-religioso. São Paulo, Martins Fontes, 1996.

ELIAS, N. *Sobre el tiempo*. México, FCE, 1997.

ENGELS, F. *El Anti-Dühring*. Buenoss Airess, Claridad, 1972.

_____. *A dialética da natureza*. Rio de Janeiro, Paz e Terra, 1979.

_____. *L'Origine della famiglia, della proprietà privata e dello Stato*. Roma, Rinascita, 1953.

ÉSQUILO. *Tutte le tragedie*. Roma Newton&Compton, 2000.

EURÍPEDES. "As Suplicantes". In: ÉSQUILO, *Tutte le tragedie*, Roma, Newton&Compton, 2000.

FILORAMO, G.; PRANDI, C. *As ciências das religiões*. São Paulo, Paulus, 1999.

FINLEY, M. I. *Aspectos da Antiguidade*. São Paulo, Martins Fontes, 1991.

_____. *Democracia, antiga e moderna*, Rio de Janeiro, Graal, 1988.

_____. *Economia e sociedade na Grécia Antiga*. São Paulo, Martins Fontes, 1989.

_____. *El mundo de Odiseo*. México, FCE, 1996.

_____. *Grécia primitiva: Idade do Bronze e Idade Arcaica*. São Paulo, Martins Fontes, 1990.

_____. *La politica nel mondo antico*. Bari, Laterza, 1993.

FLACELIÈRE, R. *La vita quotidiana in Grecia nel secolo di Pericle*. Milão, Fabbri, 1997.

FRANKFORT, H.Y.A. et al. *El pensamiento prefilosofico – Egipto y Mesopotamia*. México, FCE, 1993.

FRAZER, J. G. *La rama dorada*: magia y religión. México, FCE, 1996.

GASTALDI, S. *Storia del pensiero politico antico*. Bari, Laterza, 1998.

GEERTZ, C. *Interpretazione di culture*. Bolonha, Il Mulino, 1987.

GEHLEN, A. *Der Mensch*. Bon, 1950.

GIANNOTTI, J. A. *Origens da dialética do trabalho*. São Paulo, Difel, 1966.

_____. *Trabalho e reflexão*. São Paulo, Brasiliense, 1983.

GIARDINA, A. (Org.). *Roma Antica*. Bari, Laterza, 2000.

GIBBON, E. *Declínio e queda do Império Romano*. São Paulo, Companhia das Letras, 1997.

GILGAMESH, *L'epopea di Gilgamesh*. Milão, Fabri Editori, 1986

GLOTZ, G. *História econômica da Grécia*. Lisboa, Cosmos, 1973.

GOLDMANN, L. *Epistemologia e filosofia política*. Lisboa, Presença, 1984.

GRAMSCI, A. *Gli intellettuali* – quaderni del carcere. Roma, Riuniti, 1979.

GROETHUYSEN, B. *Antropologia filosófica*. Lisboa, Presença, 1988.

GURNEY, O. *The Hittites*. Londres, Penguin Books, 1976.

HAINCHELIN, C. (Lucien Henri). *As origens da religião*. São Paulo, Hemus, 1971.

HAMMURABI, *O código de Hammurabi*. Petrópolis, Vozes, 1998.

HAMMURABI; BOUZON, E. (notas e introdução). *As cartas de Hammurabi*, Petrópolis, Vozes, 1986.

HARDING, A. F. *The Bronze Age in Europe*. Londres, Methuen, 1979.

HEGEL, G. W. F. *Lecciones sobre la historia de la filosofía*. México, FCE, 1995.

_____. *Fenomenologia del espíritu*, México, FCE, 1966.

HELLER, A. *Aristóteles y el mundo antiguo*. Barcelona, Península, 1983.

_____. *Per una teoria marxista del valore*. Roma, Riuniti, 1980.

_____. *La teoría de las necesidades en Marx*, Barcelona, Península, 1986.

_____. *L'uomo del rinascimento*. Florença, Nuova Italia, 1977.

HEMMING, J. *La fine degli incas*. Milão, Rizzoli, 1992.

HERODOTO. *Storie*. Roma, Newton&Compton, 1997.

HESÍODO. *Os trabalhos e os dias*. São Paulo, Iluminárias, 1996.

_____. *Teogonia*. São Paulo, Iluminárias, 1995.

HINDESS, Barry. *Modos de produção pré-capitalistas*. Rio de Janeiro, Jorge Zahar Editor, 1976.

HOMERO. *Ilíade*. Roma, Newton & Compton, 1999.

_____. *Odissea*. Roma, Newton & Compton, 1999.

HORNBLOWER, S. *La Grecia Classica*: dalle guerre persiane ad Alessandro Magno, Milão, Rizzoli, 1983.

JAEGER, W. *Aristotele*. Florença, Nuova Italia, 1984.

_____. *Cristianismo primitivo y paideia griega*. México, FCE, 1985.

_____. *Paideia*. México, FCE, 1987.

_____. *La teologia de los primeros filósofos griegos*. México, FCE, 1998.

JAMENSON, F. *Marxismo e forma* – Teorias dialéticas da literatura no século XX, SP, Hucitec, 1985.

JONES, P. V. (Org.). *O mundo de Atenas*. São Paulo, Martins Fontes, 1997.

KATZ, F. *Le civiltà dell'america precolombiana*. Milão, Mursia, 1985.

KOSIK, K. *Dialética do concreto*. Rio de Janeiro, Paz e Terra, 1976.

_____. "O século de Grete Samsa: sobre a possibilidade ou a impossibilidade do trágico no nosso tempo". In: *Revista Matraga*, Rio de Janeiro, Instituto de Letras – UFRJ, n. 9, 2003.

LEFEBVRE, H. *De l'Etat*: L'Etat dans le monde moderne. Paris, UGE, 1976.

_____. *De lo rural a lo urbano*. Barcelona, Península, 1978.

_____. *O fim da história*. Lisboa, Don Quixote, 1971.

_____. *Lógica formal, lógica dialética*. Rio de Janeiro, Civilização Brasileira, 1983.

LEGRAND, G. *Os pré-socráticos*. Rio de Janeiro, Zahar, 1991.

LÊNIN, V. I. U. Cuadernos Filosóficos. In: *Obras completas*, Madri, Akal, 1976, vol. XLII.

LÉVI-STRAUSS, C. *Antropologia estrutural*. Rio de Janeiro, Tempo Brasileiro, 1970.

_____. *Mithologiques – le cru et le cuit*. Paris, Plon, 1964.

LÉVY-BRUHL, L. *L'anima primitiva*. Turim, Bollati Boringhieri, 1990.

LIVERANI, M. *Antico Oriente*: storia, società, economia, Roma-Bari, Laterza, 2000.

LÍVIO, Tito. *História de Roma – ab urbe condita libri*. São Paulo, Paumape, 1989.

LÖWITH, K. *El sentido de la historia*. Madri, Aguillar, 1968.

LUKÁCS, G. *A Teoria do Romance*. São Paulo, Duas Cidades, 2000.

_____. *Estetica*. Barcelona, Grijalbo, 1966.

_____. *Ontologia dell'essere sociale*. Roma, Riuniti, 1976.

_____. *Prolegomeni all'ontologia dell'essere sociale*. Milão, Guerrini, 1990.

_____. *L'uomo e la democrazia*. Roma, Lucarini, 1987.

LUNN, E. *Marxismo y modernismo* – un estudio histórico de Lukács, Benjamin y Adorno. México, FCE, 1986.

LUPORINI, C.; Sereni, E. et all. *El concepto de "formación económico-social"*. Córdoba, Cuadernos de Pasado y Presente,1973.

MAGLI, I. *Introduzione all'antropologia culturale*. Storia, aspetti e problemi della teoria della cultura. Bari, Laterza, 1984.

MALINOWSKI, B. *Argonauts of the Western Pacific*. Ilinois, Waveland, 1984.

MANN, M. *The Source of Social Power*. Cambridge, Cambridge University Press, 1986.

MARRAMAO, G. *Poder e secularização:* as categorias do tempo. São Paulo, Edunesp, 1995.

MARX, K. *El Capital*, México, FCE, 1973.

_____. *El Capital*. Buenos Airess, Siglo XXI, 1974, libro I, capítulo VI (inédito).

_____. *Critica de la filosofia del Estado de Hegel*. Buenos Aires, Claridad,1973.

_____. *Crítica del programa de Gotha*. Moscou, Progresso, s/d.

_____. "Diferencia entre la filosofia democriteana y epicúrea de la naturaleza". In: MARX, K.; ENGELS, F, *Escritos de juventud*. México, FCE, 1987. v. I.

_____. *Elementos fundamentales para la crítica de la economia política (Grundrisse) 1857-1858*. México, Siglo XXI, 1986.

_____. "Manuscritos economico-filosóficos de 1844". In: *Escritos varios*. México, Grijalbo, 1966.

MARX, K. Engels, F. *Correspondance*. Paris, Éditions Sociales, 1972.

_____. *La ideologia alemana*. Montevideu, Pueblos Unidos/Grijalbo, 1970.

MAZZARINO, S. *Fra Oriente e Occidente:* ricerche di storia greca arcaica. Milão, Rizzoli, 2000.

_____. *L'Impero Romano*. Roma-Bari, Laterza, 1999.

_____. *O fim do mundo antigo*. São Paulo, Martins Fontes, 1991.

MAZZEO, A. C. *Os portões do Éden:* igualitarismo, política e Estado nas origens do pensamento moderno. São Paulo, Boitempo, 2019.

_____. *Sinfonia inacabada:* a política dos comunistas no Brasil. São Paulo, Boitempo/Unesp, 1999.

MEYER, M. *Pour une histoire de l'ontologie*. Paris, PUF, 1999.

MÉSZÁROS, I. *Beyond Capital* – Towards a Theory of Transition. Londres, Merlin Press, 1995.

_____. *Filosofia, ideologia e ciência social*: Ensaios de negação e afirmação. São Paulo Ensaio, 1993.

_____. *Marx*: a teoria da alienação. Rio de Janeiro, Jorge Zahar Editor, 1981.

MOMIGLIANO, A. *De paganos, judíos y cristianos*. México, FCE, 1996.

MONDOLFO, Rodolfo. *O pensamento antigo*. São Paulo, Mestre Jou, 1971.

MOSCOVICI, S. *Sociedade contra natureza*, Petrópolis, Vozes, 1975.

MOSSÉ, Claude. *Atenas:* a história de uma democracia. Brasília, UnB, 1982.

_____. *Politique et societé en Grèce Ancienne*. Paris, Flammarion, 1999.

MUSTI, D. *L'economia in Grecia*. Roma-Bari, Laterza, 1999.

_____. *Storia greca:* linee di sviluppo dall'età micenica all'Età romana. Roma-Bari, Laterza, 2000.

NIÉSTURJ, M. E. *El origen del hombre.* Moscou, Mir, 1984.

OIZERMAN, T. I; Schipanov, E. I. *Historia de la filosofia.* Moscou, Progresso, 1980.

OSSOWSKI, S. *Estrutura de classes na consciência social.* Rio de Janeiro, Jorge Zahar Editor, 1976.

PEKÁRY, T. *Storia economica del mondo antico.* Bolonha, Il Mulino, 1986.

PLATÃO. *Tutte le opere.* Roma, Newton & Compton, 1997.

_____. Alcibiade. In: *Tutte le opere,* v. II. Roma, Newton & Compton, 1997.

_____. Apologia di Socrate. In: *Tutte le opere,* v. I. Roma, Newton & Compton, 1997.

_____. Fedone. In: *Tutte le opere,* v. I. Roma, Newton & Compton, 1997.

_____. Fedro. In: *Tutte le opere,* v. II. Roma, Newton & Compton, 1997.

_____. Gorgia. In: *Tutte le opere,* v. III. Roma, Newton & Compton, 1997.

_____. Leggi. In: *Tutte le opere,* v. V. Roma, Newton & Compton, 1997.

_____. Lettere VII: Platone ai familiar e ai compagni di Didione com auguri di sucesso. In: *Tutte le opere,* v. V. Roma, Newton & Compton, 1997.

_____. Menone. In: *Tutte le opere,* v. III. Roma, Newton & Compton, 1997.

_____. Protagora. In: *Tutte le opere,* v. III. Roma, Newton & Compton, 1997.

_____. Repubblica. In: *Tutte le opere,* v. IV. Roma, Newton & Compton, 1997.

_____. Sofista. In: *Tutte le opere,* v. I. Roma, Newton & Compton, 1997.

_____. Timeo. In: *Tutte le opere,* v. IV. Roma, Newton & Compton, 1997.

PLUTARCO. *Dodici vite parallele.* Milão, Rizzoli, 1999.

PRESTIPINO, G. *El pensamiento filosófico de Engels* – naturaleza y sociedad en la perspectiva teórica marxista. México, Siglo XXI, 1977.

RADHAKRISHNAN, S.; RAJU, P. T. *El concepto del hombre.* México, FCE, 1993.

RADIN, P. *El hombre primitivo como filósofo.* Buenos Aires, Eudeba, 1960.

_____. *Primitive religion* – Its Nature and Origin, Nova York, Dover, 1957.

RENFREW, C. *L'Europa della Preistoria.* Roma-Bari, Laterza, 1996.

RIBEIRO, D. *O processo civilizatório.* Rio de Janeiro, Civilização Brasileira, 1972.

ROBLEDO, Antonio G. *Sócrates y el socratismo.* México, FCE, 1988.

ROWE, C. *Introducción a la etica griega.* México, FCE, 1993.

SAID, E.W. *Orientalismo.* São Paulo, Companhia das Letras, 1996.

SAHLINS, M. *Culture and practical reason.* Chicago, University of Chicago, 1976.

SANCHES VASQUES, A. *Filosofia da praxis.* Rio de Janeiro, Paz e Terra, 1977.

_____. *Ética.* Rio de Janeiro, Civilização Brasileira, 1982.

SCHAFF, A. *História e verdade.* São Paulo, Martins Fontes, 1995.

_____. *Introducción a la semantica.* México,FCE, 1992.

SHANIN, T. (Org.). *Paesants and Paesant Societies.* Baltimore, Penguins Education, 1971.

SISSA, G.; Detienne, M. *Os deuses gregos.* São Paulo, Companhia das Letras, 1990.

SNELL, B. *A cultura grega e as origens do pensamento europeu.* São Paulo, Perspectiva, 2001.

SÓFOCLES. *Tutte le tragedie.* Roma, Newton&Compton, 2000.

SOFRI, G. *El modo de producción asiático*. Barcelona, Península, 1971.
STAVENHAGEN, R. *Las clases sociales en las sociedades agrarias*. México, Siglo XXI, 1971.
TAYLOR, A. E. *El pensamiento de Socrates*. México, FCE, 1993.
TERRAY, E. *El marxismo ante las sociedades "primitivas"*. Buenos Aires, Losada, 1971.
THEML, N. (Org.). *Linguagem e formas de poder na Antiguidade*. Rio de Janeiro, Mauad/Faperj, 2002.
THOMSON, G. *Os primeiros filósofos*. Lisboa, Estampa, 1974.
TOYNBEE, A. J. *Helenismo – história de uma civilização*. Rio de Janeiro, Jorge Zahar Editor, 1983.
TRAGTEMBERG, M. *Burocracia e ideologia*, São Paulo, Ática, 1992.
TUCÍDIDES. *ΙΣΤΟΡΙΑΙ* : La Guerra del Peloponneso. Milão, Rizzoli, 1998.
TULLIO-ALTAN, C. *Soggeto, simbolo e valore*: per un'ermeneutica antropologica. Milão, Feltrinelli, 1992.
TYRREL, W.B. *Las amazonas* – un estudo de los mitos atenienses. México, FCE, 1989.
VAZ, H. C. L. *Antropologia filosófica*. São Paulo, Loyola, 2001.
VENDRAME, C. *A escravidão na Bíblia*. São Paulo, Ática, 1981.
VERNANT, J. P. *As origens do pensamento grego*. Rio de Janeiro, Bertand Brasil, 1998.
_____. *Entre mito e política*. São Paulo, Edusp, 2001.
_____. *Mito e pensamento entre os gregos*. Rio de Janeiro, Paz e Terra, 2002.
_____. *Mito e religião na Grécia Antiga*. Campinas, Papirus, 1992.
_____. *Mito e sociedade na Grécia Antiga*. Rio de Janeiro, José Olímpio, 1999.
VERNANT, J. P; VIDAL-NAQUET, P. "Tensões e ambiguidades na tragédia grega". In: *Mito e tragédia na Grécia Antiga*. São Paulo, Perspectiva, 1999, vol. I.
_____. *Mito e tragédia na Grécia Antiga*. São Paulo, Perspectiva, 1999, vols. I-II.
VIDAL-NAQUET, P. *Os gregos, os historiadores, a democracia - o grande desvio*. São Paulo, Companhia das Letras, 2002.
_____. *O mundo de Homero*. São Paulo, Companhia das Letras, 2002.
VIDAL-NAQUET, P; LÉVÊQUE, P. Clisthène l'athénien. In: *Annales Littéraires de L'Université de Besançon*. Paris, Les Belles Lettres, 1964, vol.1.
VILLAS BOAS, C.; VILLAS BOAS, O. *Xingu – Os índios, seus mitos*. São Paulo, Círculo do Livro, 1970.
WEBER, M. *Economia y sociedad*. México, FCE, 1969.
_____. *Historia economica general*. México, FCE, 1974.
WESTER'S NEW WORLD *Dictionary of the American Language*. Second College Edition, Nova York, Cleveland, The World Publishing Company, 1970.
WOOD, E. M. *Democracia contra o capitalismo – a renovação do materialismo histórico*. São Paulo, Boitempo, 2003.
WITTFOGEL, K. *Oriental Despotism:* a Comparative Study of Total Power, Nova York, Yale, 1951.
ZAMBRANO, M. *El hombre y lo divino*. México, FCE, 1993.

Este livro foi composto em Adobe Garamond, corpo 11/14,3, e impresso em papel Avena 80g/m² pela gráfica Sumago, para a Boitempo, em junho de 2019, com tiragem de 500 exemplares.